Christiane Prange

Organisationales Lernen und Wissensmanagement

Christiane Prange

Organisationales Lernen und Wissensmanagement

Fallbeispiele aus der Unternehmenspraxis

GABLER

Die Deutsche Bibliothek – CIP-Einheitsaufnahme
Ein Titeldatensatz für diese Publikation ist bei
Der Deutschen Bibliothek erhältlich

Dr. Christiane Prange war bis zum Jahr 2000 Internal Business Consultant bei der SAP AG und ist nun als freie Unternehmensberaterin tätig. Ihre Schwerpunkte sind die Organisations- und Strategieberatung, überwiegend für große Konzerne. Ihr spezielles Interesse gilt der Strategieentwicklung in turbulenten Märkten, der Gestaltung dynamischer Wissensnetzwerke sowie der Implementierung von Kooperationsstrategien zwischen multinationalen Firmen und Start-up Unternehmen.

1. Auflage September 2002

Lektorat: Ulrike Lörcher / Brit Voges

Der Gabler Verlag ist ein Unternehmen der Fachverlagsgruppe BertelsmannSpringer.
www.gabler.de

Umschlaggestaltung: Ulrike Weigel, www.CorporateDesignGroup.de
Druck und buchbinderische Verarbeitung: Lengericher Handelsdruckerei, Lengerich/Westf.
Gedruckt auf säurefreiem und chlorfrei gebleichtem Papier
Printed in Germany

ISBN 3-409-11762-8

Vorwort

Über Lernen und Wissen wird viel geredet. Wissen entscheidet über die beruflichen Perspektiven von Menschen, über die wirtschaftliche Überlebensfähigkeit von Unternehmen und nicht zuletzt über die weltwirtschaftliche Situation einzelner Nationen. Wissen ist wichtig, soviel steht unzweifelhaft fest. Doch mit dieser Aussage ist es oft nicht getan, um Wissensmanagement als Erfolgskonzept zu propagieren. Blumig formulierte Konzepte von Wissenschaftlern und Beratern müssen auf ihr Implementierungspotential hin untersucht werden, um für die Praxis relevant zu sein. Und genau das ist die zentrale Herausforderung, wenn man über Wissen spricht!

In diesem Buch wird ein mehrfacher Perspektivenwechsel vorgenommen, um dieser Herausforderung zu begegnen. Es geht dabei um das Spannungsverhältnis zwischen Theorie und Praxis, um jenes zwischen unterschiedlichen Funktionalbereichen und letztlich um das nicht immer konfliktfreie Interagieren zwischen Mensch und Organisation. Im Vordergrund steht dabei immer, Wissen zur richtigen Zeit am richtigen Ort verfügbar zu haben und anzuwenden.

Das Gelingen dieses Buch ist ebenfalls als erfolgreicher Wissensmanagementprozess zu bewerten. Allen, die zum Funktionieren dieses Prozesses beigetragen haben, sei an dieser Stelle sehr herzlich gedankt. Großer Dank geht dabei auch an meine beiden Lektorinnen Ulrike Lörcher und Brit Voges vom Gabler Verlag. Sie haben mich hervorragend bei der Wissensentwicklung und -dokumentation unterstützt und die Zusammenarbeit war wie immer sehr angenehm!

Berlin, im Mai 2002
CHRISTIANE PRANGE

Inhaltsverzeichnis

Abbildungsverzeichnis

1. Einleitung

1.1 Der Hype des Organisationalen Lernens und Wissensmanagements

Keine Frage, die Beschäftigung mit Lernen und Wissen ist wichtig und mit Wissensmanagement lässt sich derzeit ein gutes Geschäft erzielen. Es scheint daher auch nur konsequent, dass viele Unternehmen danach streben, auf dem Markt wissensorientierte Dienstleistungen anzubieten und selbst den Anforderungen eines wie auch immer gearteten Wissensunternehmens gerecht zu werden. Erfolgreiches Wissensmanagement wird dabei zumeist mit unternehmerischem Erfolg gleichgesetzt, wobei es primär gleichgültig scheint, ob man die Informationstechnologie, interne Strukturen und Prozesse oder zuerst sein Personal hin zur notwendigen Wissensorientierung anpasst und schult. Alles, so meint man, sei wichtig.

Die Bedeutung von Wissenspersonal spiegelt sich zum Beispiel vermehrt im Stellenmarkt überregionaler Zeitungen wider, in denen explizit nach „Knowledge Consultants", „Knowledge Managern" oder „Chief Information Officers" gesucht wird. Diese sollen sich dann fokussiert um die Suche, Systematisierung oder die Bereitstellung von Wissen und Informationen kümmern und deren internen und externen Transfer vorantreiben. Parallel dazu strukturieren Firmen ihre Organisation nach Wissenskriterien; mit Wissensprodukten will man den Markt erobern und durch wissensbasierte Kooperationen möchte man sich den Zugang zum neuesten Know-How sichern. Deutlich gefordert ist auch die Einbindung des Wissensmanagements in die strategische Stoßrichtung des Unternehmens. Schaut man sich weiter die für den Transfer und die Generierung von Wissen besonders prädestinierte Berufsgruppe der Unternehmensberater genauer an, so stellt man auch hier fest, dass die meisten Beratungsgesellschaften das Thema „Wissen" längst in ihr Beratungsportfolio aufgenommen haben. Zumindest aber organisieren sie ihre internen Geschäftspraktiken nach den Erkenntnissen des in Mode gekommenen Konzeptes. Auch die zuweilen gefürchteten Konkurrenten der traditionellen Beratungsfirmen, die internen Consultants, stehen nicht hinten an, wenn es darum geht, ein vermeintlich neues Konzept innerhalb der eigenen Unternehmensgrenzen zu nutzen.

Kurz, Wissensmanagement hat Hochkonjunktur und viele Unternehmen, ob klein oder groß, befinden sich im Bann des Wissensmanagements. Die Euphorie scheint derzeit noch keine Grenzen zu kennen, was sich nicht zuletzt auch in den Ausgaben für Wissensmanagementprojekte ausdrückt, die sich einer Studie der US-Marktforscher von IDC zufolge von 1999 gerade einmal knapp vier Milliarden Mark auf fast 22 Milliarden Mark im Jahr 2003 in den USA erhöhen werden (Fokus 22.11.1999). Fragt man nach der Erwartungshaltung und den Verbesserungspotentialen, die sich durch die Einführung des Wissensmanagements im Unternehmen ergeben, so zeigt sich, dass die Mehrheit der Unternehmen mit Wissensmanagement vor allem die Qualität der Produkte erhöhen, die

Nähe zum Kunden und die Innovationsfähigkeit verbessern will (vgl. die Studie von Bullinger/Wörner/Prieto 1997 sowie *Abbildung 1*). Bei allen Aussagen wird jedoch deutlich, dass es sich um schwer auf einzelne Maßnahmen zurechenbare und ebenso schwer zu quantifizierende Ziele handelt. Die Erfolgserwartungen lassen sich indes weiter konkretisieren, wenn man die Bedeutung im gesamten unternehmerischen Zielsystem analysiert und sich die Verfügbarkeit einzelner Wissensbestände, wie zum Beispiel Wissen über Kunden oder Wettbewerber, Wissen über eigene Produkte und Innovationen sowie Stärken und Schwächen näher anschaut.

Bei einer großen Differenz, wie sie im Unternehmen oftmals zwischen der vermuteten Bedeutung einzelner Wissenskomponenten und ihrer Verfügbarkeit vorherrscht, ist eine Strategie zur nachhaltigen Steigerung des verfügbaren und relevanten Wissens nötig. Der Ruf nach einem systematischen Wissensmanagement scheint daher nur konsequent.

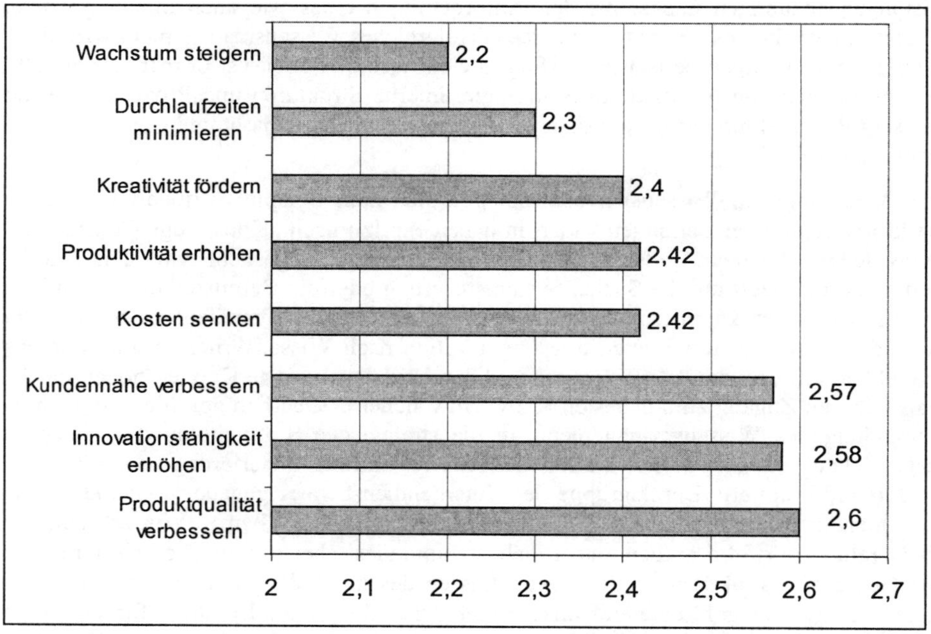

Abbildung 1: Erwartungen an ein verbessertes Management von Wissen (1=gering, 2=mittel, 3=hoch)

Quelle: Bullinger/Wörner/Prieto (1997: 17)

Angesichts der steigenden Bedeutung des Themas Wissensmanagement stellt sich direkt im Anschluss die Frage nach dem Erfolg dieses vieldiskutierten Managementkonzeptes. Wo stehen wir heute mit der konzeptionellen Entwicklung, welche Umsetzungsstrategien wurden genutzt und welche Tools stehen zur Verfügung? Oder einfacher gefragt, was bringt Wissensmanagement dem Unternehmen eigentlich?

Dass es ganz so einfach mit dem Erfolg des Wissensmanagements nicht sein ist, bestätigt ein kürzlich erschienener Artikel von Julian Birkinshaw (2001), Professor an der renommierten London Business School, der vier große Problembereiche identifiziert:

Begriffe

Die Folge einer Vielfalt an Begrifflichkeiten und Zielen verursacht eine breite Verwirrung unter den Verantwortlichen für das Wissensmanagement. Die Gefahr besteht, dass die Bedeutung des Wissensmanagements aufgrund der terminologischen Unklarheiten nicht richtig verstanden wird.

Akzeptanz

Unternehmen verstehen oft nicht, dass sie Wissen immer schon informell ‚gemanaged' haben. Führt man nun einen systematischen neuen Ansatz ein, ist es einerseits schwer hierfür überhaupt Akzeptanz zu erzielen, andererseits werden vielfach bewährte Arbeitsweisen eliminiert.

Instrumente

Informationstechnologie wird fälschlicherweise als das Allheilmittel für das Wissensmanagement angesehen. Technologie kann aber nie-mals ein Ersatz für menschliche Interaktion sein, sondern kann sie bestenfalls ergänzen. Ebenso bringt eine „Tooleuphorie" selten den gewünschten Erfolg mit sich, da sie eine Konzentration auf bestehendes unter Vernachlässigung der Generierung neuen Wissens beinhaltet.

Projekte

Projekte werden oftmals nicht mit der nötigen Transparenz gestartet. Eine Betonung seitens des Top Managements mit einem Blickwechsel vom einzelnen Projekt hin zur unternehmensweiten Kampagne ist nötig.

Ähnliche Ergebnisse zeigt auch eine aktuelle Studie der KPMG Consulting AG, die bei 1300 Unternehmen im deutschsprachigen Raum durchgeführt wurde. Knowledge-Management wird zwar als Top-Thema gesehen, in fast keinem Unternehmen wurde es allerdings schon vollständig in alle unternehmensrelevanten Prozesse integriert (vgl. KPMG 2001). Offensichtlich herrscht nach wie vor eine Kluft zwischen der nach außen vertretenen Wichtigkeit des Wissensmanagements und der Fähigkeit, es intern umzusetzen. Dies ist genau der Ausgangspunkt für das vorliegende Buch.

1.2 Zielsetzung und Struktur des Buches

Warum schon wieder ein Buch über Organisationales Lernen und Wissensmanagement, so mag man sich fragen. Ist doch in der letzten Zeit ausreichend Material entstanden, um sich einen eigenen Eindruck von der Praktikabilität von Lern- und Wissensmanagementstrategien im Unternehmen machen zu können. Es würde daher wenig Sinn machen, auf den pfeifenden Zug des *fashion generating process* aufzuspringen. Vielmehr soll – nachdem einige Züge des Wissensmanagements vorbeigefahren sind – jetzt in Ruhe überlegt werden, welcher geeignet ist, das gewünschte Ziel zu erreichen, und dies möglichst ohne große Umwege und in einer akzeptablen Zeit.

Für die folgenden Kapitel bedeutet das, nach dem ersten Hype des Wissensmanagements – sozusagen in einer zweiten Runde – kurz diejenigen Konzepte und Kernaussagen, die sich in der Forschung etabliert haben darzustellen und eine tragfähige theoretische Grundlage für die Implementierung eines Wissensmanagements im unternehmerischen Alltag zu bieten. Mit einem Blick auf die Unternehmenspraxis werden anschließend in Form von Erfahrungsberichten und Fallstudien konkrete Ansätze der Implementierung behandelt. Dabei werden bewusst auch konzeptionelle Unzulänglichkeiten und Probleme thematisiert, denn nur wenn man die tatsächliche Umsetzung einer blumig formulierten Wissensmanagementstrategie betrachtet, lässt sich zum gegebenen Zeitpunkt eine Aussage über den Nutzen und die Akzeptanz des Organisationalen Lernens und Wissensmanagements treffen. Letztlich muss sich ein erfolgreiches Wissensmanagement daran messen lassen, inwieweit der Umgang mit Wissen im Unternehmen optimiert und die Lern- und Lernfähigkeit eines Unternehmens zur Kernkompetenz ausgebaut wird (vgl. auch Willke, 1998: 5ff.).

Die Struktur des Buches ist wie folgt. In den *Kapiteln zwei und drei* werden die Grundlagen zum Verständnis von Wissens- und Lernprozessen dargestellt. Dabei geht es um eine knapp gehaltene Übersicht, die sowohl dem theoretisch orientierten Leser als auch dem erfahrenen Wissensmanager die wesentlichen Fakten und Neuigkeiten zum Thema liefert.

Die anschließenden *Kapitel vier bis sechs* orientieren sich an einer funktionalen Einordnung des Wissensmanagements und spiegeln damit die (noch) weitaus gängige Praxis in Unternehmen wider. Das jeweilige Kapitel einleitend, werden Schwerpunktthemen aus Sicht der Strategischen Unternehmensführung, des Human Ressource Managements sowie der Informationstechnologie vertieft und in anschließenden praktischen Erfahrungsberichten von Unternehmen illustriert (*Abbildung 2*). Selbstverständlich bedeutet eine funktionale Einordnung dabei nicht, dass der jeweils genannte Bereich ausschließlich betroffen ist. Oftmals ist in einer funktionalen Ansiedelung der Ausgangspunkt (die Keimzelle) für ein integratives und gesamtunternehmerisches Wissensmanagement zu sehen.

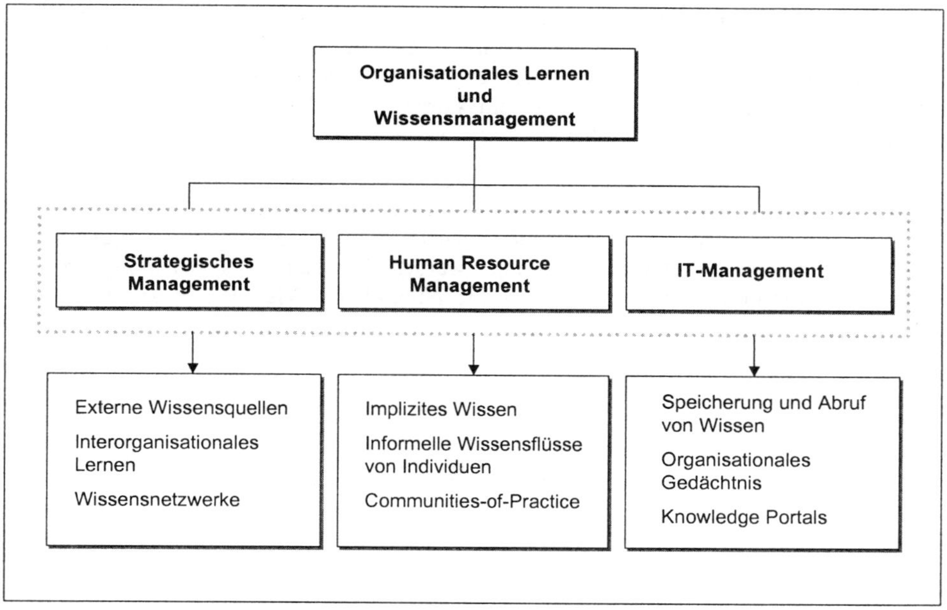

Abbildung 2: Funktionale Einordnung des Wissensmanagements und Schwerpunktthemen

In Kapitel drei konzentriert sich *Veronika Dünninger* auf die Bedeutung von Wissen im Übersetzungsprozess und identifiziert dabei verschiedene Wissensarten und deren Interaktion während des Übersetzens.

Horst Dürr behandelt die Bedeutung von Wissensmanagementprozessen für ein erfolgreiches Projektmanagement und thematisiert verschiedene Wissensbarrieren sowie Ansätze zu deren Beseitigung.

In Kapitel vier beleuchtet *Dirk Sachsinger* die Bedeutung des Wissensmanagements für die erfolgreiche Arbeit im Vertrieb und demonstriert anhand vieler Einzelbeispiele wie sich Wissensaktivitäten im Unternehmen und in Kundenbeziehungen manifestieren. Damit stellt er zugleich die Verbindung zwischen der strategischen Verankerung und der personalwirtschaftlichen Unterstützungsleitung des Wissensmanagements her.

Martina Wichmann stellt die Bedeutung kontinuierlich aktualisierten Wissens für eine hochspezialisierte Unternehmensberatung heraus. Sie betont zudem den interaktiven Prozess der Wissensentwicklung zwischen Berater und Kunde.

Berit Grasnick betont die Bedeutung eines humanorientierten Wissensmanagements aus einer strategischen Perspektive. Ein Schwerpunkt ihrer Ausführung bildet die unternehmensweite Etablierung von Communities-of-Practice.

In Kapitel fünf beschreibt *Karl Nielsen* Wissensmanagement als professionelle Kommunikation und erläutert ein breites Methodeninstrumentarium zu deren Durchführung.

In Kapitel sechs entwerfen *Damir Ćavar & Richard Kauppert* eine Strategie „Minimal Invasiver Systeme“ zur Implementierung IT-basierter Knowledge-Management-Lösungen. *Anne-Christine Asch* stellt den engen Zusammenhang zwischen IT und Wissensmanagement heraus und beschreibt ein Vorgehensmodell zur Implementierung des Wissensmanagements in Unternehmen.

In *Kapitel sieben* werden ein Aktionsportfolio zur Überwindung von Barrieren sowie ein Projektmodell mit einzelnen Maßnahmen und Instrumenten vorgestellt, die auf die Realisierung eines integrativen Wissensmanagements zielen. Dieses Kapitel kann als Grundlage für die eigene Projektplanung genutzt werden. Im letzten *Kapitel acht* wird der Versuch unternommen, einen Ausblick in die Zukunft des Wissensmanagements zu geben.

2. Wissen in Wirtschaft und Gesellschaft

- Was bedeutet eine zunehmende Wissensorientierung?
- Welche Entwicklungen bedingen die exponentielle Zunahme des Faktors Wissen?
- Inwieweit verändert die Bedeutung von Wissen das traditionelle System der Produktionsfaktoren Arbeit, Kapital und Boden?
- Inwiefern müssen wir unsere Gesellschaft weitestgehend als Wissensgesellschaft verstehen?
- Welche Bedeutung hat eine zunehmende Wissensorientierung für bildungspolitische Fragestellungen?
- Welche Konsequenzen ergeben sich für Unternehmen und Individuen in bezug auf ihre Wettbewerbsfähigkeit, d.h. für ihre Entwicklung und Vermarktung von Wissenskapital?

2.1 Die zunehmende Bedeutung des Faktors Wissen

Die Rahmenbedingungen für gesellschaftliche Entwicklungen, unternehmerischen Erfolg und volkswirtschaftliche Profitabilität unterliegen einer ständigen Veränderung. Globale Wirtschaftsbeziehungen, beschleunigte Innovationszyklen sowie die Nutzung einer auf breiter Basis verfügbaren informations- und kommunikationstechnischen Infrastruktur führen dazu, dass die Paradigmen einer „turbulenten Umwelt" und eines „flexiblen Unternehmens" immer mehr zur Normalität werden. Flexibel zu agieren bedingt zugleich die Notwendigkeit, eine immer größere Menge verfügbarer Information zu sondieren, zu bewerten und sie in Form individualisierten Wissens als Grundlage des eigenen Handelns zu nutzen.

Die Beispiele für die scheinbar gültige Gleichung: zunehmende Flexibilität = zunehmender Informationsbedarf sind vielfältig. Will ein Unternehmen etwa auf globalen Märkten agieren, bedingt dies die Kenntnis lokaler Besonderheiten und Markteintrittstrategien, das Wissen um die Bedeutung bestimmter Wörter in der Landessprache, ein Verständnis unterschiedlicher Zeitvorstellungen, Managementstile und letztlich kulturell bedingter Besonderheiten. Eines der vielen klassischen Beispiele ist das „Ende" des weiß geschminkten Clowns Ronald McDonald in asiatischen Ländern, da seine Gesichtsfarbe in asiatischen Kulturen als Symbol für den Tod steht. Ebenso haben bestimmte Autonamen nach verschiedenen Prüfungen in der Landessprache die erste Hürde nicht geschafft, da sie negative Assoziationen hervorrufen oder schlicht etwas nicht Gemeintes bezeichnen.

Mögen diese Informationen für ein einzelnes Land noch einfach verfügbar sein, wird die Komplexität der benötigten Angaben für eine Vielzahl von Ländern oder Regionen leicht deutlich. Entscheidet man sich einmal, eine bestimmte Informationsbeschaffungsstrategie zu verwenden, steht zudem im nächsten Schritt die Bewertung für den spezifischen Unternehmenskontext und die beabsichtigte Strategie aus. Neue Informationen müssen mit der vorhandenen Wissensbasis abgeglichen werden, „altes“ Wissen muss erneuert und „neues“ Wissen muss aufgebaut werden. In anderen Bereichen ist die Verfügbarkeit von Informationen wichtig, um an vorderster Front der Technologieentwicklung mitzuarbeiten. Man muss über die neuesten, möglichst internationalen, Forschungsergebnisse informiert sein, sie reflektieren, eigene wissenschaftliche Theorien erarbeiten und schließlich Know-how aufbauen, um zu Recht als innovatives und attraktives Zentrum wissenschaftlicher Neuerungen zu gelten. Diese Überlegungen finden sich bereits seit einiger Zeit in der Diskussion um die Attraktivität des Standorts Deutschland wider und stellen angesichts des Rückgangs an ausländischen Studierenden die nicht unwichtige Frage nach der Wettbewerbsfähigkeit deutscher Forschungseinrichtungen im internationalen Vergleich.

Ein weiteres Beispiel für eine stetig zunehmende Wissensorientierung lässt sich direkt auf der Produkt- und Dienstleistungsebene finden. Gestern noch im Bereich des Utopischen, ist es heute fast selbstverständlich, dass uns ein Navigationssystem im Auto den richtigen Weg in einer uns unbekannten Stadt weist. Ebenso ist es schon möglich, dass die Windeln unserer Kinder bei Nässe die Farbe wechseln und dass sich unsere Skibekleidung automatisch den Außentemperaturen anpasst (vgl. Davis/Botkin 1994). Schon in der Erprobungsphase sind Kreditkarten, die unser Kaufverhalten registrieren und bei vorab formulierten Abweichungen Informationen herausschicken, um einem eventuellen Missbrauch vorzubeugen. Ebenso ist der Lebensmittelservice, gekoppelt an bestimmte Funktionen im Kühlschrank, der sich bei Leere automatisch meldet und Serviceleistungen abruft, schon im Bereich des Möglichen.

Auch wenn uns in den vergangenen Beispielen die eigene Informationssuche und Bewertung weitgehend abgenommen und auf technische Systeme verlagert wird, setzt allein die Realisierung dieser Innovationen ein immenses menschliches Wissen voraus. Doch nicht nur technologisches Wissen wird immer wichtiger. Geht man von einem weiten Wissensbegriff aus, der jegliche Art und Ausprägung von Wissen beinhaltet, so ist letztlich jede Variante, von der theoretischen Forschung über persönliche Ideen und Informationen bis hin zu Gerüchten, Weltbildern oder Grundsätzen von unschätzbarem Wert, um Produkte oder Dienstleistungen herzustellen, sie am Markt anzubieten oder sie als Konsument zu nutzen. Gleichermaßen mit der Einsicht, dass Wissen wichtig ist, steigt jedoch auch die Frage nach dem Zugriff und der Nutzung *relevanten* Wissens aus dem stetig ansteigenden Pool an Daten, Informationen und Wissen.[1] Dass während der letzten Jahrhunderte eine kontinuierliche Wissensansammlung stattgefunden hat, verdeutlichen die folgenden Aussagen von Badaracco (1991: 36ff.; vgl. *Abbildung 3).*

Während sich diese Beispiele auf das 20. Jahrhundert konzentrieren und bereits das Ergebnis der exponentiellen Wissensvermehrung zeigen, sind die Voraussetzungen, die diesen Anstieg ermöglichen, weit früher zu verorten. Eine der wesentlichen Errungenschaften, die die Verbreitung von Wissen gefördert hat, ist unzweifelhaft die Erfindung

---

1 Die Differenzierung zwischen Daten, Informationen und Wissen ist entscheidend für das Verständnis von Wissensmanagement. Vgl. dazu auch Kapitel 6.

des Buchdrucks. Obgleich die Ursprünge des ersten gedruckten Buchs, bekannt als „Diamond Sutra", die im 8. Jahrhundert nach Christus in China zu finden sind, gilt in Europa gemeinhin das 15. Jahrhundert als die Blüte des Buchdrucks, die untrennbar mit dem Namen Johannes Gutenberg (1397-1468) verbunden ist. Im Jahr 1440 begann Gutenberg an einer Handpresse mit beweglichen Lettern zu arbeiten, um 1452 die sogenannte „Gutenberg Bibel" zu drucken. Seit dieser technischen Reproduzierbarkeit von Wissen in Form des gedruckten Wortes sind der Verbreitung von Wissen im Prinzip keine Grenzen mehr gesetzt.

- 80%-90% aller Wissenschaftler und Techniker, die jemals gelebt haben, leben und arbeiten heute.
- Zwischen 1964 und 1980 hat sich die gesamte Anzahl der Forscher auf der Welt um den Faktor 2,6 multipliziert. In Deutschland hat sich die Anzahl verdoppelt und in den USA und Frankreich um den Faktor 1,3 vermehrt.
- 1890 gab es ca. 100 wissenschaftliche Magazine, 1950 waren es ca. 1000 und 1980 ungefähr 100.000.
- Zwischen 1970 und 1984 nahmen die Investitionen für Forschungsarbeiten in den Industriezweigen Chemie, Automobil und High-Tech in den USA um 300% zu.
- In den letzten Jahren haben sich wissensintensive Industrien wie Biotechnologie, Medien und Finanzdienstleistungen als Treiber der industriellen Wettbewerbsfähigkeit herauskristallisiert.

Abbildung 3: Beispiele für kontinuierliche Wissensansammlung
Quelle: Badaracco (1991: 36)

Die Entwicklung moderner Formen des Wissenstransfers findet mit immer größerer Geschwindigkeit statt. Während es von der Erfindung des Buchdrucks bis zum Druck der ersten Zeitung noch über 150 Jahre dauerte, beträgt der Sprung vom ersten Fernseher mit einem schwarzweißen Bild bis zum Farbfernseher weniger als 20 Jahre. In Folge verkürzte sich die Innovationsgeschwindigkeit immer mehr und mit der Entstehung des Internets wird der eigentliche Höhepunkt eines weltweiten Informations- und Wissensaustausches ohne Grenzen von Zeit und Raum erreicht (vgl. *Abbildung 4*). Mit Beginn der neunziger Jahre, insbesondere durch die Erfindung des Netscape Browsers durch Marc Andreesen im Jahr 1994, wird das Internet zum Massenmedium und Tausende von Firmen entdecken nach der bisher forschungsgetriebenen Nutzung die kommerziellen Möglichkeiten des Word Wide Web.

Gleichzeitig wird das Web auch von privaten Nutzern erschlossen und gilt mittlerweile als *das* Medium der Informationssuche, des Lernens und des Wissensaustausches. Entscheidend dabei ist, dass nicht das Web an sich die Zukunftsindustrie der Zukunft ist, sondern das Wissen der einzelnen Teilnehmer. Grundprinzip des Wissens, bzw. des Managements von Wissen ist die Interaktivität der Teilnehmer, da sich Wissen eben nur dann weiterentwickelt und nützlich ist, wenn man es teilt.

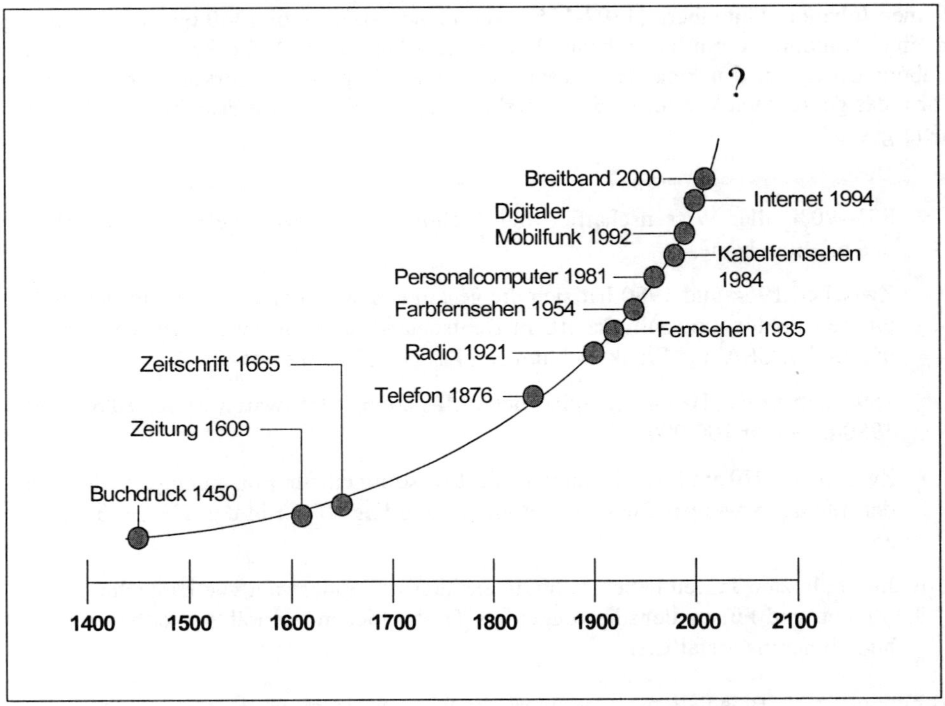

Abbildung 4: Die Entwicklung der modernen Kommunikationsmedien

Wohl ist der gegenwärtige „Hype" des Internets und seine Bedeutung für die Multiplikation von Wissen ein Phänomen der neunziger Jahre, die Beschäftigung mit der Bedeutung von Wissen ist allerdings nicht grundsätzlich neu. Ein Blick in die europäische Wirtschafts- und Sozialgeschichte zeugt von der Bedeutung und Unentbehrlichkeit persönlicher Bildung und lebenslangen Lernens für eine produktive Volkswirtschaft. Ebenso wie auf persönlicher Ebene wurde die Bedeutung von Wissen als Motor des volkswirtschaftlichen Wachstums schon frühzeitig erkannt. Die Diskussion um die Bedeutung des „vierten Produktionsfaktors Wissen" ist somit eher als Fortsetzung eines schon lange erkannten Problems denn als grundsätzlich neue Erkenntnis zu sehen.

2.2 Wissen als vierter Produktionsfaktor

In der Historie der europäischen Wirtschaft und Gesellschaft finden sich einige Beispiele, die zeigen, dass Wissen und Lernen schon seit langer Zeit als bedeutsam angesehen werden. So beschreibt zum Beispiel der englische Humanist Thomas Morus in seinem Opus Magnum „Utopia" (1516) den idealen Staat, in dem sich die Bewohner vor Müßiggang hüten und statt dessen ihre Freizeit sinnvoll mit der Anhebung des allgemeinen Wissensniveaus verbringen sollten. Öffentliche Vorlesungen in den frühen Morgenstunden, je nach individuellen Neigungen brächten auch demjenigen, der keine wissenschaftliche Berufsarbeit ausübe, hohen persönlichen Nutzen. Angesichts der Bedeutung des Wissenserwerbs sei es auch nicht verwunderlich, dass die Klasse der literarisch Gebildeten die höchste soziale Schicht des Volkes sei. Wer die hohen, in der Wissenschaft geforderten Leistungen allerdings nicht erreicht, muss in den Handwerkerstand zurückkehren.

Etwa 200 Jahre später beschäftigt sich der schottische Wirtschaftswissenschaftler und Moralphilosoph Adam Smith mit der Bedeutung der öffentlichen Bildung und betont, dass sich spezielle Schichten von Spezialisten herausbilden. Vordergründig, so das Argument, sei die Ausbildung der unteren Bevölkerungsschichten wirtschaftlich ineffizient und somit eine strikte Arbeitsteilung zu befürworten. Dennoch könne diese Arbeitsteilung verhängnisvolle Folgen haben: Ohne elementare Schulbildung bliebe der Bürger dumpf, kontaktarm, krankheitsanfällig und staatsfern. So sei es ganz natürlich, dass er verlerne, seinen Verstand zu gebrauchen, und so stumpfsinnig und einfältig werde, wie ein menschliches Wesen nur eben werden kann. Dem Staat und der Gesellschaft nütze er dann wenig. Auch andere Wirtschaftstheoretiker wie Friedrich List oder Joseph A. Schumpeter betonten die Bedeutung von Infrastrukturen und Institutionen, die die Generierung und Verteilung von Wissen und Innovationen als entscheidenden Einflussfaktor für langfristiges ökonomisches Wachstum ansahen. Wissen, sei es als „Humankapital" in den Köpfen der Menschen oder eingebettet in Technologien, hat immer schon eine Rolle für die wirtschaftliche Entwicklung gespielt. Besonders während der letzten Jahrzehnte, parallel zur Zunahme seiner Bedeutung, gerät der Faktor Wissen allerdings erst vermehrt in das Zentrum von Wirtschaftstheorie und -politik.

In der neueren Wachstumstheorie wird beispielsweise erkannt, dass Wissen den ‚Return on Investment' anheben kann, was im Gegenzug wiederum zur Akkumulation von Wissen führt Dies geschieht durch das Wissen über effizientere Produktionsmethoden ebenso wie durch verbesserte Produkte und Dienstleistungen. Wissen kann zudem von einer Firma oder einem Industriezweig auf einen anderen überspringen und neue Ideen ohne wesentliche Zusatzkosten zur Anwendung bringen.

Betrachtet man speziell die „Herstellung" des Produktionsfaktors Wissen, so stellt man fest, dass er ganz anderen Gesetzmäßigkeiten unterliegt als die bekannten materiellen Produktionsfaktoren Arbeit, Kapital und Boden. So verändern sich etwa die Herstellungskosten von Software z.B. nur unwesentlich, unabhängig davon, ob man 1000 oder 2000 Einheiten absetzt. Dieses Phänomen lässt sich dadurch erklären, dass das in der Software vorhandene Wissen der Programmierer einen Fixkostenbestandteil darstellt. Wenn die Investitionen in Wissen somit höhere Erträge bedeuten als vergleichbare Investitionen in materielles oder finanzielles Anlagevermögen, dann stellt sich natürlich die Frage, ob es noch andere Besonderheiten von Wissen gibt, die einen Einfluss auf seine „Managebarkeit" haben (vgl. auch Rehäuser/Krcmar 1996).

Wie bereits angedeutet, kann Wissen von verschiedenen Personen und in vielen Industriezweigen genutzt werden. Es ist problemlos gleichzeitig anwendbar und es verringert sich auch nicht durch seinen Gebrauch, wie dies zum Beispiel Maschinen und Werkzeuge im Lauf der Zeit durch Verschleiß tun. Bei Wissen tritt sogar das Phänomen auf, dass es sich durch vielfältige Nutzung vermehrt. Was die Verbreitung von Wissen anbelangt, ist diese gerade durch die Innovationen im Bereich neuer Technologien ungemein erleichtert worden. Während die Verbreitung materieller Produktionsfaktoren zudem einige logistische Probleme beinhaltet, scheint die Verbreitung zunächst einfach. Wenn man aber berücksichtigt, dass ein großer Teil relevanten Wissens in impliziter, also nicht artikulierter bzw. dokumentierter Form vorliegt, und somit von Menschen bereitgestellt und übermittelt wird, treten erste Probleme bei der Verfügbarkeit auf. Besonders deutlich wird dies, wenn es sich um Spezialwissen, beispielsweise um neue Erkenntnisse in der Biotech-nologie handelt. Dieses „Wissen mit begrenztem Zugang" war unter anderem Thema einer von Johannes Rau gehaltenen Rede in der Debatte um die Thesen des Nobelpreisträgers James Watt (Frankfurter Allgemeine Zeitung 20. Oktober 2000, S. 43). Darin erkennt er die atemberaubenden Fortschritte in den Naturwissenschaften und insbesondere in der Entschlüsselung des menschlichen Erbgutes an. Gleichzeitig weist er aber auch auf die Ambivalenz der Wissensgesellschaft und des Zugangs zu Spezialwissen hin:

> „Wo das Internet noch den Eindruck erweckt, das gesamte Wissen der Welt stehe jedermann jederzeit zur Verfügung, da zeigen die Diskussionen um Patente zum Beispiel, dass das wirklich entscheidende Wissen, eben das Wissen, mit dem sich das meiste Geld machen lässt, nicht jedermann zur Verfügung steht. Es wird patentiert und privatisiert, damit es kapitalisiert werden kann. In sehr entscheidenden Punkten leben wir also in einer Wissensgesellschaft mit beschränktem Zugang [...]" (Rau 2000).

In drei weiteren Punkten unterscheidet sich Wissen erheblich von materiellen Faktoren – im Problem des Verlustes, der Preisbildung und der Bestandsbewertung. Da Wissen grundsätzlich nicht an individuellen Besitz gebunden ist, erweist sich auch der Nachweis des alleinigen Besitzes als äußerst schwierig. Erst kodifiziertes Wissen wird daher in der Regel über Patente oder Lizenzen vor dem Verlust zu schützen sein.

Auch die Preisbildung weist einige Schwierigkeiten auf. Während sich für materielle Güter der Preis durch das Verhältnis von Angebot und Nachfrage ermitteln lässt, gibt es für Wissen meistens keinen Markt, der die Preisbildung ermöglicht. Der Grund dafür liegt in einer hohen „Wissensspezifität", d.h. einem genauen Zuschnitt eines Wissensangebotes auf einen bestimmten Nutzer.[2]

---

2 Wissensspezifizität kann auf unterschiedlichen Ebenen definiert werden: Individualspezifisches Wissen, Organisationsspezifisches Wissen, Industriespezifisches Wissen und Marktspezifisches Wissen (vgl. Chuoi/Lee 1997).

Und ähnlich sieht es mit der Bestandsbewertung aus. Eine Bestandsbewertung setzt voraus, dass die Kosten des Produktionsfaktors bezifferbar sind, was bei Wissen meistens nicht gegeben ist.

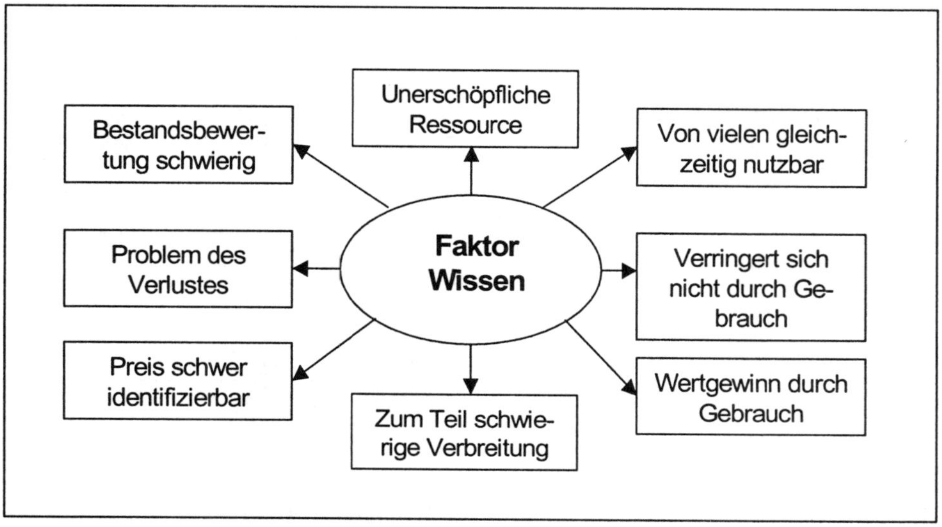

Abbildung 5: Wissen und seine Besonderheiten

Allerdings zeugen gerade jüngste Diskussionen in der Bildungspolitik davon, den Faktor Wissen in Form von Ausbildung von der Kostenseite her zu beziffern und auf Studenten „umzuverteilen". Generell werden sowohl in der Bildungsdiskussion als auch in der Wirtschaftspolitik Näherungsfaktoren verwendet, um Wissen zu operationalisieren. Besonders häufig werden dabei Arbeitslosenquote und Bildungsintensität sowie die Anzahl der Exporte im Hochtechnologiebereich zur Bestimmung der Wissensintensität eines Landes herangezogen. Betrachtet man zum Beispiel Hochtechnologieexporte – als ein möglicher Indikator der Wissensintensität einer Wirtschaft – , so stellt man fest, dass sich die Zahl zwischen 1970 und 1994 mehr als verdoppelt hat (vgl. *Abbildung 6*).

Mittlerweile geht man davon aus, dass mehr als 50% des Bruttoinlandsproduktes eines OECD-Landes wissensbasiert ist. Insbesondere wissensintensiven Industrien wie zum Beispiel der Biotechnologie, Telekommunikation, Medien oder Banken und Finanzdienstleistungen wird dabei heute schon der größte Anteil im Wissenswettbewerb vorausgesagt. Wissen stellt – ganz offensichtlich - den entscheidenden Unterschied für die Wettbewerbsfähigkeit einer Nation dar und es lässt sich sicherlich auch eine ganze Reihe anderer relevanter Indikatoren hierfür finden.

Hochtechnologieexporte		
	1970	*1994*
USA	25.9	37.3
Japan	20.2	36.7
Österreich	11.4	18.4
Belgien	7.2	10.9
Dänemark	11.9	18.1
Frankreich	14.0	24.2
Deutschland	15.8	21.4
Spanien	6.1	14.3
Schweden	12.0	21.9
England	17.1	32.6

Abbildung 6: Hochtechnologieexporte ausgewählter OECD-Länder
Quelle: OECD, DSTI, STAN Datenbank

Eine ausschließliche Begrenzung auf eine volkswirtschaftliche Betrachtungsweise greift jedoch, wie auch schon die gesamten vorherigen Beispiele zeigen, eindeutig zu kurz. Wissen bestimmt unser tägliches Leben, Wissen ist unsere entscheidende Orientierungsgröße und ohne Wissen ist unsere Gesellschaft nicht funktionsfähig. Nicht zuletzt bedingt dieser allumfassende Einfluss einen Blick auf die Ausprägungen einer Wissensgesellschaft und den sich aus ihr ergebenden Chancen und Risiken.

2.3 Die Evolution der Wissensgesellschaft

Die Wissensgesellschaft ist keine Errungenschaft des 21. Jahrhunderts, sie ist vielmehr Millionen Jahre alt. Seit es Menschen gibt, benutzen sie Werkzeuge, angefangen vom primitiven Steinwerkzeug bis hin zum Computer – Wissensentwicklung inbegriffen. Die gesamte Geschichte der Menschheit und seiner Sozialstruktur ist eine Geschichte des Erwerbs, der Überlieferung und der Anwendung von Wissen. Die Entwicklungsschritte zu dem, was wir heute unter Wissensgesellschaft verstehen, basieren jedoch wesentlich auf der Veränderung einer oralen hin zu einer schriftbasierten Kultur (vgl. Goody 2001).Frühe orale Kulturen mussten den Wissenserwerb und –transfer ohne Hilfe der Schrift meistern, was in der Regel durch direkte Interaktion entsprechend der Überlebenspriorität – also vom Familienoberhaupt zu den zukünftigen Ernährern der Familie –

vonstatten ging. Gesellschaftliche Erfolge waren entsprechend durch die Anhäufung von Erfahrungswissen, dessen Weitergabe und letztlich auch dessen Abschottung gegenüber Nichtfamilienmitgliedern bestimmt.Ein ähnliches Phänomen findet sich im Übrigen auch in dem in Zünften organisierten Handwerk des Mittelalters wieder.

Eine äußerst wichtige Phase der Entwicklung von Wissenssystemen ist unbestritten die Entwicklung der schriftlichen Sprache, deren Erfindung auf die Bronzezeit um 3000 v. Chr. zurückzuführen ist. Die Einführung der Schrift in einer Gesellschaft hat zwar nicht zum Ende der oralen Wissenskultur geführt, wohl aber lockerte sie die enge Bindung zwischen Wissenserwerb und Familie und veränderte die vorherrschenden Machtstrukturen. Sie nahm zudem einen entscheidenden Einfluss auf die Etablierung von außerfamiliären Orten der Wissensvermittlung, wie man es schon in den Kulturen Mesopotamiens, Ägyptens und Chinas sehen kann. Die nächsten wichtigen Entwicklungsschritte brachte die alphabetische Schrift, die um 1500 v. Chr. in Syrien entwickelt wurde und um 750 v. Chr. in Griechenland eine zunehmend vollständigere Form erhielt. Das Resultat war u.a. die jüdische Bibel und der griechische Schriftsprachgebrauch. Die dritte wesentliche Phase erlangte mit der Mechanisierung des Schreibens ihren Höhepunkt und verhalf Ende des 15. Jahrhunderts dazu, immer mehr Schulbildung, Schriftlichkeit und wissenschaftliches Wissen zu vermitteln. Mit der Entstehung der ersten systematischen Enzyklopädie der Neuzeit von 1751-80 durch Diderot und d'Alembert sowie einer Vielzahl führender europäischer Wissenschaftler wurde die Emanzipation breiter Volksschichten durch den freien Zugang zu Wissen als explizit politisches Ziel weiter vorangetrieben. Das war zu diesem Zeitpunkt eine nie da gewesene Aktualität. Dennoch dauerte es lange, bis das gesammelte Wissen auch tatsächlich für alle zugänglich war und die Möglichkeiten der Wissensaneignung auch für jeden gegeben war.

Erst die industrielle Revolution in den sechziger und siebziger Jahren des 19. Jahrhunderts brachte die allgemeine Schulbildung mit sich und damit die weitest gehende Trennung zwischen familiärer und institutioneller Wissensvermittlung. Die für die persönliche Qualifikation positive Entwicklung findet ihren Gegenpol jedoch in einer heute als demotivierend anerkannten betrieblichen Form der Arbeitsorganisation. Kernprinzip der im frühen 20. Jahrhundert berühmten Arbeitsteilung ist, dass das notwendige Wissen des Einzelnen auf ein Minimum beschränkt und die Gesamtsicht eines wirtschaftlichen Prozesses unerheblich war. Reflektierte, auf Wissen basierende und Wissen aufbauende Arbeit wurde hier nur mit starken Einschränkungen gefordert. Nicht zuletzt vor dem Hintergrund einer immer stärkeren Spezialisierung auf bestimmte Arbeitsschritte und der Vernachlässigung des Aufbaus einer breiten Wissensbasis bekommt die seit gut anderthalb Jahrzehnten in der Industriesoziologie laufende Debatte um die Überwindung tayloristisch-fordistischer Produktion einen erneuten Anstoß und eine neue Qualität. In der heutigen Wissensarbeit stehen die Faktoren Innovation, Zeit und Diversität im Vordergrund der Betrachtungen.

Doch was kennzeichnet den Unterschied zur heutigen Wissensgesellschaft wenn doch Wissen immer schon ein entscheidender Bestandteil des gesellschaftlichen Lebens und - wenn auch nicht in der heutigen Form - der betrieblichen Arbeitsorganisation war? Entscheidend ist, dass Wissen nicht nur Residualgröße oder eine Variable (neben anderen) in der Wertschöpfung ist — Wissen gewinnt vielmehr in allen Sektoren und Lebensbereichen an Bedeutung und stellt das primäre Ordnungssystem für die materielle Produktion dar. Ohne Wissen lassen sich keine Produkte und Dienstleistungen erstellen, ohne Wissen lassen sich keine Kundenbeziehungen entwickeln und ohne Wissen lassen sich Strukturen von Arbeit und Gesellschaft nicht mehr gestalten. Der Bielefelder Soziologe Helmut Willke definiert entsprechend: "Von einer Wissensgesellschaft oder einer wissensbasierten Gesellschaft lässt sich sprechen, wenn zum einen die Strukturen und Prozesse der materiellen und symbolischen Reproduktion einer Gesellschaft so von wissensabhängigen Operationen durchdrungen sind, dass Informationsverarbeitung, symbolische Analyse und Expertensysteme gegenüber anderen Faktoren der Reproduktion vorrangig werden" (Willke 1988: 355).

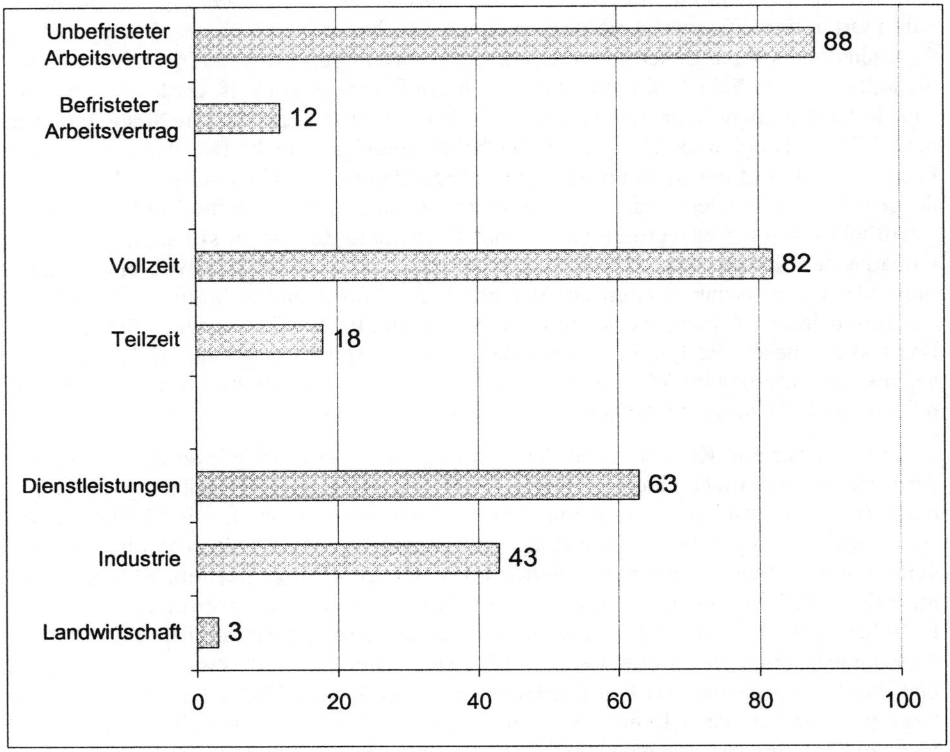

Abbildung 7: Strukturwandel im deutschen Arbeitsmarkt (Angaben in Prozent)

Quelle: Eurostat; Globus, VDI-Nachrichen 10.12.1998, S.6.

Diese Entwicklung hin zu einer Wissensgesellschaft spiegelt sich auch in der Veränderung der Arbeitsmarktsektoren wider. Während 1998 lediglich 3% der befragten Personen in der Landwirtschaft tätig waren, waren es in der Industrie 43% und im Dienstleistungssektor mit 63% fast die doppelte Anzahl. Der Dienstleistungssektor als traditionell wissensintensiver Bereich ist kontinuierlich auf dem Vormarsch (vgl. *Abbildung 7).*

Schaut man sich weiterhin das Verhältnis zwischen Voll- und Teilzeitbeschäftigung an, so findet man etwa viermal soviel (82%) Vollzeitbeschäftigte wie Teilzeitbeschäftigte (18%). Befristete Arbeitsverträge besaßen damals nur 12% der befragten Personen, während 88% einen unbefristeten Arbeitsvertrag vorzuweisen hatten. Parallel mit dem Anstieg an Dienstleistungsarbeit dürfte sich indes auch der Anstieg an befristeten und/oder auf Projektbasis angebotenen Tätigkeiten drastisch erhöhen.

Die Entwicklung der Wissensgesellschaft hat natürlich auch weitreichende Konsequenzen für die Gestaltung von Arbeit. Arbeit wird zur Wissensarbeit, die sich im Spannungsfeld zwischen der Gestaltung von Infrastrukturen für den unternehmerischen Informationsaustausch und Wissenstransfer und der von Suprastrukturen im Sinne von Regulierungssystemen bewegt (vgl. zum Folgenden Willke 1998: 19ff). Doch was genau ist unter Wissensarbeit zu verstehen? Die begrenzte Nützlichkeit tayloristischer Arbeit konzedierend, beinhaltet Wissensarbeit nicht die spezialisierte Expertise einzelner Fachleute, sondern vielmehr Tätigkeiten, zu denen Wissen benötigt wird, dass nicht einmal im Leben erworben und dann angewendet wird, sondern einem beständigen Aktualisierungsprozess unterworfen ist. Besonders typisch sind Tätigkeiten, die eine kontinuierliche Reflexion des Wissensbestandes erfordern und sich ständig dem Versuch der Verbesserung ausgesetzt sehen. Auch ändert sich mit der Entwicklung von Wissensarbeit das Selbstverständnis und die Existenzberechtigung von Organisationen, die nunmehr Personen mit dem notwendigen Wissen ausstatten sollen, darüber hinaus aber eine eigene Wissensentwicklungsfunktion wahrnehmen müssen. Hier wird die zentrale Frage die des Zusammenspiels zwischen personalem und organisationalem Wissen und der wechselseitigen Wissensgenerierung sein. Die Konsequenzen für und somit auch Auswirkungen auf die persönliche Qualifikationsstrategie des Einzelnen sowie die Wissensfundierung unternehmerischen Handelns ergeben sich unmittelbar.

2.4 Konsequenzen für Individuen und Unternehmen

In der Wissensgesellschaft trägt jeder einzelne große Verantwortung - Verantwortung für den Erwerb und die kontinuierliche Verbesserung seines eigenen Wissenspools, der für ihn zum überlebenswichtigen Kapital wird. Es gilt, das eigene Selbstverständnis vom abhängig beschäftigtem Arbeitnehmer hin zu einem Wissensbroker in eigener Sache zu verändern. Während Wissen früher in einem langwierigen Prozess mit dem Ziel einer lebenslangen Geltung aufgebaut wurde, ist Wissen heute nur für begrenzte Zeiträume gültig und lebenslanges Lernen hat höchste Priorität. Entsprechend kann der Wissensvermittlungsanspruch durch Aus- und Weiterbildungsinstitutionen auch nicht mehr der der Vorbereitung für das gesamte Berufsleben sein, sondern muss die Fähigkeit fördern, sich im Verlauf seines Lebens selbstständig Wissen anzueignen. Nur in den seltensten Fällen wird die einmal genossene Ausbildung oder das absolvierte Studium eindimensional den zukünftigen Beruf bestimmen oder gar für die Ausübung bis zur Rente ausreichend sein.

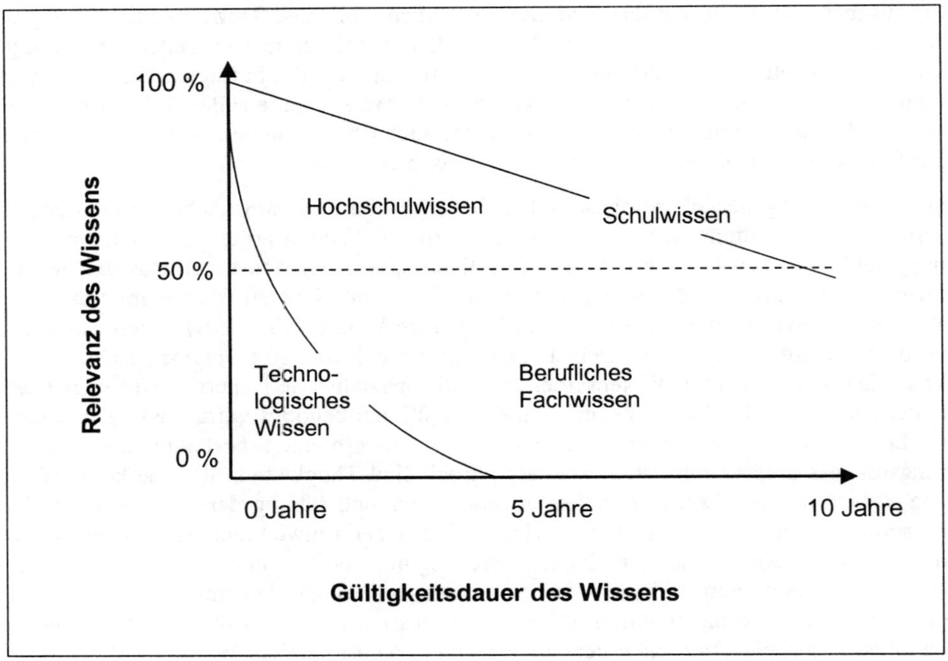

Abbildung 8: Die Halbwertszeit des Wissens (ausgewählte Beispiele)
Quelle: Schüppel (1996: 238); Charlier et al. (1994: 120)

Dass die Lernfähigkeit zu einer entscheidenden Schlüsselkompetenz wird, illustriert *Abbildung 8*, in der die Gültigkeitsdauer (die sogenannte „Halbwertszeit") von Wissen dargestellt ist. Der Begriff der Halbwertszeit wurde ursprünglich für die typische Verteilung von Zitaten im Wissenschaftsbereich eingeführt. Dort ging man davon aus, dass sich intellektuelle Phänomene wie Gedanken, Ideen oder Informationen ähnlich wie physikalische Phänomene verhalten und mathematisch beschreiben lassen. Sowohl in der Wissenschaft als auch im Bereich des Alltagswissens muss heute jedoch kritisch hinterfragt werden, ob wir es tatsächlich mit einem Problem der Halbwertzeit (die ja angesichts der fehlenden Quantifizierung von Wissen schwierig zu bestimmen wäre) oder nicht vielmehr mit einem Problem der Wissensflut zu tun haben. Träfe Letzteres zu, würde allein durch das Anwachsen von Wissen ein Alterungseffekt bei sehr aktuellen Themen auftreten.[3] Nicht die Aneignung immer neuen Wissens müsste sich demnach als Herausforderung stellen, sondern die Auswahl und Beschränkung auf *relevantes* Wissen.

Doch hiermit kommen wir zu einer schwierig zu beantwortenden Frage. Was ist relevantes Wissen? Und wer bestimmt, was relevantes Wissen ist? Schaut man sich zum Beispiel in der deutschen Bildungspolitik um, so war lange Jahre von der gründlichen und

[3] Ein typisches Beispiel hierfür sind die Publikationen zum Organisationalen Lernen und deren „Ablösung" durch die des Wissensmanagements.

guten Ausbildung an Universitäten die Rede. Eine frühzeitige Spezialisierung und eine damit einhergehende Fokussierung auf spezielle Wissensbereiche erwünscht. Ähnlich wie im angelsächsischen Bereich hat man jedoch mittlerweile auch in der deutschen Bildungspolitik erkannt, dass eine eher allgemein orientierte Erstausbildung mit einer Fokussierung auf Lernfähigkeit sowie eine anschließende berufsspezifische Spezialisierung ein gangbarer Weg ist. Erst durch ein breit angelegtes „Studium Generale“ wird einerseits die Möglichkeit geschaffen, auf einer soliden Entscheidungsgrundlage relevantes Wissen auszuwählen und zum anderen für die notwendige Breite der eigenen Wissensbasis zu sorgen, ohne die man sich wohl zu Recht dem Vorwurf des „Fachidioten“ aussetzen müsste.

In der Managementausbildung wird diese Entwicklung klar erkannt. Nicht von ungefähr haben zahlreiche renommierte Universitäten und Institute ihr vormals ausschließlich betriebswirtschaftlich geprägtes Curriculum um kulturelle, ethische und sprachwissenschaftliche Elemente erweitert - die Kriterien *Lernfähigkeit* und *Vielfältigkeit* werden als Eintrittskarte in die berufliche Zukunft gesehen. Für jeden Einzelnen beinhaltet eine Veränderung und Flexibilisierung von Karrierewegen zwar ein höheres Risiko (keine Garantie für lebenslange Beschäftigung), andererseits aber auch immense Profilierungspotenziale durch Mehrfachqualifikation und eine ständige Aktualisierung des Wissensstandes (vgl. *Abbildung 9*).

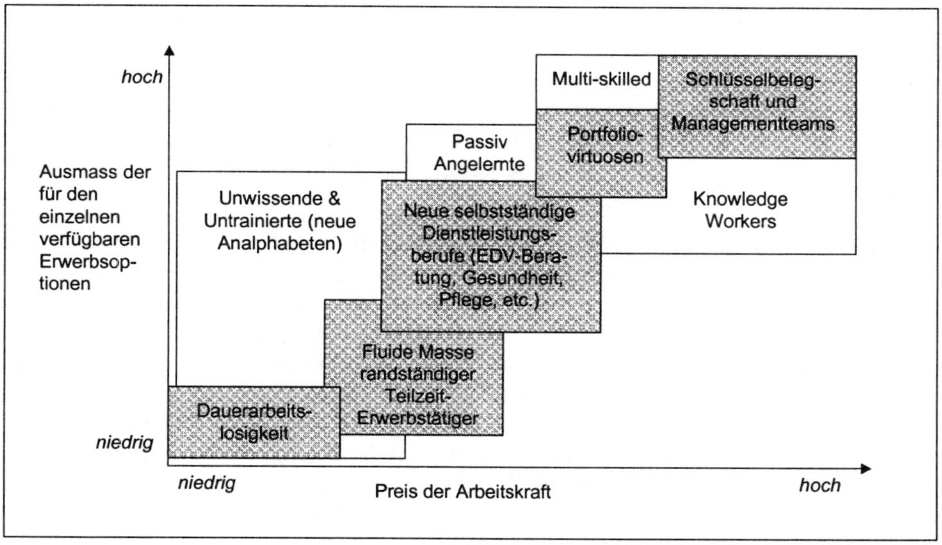

Abbildung 9: Neue Mitarbeitergruppen und Beschäftigungsoptionen
Quelle: Marr/Fliaster (2001: 15)

Auch „Brüche“ im Lebenslauf sind nicht mehr von vornherein tabu, sondern können – im speziellen Fall – ein Zeichen für Anpassungsfähigkeit sein. Ein derzeit prägnantes Beispiel für den Aufbau von variablen Berufsperspektiven ist der Tätigkeitsbereich von Medizinstudenten, deren hauptsächliche Berufwahl früher die Tätigkeit als Arzt war.

Heute finden sie sich in verschiedenen Berufen wieder, angefangen vom Medizincontroller über den Medizininformatiker bis hin zum Medizinjournalisten. Ein anderes wohl noch typischeres Beispiel ist der Ruf nach Zusatzqualifikationen für Geisteswissenschaftler, da sich deren Ausbildung nur selten nach einem klar definierten Berufsbild ausrichtet, sondern in hohem Masse die selbstständige Aneignung von „berufsrelevanten“ Qualifikationen erfordert.

Eventuelle Konsequenzen dieser Entwicklungen schlagen sich in der Wahl von Ausbildungswegen und Arbeitgebern nieder. Interessant werden Entwicklungsmöglichkeiten und breite Anwendungsmöglichkeiten des Gelernten sowie diejenigen Arbeitgeber, die ein breit ausgebautes Angebot an Weiterbildungsmöglichkeiten zur Verfügung stellen. Für Unternehmen stellt sich somit eine doppelte Herausforderung. Zum einen müssen sie qualifizierte Mitarbeiter finden und langfristig an das Unternehmen binden, um die Grundlage für die organisatorische Wissensbasis zu sichern (vgl. hierzu auch Kapitel 3). Zum anderen müssen sie die Summe individueller Wissensbestände integrieren und sich als nach außen als Unternehmen präsentieren, dass die Bedeutung von Wissen als Wettbewerbsfaktor erkannt hat. Die Veränderung von einer rein produzierenden Ökonomie hin zu wissensbasierten Produkten und Dienstleistungen hat für die gesamte Unternehmensstrategie und –organisation gravierende Konsequenzen. Schaut man sich zum Beispiel die Marktkapitalisierung großer Konzerne an, so stellt man fest, dass diese überwiegend auf dem immateriellen Wert eines Unternehmens basiert. Häufig wird hier von dem sogenannten „Intellectual Capital“ gesprochen, was sich aus der Differenz zwischen dem Wert eines Unternehmens am Markt und seinem Buchwert ergibt. So wurde zum Beispiel im Jahr 1995 der Buchwert von Microsoft mit 7$ angegeben, während Aktien der Firma mit weit über 70$ gehandelt wurden (Sveiby 1997: 3). Diese Relation trifft für viele andere Industrieunternehmen zu, die über bessere Methoden und Instrumente zur Wissensentwicklung und zum Aufbau derjenigen Fähigkeiten verfügen, die die Gesamtheit des Marktwertes ausmachen.

Der *Marktwert* eines börsennotierten Unternehmens ist dabei relativ leicht durch eine Multiplikation der Zahl der Aktien eines Unternehmens mit dem aktuellen Börsenkurs zu errechnen. Mit der Bezifferung des *Buchwertes* sieht es schon schwieriger aus. Der Buchwert kennzeichnet die Summe der von einem Unternehmen in der Bilanz dokumentierten Vermögensgegenstände, die im wesentlichen materieller Art sind. Diese Differenz könnte auch als diejenige Wertschöpfung bezeichnet werden, welche durch die im Unternehmen vorhandenen Wissensbestände ermöglicht wird. Dieses intellektuelle Kapital ist immateriell und unsichtbar. Es wird nicht in der Bilanz erfasst, denn es repräsentiert keine konkreten Gegenstände, sondern kapitalisiert das, was die in dem Unternehmen tätigen Menschen zu erschaffen in der Lage sind und wie viel die Kunden des Unternehmens dafür zu zahlen bereit sind. Häufig kommt es vor, dass der Wert des intellektuellen Kapitals zum Teil das bis zu Dreifache des Buchwertes ausmachen kann. Doch wie stellen sich nun diese immateriellen Vermögensgegen-stände ganz konkret im Unternehmen dar? Sveiby (1997: 12) nimmt zum Beispiel eine Dreiteilung vor und spricht von (1) der externen Struktur, die zum Beispiel Kunden- und Lieferantenbeziehungen aber auch den Firmen- und Markennamen des Unternehmens umfasst; (2) der internen Struktur, unter die er das Management, die juristische Struktur, Forschung und Entwicklung sowie die Software fasst; (3) die individuelle Kompetenz, zu der Erziehung und Erfahrung der einzelnen Mitarbeiter zählt. All diese Komponenten ergeben zusammen das immaterielle Vermögen eines Unternehmens.

Noch besser dient ein konkretes Firmenbeispiel zur Verdeutlichung. Die Firma 3M hat zum Beispiel die besondere Fähigkeit, einen Wissenstransfer zwischen Produkten vorzunehmen (vgl. *Abbildung 10* und somit 30 Prozent seines Umsatzes mit Produkten zu erzielen, die jünger als vier Jahre sind. Dies wird ermöglicht durch das Entwickeln neuer Technologien, wie das Ersetzen von Daunen durch Kunststoff, eine wesentliche Veränderung der Produkte, wie zum Beispiel Klebstoff ohne Lösungsmittel, stark veränderte Anwendungsmethoden, wie zum Beispiel das Kleben von Wunden statt Nähen oder durch völlig neue Aufgabenlösungen, wie zum Beispiel durch die Klebenotizen Post-it.

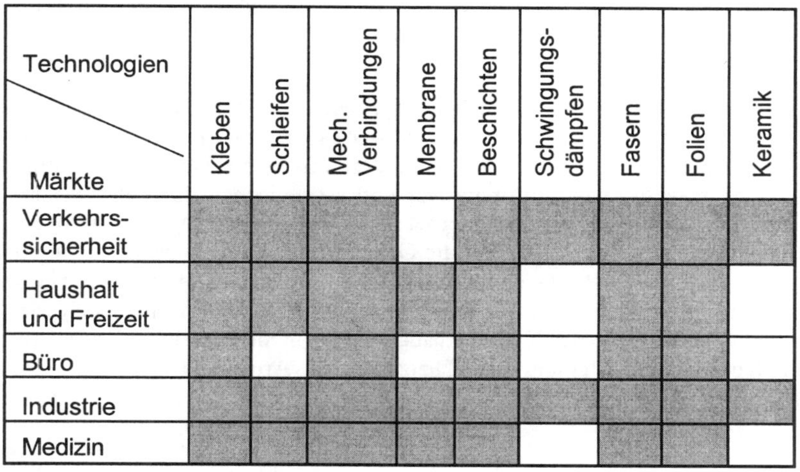

Abbildung 10: 3M überträgt Wissen auf andere Bereiche
Quelle: (Herbst 2000: 18)

Das übertragene Wissen besteht dabei oft aus nicht eindeutig artikulier- und dokumentierbaren Elementen wie zum Beispiel einem besseren Kundenservice, Pünktlichkeit, schnellere Verfügbarkeit von Produkten sowie einem optimierten internen Wissenstransfer und innovative Herstellungsverfahren. Mit der Konzentration auf immaterielles Vermögen steigen natürlich auch die Risiken eines Unternehmens, da sein Wissen leicht verloren gehen kann. Dies hat sich besonders in den letzen Jahren am Aktienmarkt gezeigt, wo ein hoher Anteil des Wissens an der Marktkapitalisierung zu einer starken Überbewertung einzelner Unternehmen am Aktienmarkt geführt hat. Von 1980 bis 1988 hat sich beispielsweise der Wert der an der NASDAQ gehandelten Firmen mehr als verzwanzigfacht. Allein in den letzten vier Jahren haben die New Yorker Börse und die NASDAQ eine Wertsteigerung von vier Billionen US-Dollar erfahren. Der Weg zum Verfall ist jedoch kurz gewesen, wie es viele Anleger erfahren mussten, in deren Portfolio nur wenige gewichtige Substanzwerte vorhanden waren. Schon angesichts dieser wenigen Beispiele lässt sich die Bedeutung eines funktionierenden Wissensmanagements erahnen. Noch deutlicher wird der Zusammenhang zwischen Wissensmanagement und

Erfolg beziehungsweise Misserfolg in Analysen von Unternehmensinsolvenzen verdeutlicht, die einen direkten Zusammenhang zu dem fehlenden Management von Wissen sehen, wie dies zum Beispiel im Fall der Metallgesellschaft oder der Barings Bank geschah (vgl. Marshall/Prusak/Shpilberg 1996).

Es zeigt sich also deutlich, dass ein funktionierendes Wissensmanagement überlebensnotwendig ist. Doch was genau ist eigentlich Wissensmanagement? In einer ersten Annäherung lässt es sich definieren als „Identifikation aller relevanten Wissenspotentiale und ihrer systematischen Ausschöpfung durch die Optimierung der Wissensflüsse entlang der Kernprozesse" (vgl. Pulic 1996: 156). Zumindest eine zusätzliche Komponente kann schon zum jetzigen Zeitpunkt hinzugefügt werden. Die Entwicklung der letzten Jahre zeigt deutlich, dass Wissensmanagement immer mehr zum Management des *impliziten* Wissens wird. Wer in der Lage ist, das im Unternehmen verborgene Wissen zu identifizieren und es gleichzeitig gegenüber seinen Wettbewerbern zu schützen, wird erhebliche Vorteile im Markt haben.

Insgesamt treten Aufgaben des Wissensmanagements auf verschiedenen Ebenen hervor. Das ist zum einen die strategische Ebene, auf der es gilt, unternehmerische Ziele mit einer Wissensperspektive zu verbinden. Zum anderen ist es die Wissensnavigation, die eine Verbindung sowohl zwischen operativer und strategischer als auch zwischen unternehmensinterner und unternehmensexterner Welt herstellt. Weiterhin wird es wichtig sein, sich über das Wissensdesign, d.h. die Generierung neuen Wissens sowie über einen erfolgreichen Wissenstransfer Gedanken zu machen. Alle diese Aufgaben erfordern eine interdisziplinäre Herangehensweise. Bezeichnenderweise stammt auch eine der besten Aufzählungen der Vorteile des Wissensmanagements nicht von einem Betriebswirt, sondern von den System-, Medien- und Chaosforschen Artur Schmidt und Otto Rössler (2000: 108; geringfügig erweitert).

> Die Vorteile eines gezielten Wissensmanagements sind ein kostengünstiger und schneller Zugang zu internen und externen Wissensquellen *sowie der Zugriff auf implizite und explizite Wissensbestände*, die Reduzierung des Zeitaufwandes beim Hervorbringen von Innovationen, die Förderung der Kommunikations- und Teamfähigkeit bei den Mitarbeitern, Effizienzsteigerungen durch den direkten Zugriff auf Daten aller Mitarbeiter, die Beschleunigung sämtlicher Unternehmensprozesse, eine effektivere Einbindung der Kunden in problemlösungsorientierte Netzwerke sowie die Möglichkeit der interaktiven Kommunikation und Simulation in komplexen Projektumgebungen.

Vor dem Hintergrund dieser Beschreibung wird in den nächsten Kapiteln eine weitere theoretische und praktische Fundierung des Wissensmanagements sowie seiner Wurzeln im Organisationalen Lernen vorgenommen.

3. Was genau ist Wissen?

- Was ist mit „Wissen“ eigentlich gemeint?
- Was kann die griechische Philosophie zu unserem Wissensverständnis beitragen?
- Wie unterscheiden sich Organisationales Lernen und Wissensmanagement?
- Wissen und Wissensmanagement in der Forschung, welche Aussagekraft haben bisherige Konzepte?
- Was muss ein Wissensmodell leisten, das auch die Unternehmensumwelt mit einbezieht?

3.1 Wissen, Wahrheit, Glaube

Mit der Frage, wie Wissen zu definieren und zu beschreiben ist, beschäftigen sich Philosophen schon seit Jahrtausenden. Auch für die Betriebswirtschaftslehre, Pädagogik und Psychologie ist Wissen ein wichtiges Thema. Eine richtige Wissensdefinition gibt es allerdings schon *per se* nicht, da jede Disziplin selbst die ihr eigenen Gegenstandsbereiche definiert und präzisiert. Eine einheitliche Definition oder gar eine abschließende Beschreibung dessen, was Wissen ist, ist somit weder erstrebenswert noch erreichbar, da sie unterschiedliche Zugänge zur und Annahmen über die Wirklichkeit künstlich vereinfachen würde. Als eine Antwort auf die Frage, was Wissen ist, mag jedoch ein sprachhistorischer Zugang ein erstes Vorverständnis schaffen. Etymologisch betrachtet, ist „Wissen“ ein Wort, das seine Wurzeln im althochdeutschen „wizzan“ und im gotischen „witan“ hat, was soviel bedeutet wie „sehen“ (gesehen haben) und „erkennen“. Wesentlich bei dieser Definition ist, dass sie vergangenheitsorientiert ist und das zukunftsorientierte Entstehen von Wissen ausklammert. Andere Definitionen beziehen sich auf Abgrenzungen zwischen dem bloßen Meinen, indem darauf hingewiesen wird, dass Wissen auf objektiv und subjektiv zureichenden Gründen vom tatsächlichen Bestehen von Gegenständen, Vorgängen oder Sachverhalten beruht (vgl. Hoffmeister 1955: 672). Das klassische Wissensverständnis orientierte sich an der zentralen Vorstellung von Wissen als *gesichertem* und damit zugleich *wahrem* Wissen durch das absolute Gewissheit ermöglicht wird.

Bei einem Blick in die Geschichte der Philosophie (vgl. Störig 1995) zeigt sich, dass der Gedanke von wahrem Wissen zwar zeitweilig weit verbreitet war, es aber auch deutlich andere Auffassungen gab. Dabei spielt gerade der Unterschied zwischen Wissen und Meinen (Griechisch: Wissen = ‚episteme', Meinen = ‚doxa') eine wichtige Rolle. So stellten etwa die Sophisten (6.-5.Jahrhundert v. Chr.) aus einem generellen Misstrauen gegen die Zulässigkeit der sinnlichen Wahrnehmung als Erkenntnismittel die Erkenntnisfähigkeit des Menschen generell in Zweifel. Die Sophisten waren keine Philosophen im eigentlichen Sinne, sondern Praktiker und maßen,wie alle Praktiker, theoretischen

Erkenntnissen nur geringen Wert bei. So ist auch die folgende Aussage von Protagoras, dem wohl bedeutendsten Sophisten, bei den meisten Menschen bekannt: „Der Mensch ist das Maß aller Dinge, des Seienden für sein Sein, des Nichtseienden für sein Nichtsein". Damit ist gesagt, dass es keine absolute Wahrheit, sondern nur eine relative, keine objektive, sondern nur eine subjektive, eben für den einzelnen Menschen relevante Wahrheit gibt.

Auch Sokrates (geb. um 470 v. Chr.) leistete mit seinem bekannten Ausspruch „ich weiß, dass ich nichts weiß", einen Beitrag zum Verständnis von Wissen. Mit der Aufdeckung ihres Nichtwissens will er die Menschen zur Selbstprüfung und Selbsteinkehr aufrufen. „Erkenne Dich selbst", ruft er ihnen zu. Wenn die Menschen durch Selbstbesinnung und Selbsteinkehr zur Einsicht in die sittliche Armut und Blindheit gebracht sind, werden sie zum Suchen und Sehnen nach dem sittlichen Ideal kommen. Die Frage, was Wissen ist beschäftigt ihn weiter, doch erst Plato (427 v. Chr.) greift sie in seinem „Theaetetus" wieder auf. Dort lässt er ihn im Diskurs mit Sokrates das Wesen des Wissens erörtern, und ihn nach verschiedenen Versuchen, Wissen einmal als Wahrnehmung, als wahre Meinung und als wahre Meinung aufgrund vernünftiger Erklärungen zu definieren („justified true belief") schließlich zu dem Schluss kommen, dass es keine Definition gebe, die die Essenz von Wissen träfe und er nicht glaube zu wissen, was er nicht wisse – in diesem Fall, was Wissen sei.

Aufbauend auf frühen Wissensdiskussionen wird die wissenschaftliche Forschung von den Grundlagen der Erkenntnistheorie (Epistemologie von ‚episteme'=Wissen und ‚logos'=Theorie) bestimmt. Epistemologie ist neben der Methodologie und der Logic ein Teilgebiet der Philosophie, das sich mit dem Verständnis des Ursprungs, der Natur und der Validität von Wissen beschäftigt. Die Epistemologie versucht Wissen über Wissen bereitzustellen und ist somit als *„theory of knowledge"* zu verstehen (vgl. zum Zusammenhang zwischen Erkenntnistheorie und Wissensmanagement: von Krogh/Roos 1995: 7ff.). Eine Position der Erkenntnistheorie gewinnt seit einiger Zeit in der Forschung zum Wissensmanagement an Bedeutung – die des Konstruktivmus.[4] Einhergehend mit einer zunehmenden Steuerungsskepsis von Lern- und Wissensprozessen, wird im Konstruktivismus, vereinfacht gesagt, die Ansicht vertreten, dass es keine Wirklichkeit an sich gibt, sondern dass es sich dabei um eine entweder individuelle oder eine soziale Konstruktion handelt. Aufgrund der Subjektivität dieser Konstruktionen gibt es auch keine Beurteilung nach den Kriterien ‚wahr' oder ‚falsch', entscheidend ist vielmehr die Frage, ob eine Konstruktion ‚nützlich' ist. Das Verhältnis zwischen Wissen, Wahrheit und Wirklichkeit im Konstruktivismus wird durch das Beispiel des 18. Kamels in netter Weise illustriert (siehe nächste Seite).

Zu dieser Geschichte meint einer der bekanntesten Vertreter des Konstruktivismus, Heinz von Foerster: „so wie das 18. Kamel, so braucht man die Wirklichkeit als eine Krücke, die man wegwirft, wenn man sich über alles andere klar ist. Wissen stellt daher

---

4 Von „dem" Konstruktivismus zu sprechen, stellt eine Vereinfachung dar. Genaugenommen müssten die verschiedenen Varianten wie zum Beispiel der Sozialkonstruktivismus, der Kognitive Konstruktivismus oder der Radikale Konstruktivismus thematisiert werden (vgl. zu einer Übersicht: Knorr-Cetina 1989).

eine persönliche Wirklichkeitskonstruktion dar, die für den Moment brauchbar ist und was wir sehen, hängt letztlich von den Instrumenten und Verfahren der Beobachtung ab.

Konstruktivismus und die Geschichte vom 18. Kamel

Ein Mullah ritt auf seinem Kamel nach Medina; unterwegs sah er eine kleine Herde von Kamelen; daneben standen drei junge Männer, die offenbar sehr traurig waren.

„Was ist Euch geschehen, Freunde?", fragte er, und als der älteste antwortete: „Unser Vater ist gestorben." „Allah möge ihn segnen. Es tut mir leid für Euch. Aber er hat Euch doch sicherlich etwas hinterlassen?" „Ja", antwortete der junge Mann, „diese 17 Kamele. Das ist alles, was er hatte." „Dann seid doch fröhlich! Was bedrückt Euch denn?" „Es ist nämlich so," fuhr der älteste Bruder fort, „sein letzter Wille war, dass ich die Hälfte seine Besitzes bekomme, mein jüngerer Bruder ein Drittel und der jüngste ein Neuntel.

Wir haben schon alles versucht, um die Kamele aufzuteilen, aber es geht einfach nicht." „Ist das alles, was Euch bekümmert, meine Freunde?" fragte der Mullah. „Nun dann nehmt doch für einen Augenblick mein Kamel, und lasst uns sehen, was passiert."

Von den 18 Kamelen bekam jetzt der älteste Bruder die Hälfte, also neun Kamele; neun blieben übrig. Der mittlere Bruder bekam ein Drittel der 18 Kamele, also sechs; jetzt waren noch drei übrig. Und weil der jüngste Bruder ein Neuntel der Kamele bekommen sollte, also zwei, blieb ein Kamel übrig.

Es war das Kamel des Mullahs; er stieg wieder auf und ritt weiter und winkte den glücklichen Brüdern zum Abschied lachend zu.

Quelle: Segal (1988)

Neben der erkenntnistheoretischen Beschäftigung mit Wissen, finden sich mittlerweile in verschiedensten wissenschaftlichen Disziplinen Ansätze zur Definition und zum Management von Wissen. Beispielhaft seien hier die Aufsätze in einem jüngst erschienenen Handbuch zum Organisationalen Lernen und Wissensmanagement (Dierkes et al. 2001) genannt, die das Thema aus der Sicht der Psychologie, der Soziologie, der Managementwissenschaft, der ökonomischen Theorie, der Anthropologie, der politischen Wissenschaft und der Geschichte betrachten. Dies stellt jedoch nur einen kleinen Ausschnitt dar, wenn man bedenkt, dass sich ebenso Natur- und traditionellerweise die Ingenieurwissenschaften und die Informatik mit der Erfassung und dem Management von Wissen befassen. Genaugenommen ist „Wissen" Gegenstand jeder theoretischen Reflexion und jedes praktischen Handelns. So ist auch in der nachfolgenden *Abbildung 11* nur ein kleiner und subjektiver Ausschnitt an Disziplinen dargestellt, die sich mit dem Thema „Wissen" beschäftigen. Darüber ist die Darstellung stark auf solche Bereiche konzentriert, die einen Bezug zur Betriebswirtschaftslehre aufweisen.

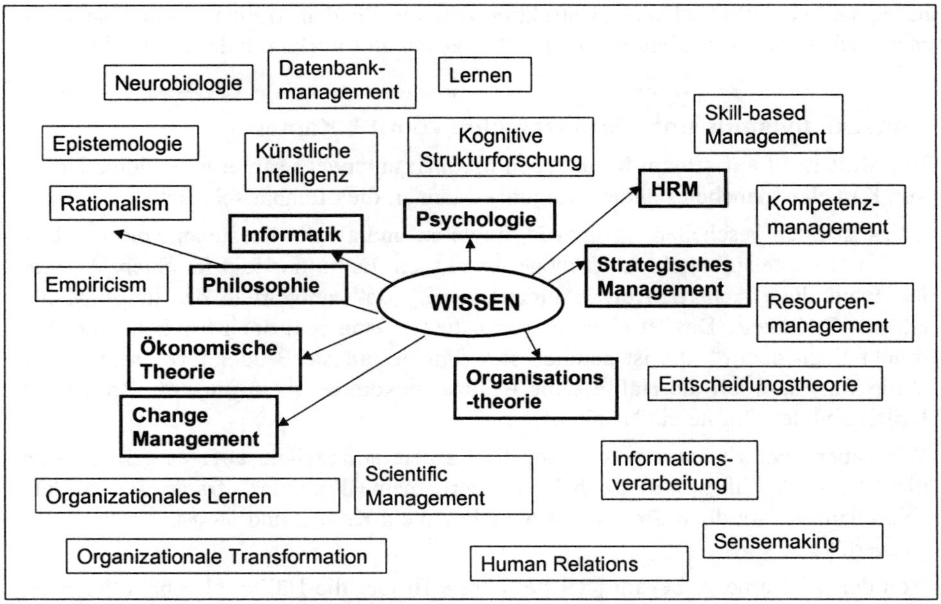

Abbildung 11: Disziplinen, die sich mit "Wissen" befassen

Eine Möglichkeit sich noch differenzierter mit dem Begriff des Wissens zu beschäftigen, ist es, sich einige Wesensmerkmale näher anzuschauen (vgl. hierzu auch Aulinger/Fischer (2000: 644ff.). Am weitesten verbreitet ist wohl der Ansatz, sich dem Wissensbegriff zunächst durch die Unterscheidung dichotomer Wissenskategorien zu nähern. Häufig werden die Begriffpaare generelles und spezielles Wissen, aktuelles und zukünftiges Wissen, formelles und informelles Wissen, explizites und implizites sowie individuelles und kollektives Wissen genannt. Für eine Analyse des Wissensbestandes und des Wissensbedarfs im Unternehmen bietet sich hier eine Vielfalt von Betrachtungsmöglichkeiten. An dieser Stelle sollen lediglich die beiden letzten Gegensatzpaare näher erläutert werden, da sie die Grundlage der meisten Ansätze des Wissensmanagements bilden und gleichwohl immer noch die am wenigsten gelösten Fragen der Generierung und des Transfers von Wissen beinhalten.

Implizites und explizites Wissen

Die Unterscheidung zwischen implizitem und explizitem Wissen ist seit der Veröffentlichung von Nonaka/Takeuchi's (1995) „The Knowledge Creating Company" nicht mehr aus der Diskussion über Wissensmanagement wegzudenken. Doch was verbirgt sich hinter dieser Dichotomie und wo lassen sich die Wurzeln dieser Ausprägungen von Wissen finden? Von *impliziten* Wissen wird zunächst ganz grundsätzlich gesprochen, wenn es sich um nicht expliziertes bzw. artikuliertes Wissen handelt – zweitrangig ist dabei, ob dieses Wissen generell nicht artikulierbar ist oder dies zum gegebenen Zeitpunkt nicht gewollt ist (anders definiert Polanyi (1966) das implizite oder ‚tacit knowledge' mit dem Satz: „wir wissen mehr als wir sagen können"). Bei implizitem Wissen handelt sich in der Regel als dem Handeln zugrundeliegendes Wissen, das oftmals automatisch und unbewusst angewendet wird. Ein Beispiel hierfür ist der Blick in den Rückspiegel beim Einparken, in der Fahrschule ein höchst bewusster Akt, im Laufe der Zeit zu einem automatischen Prozess geronnen. Ähnlich sprechen Argyris/Schön (1978) von ‚theories-in-use' als die dem Handeln tatsächlich zugrundeliegenden Theorien. Solches Wissen beruht auf Erfahrungen, Orientierungsmustern und Überzeugungen und ist oftmals wesentlich einflussreicher auf unsere Entscheidungen und Handlungen als dies explizites Wissen jemals sein kann.

Im Gegensatz zu implizitem Wissen lässt sich *explizites Wissen* mittels formaler Hilfestellungen, wie zum Beispiel einer Grammatik, der Mathematik oder anhand technischer Daten und Handbücher artikulieren. Es liegt in der Regel in personenungebundener Form von Dokumenten, Datenbanken u.ä. im Unternehmen vor. Dieses Wissen folgt in der Regel gewissen Rationalisierungskriterien durch die seine Dokumentation und Abrufbarkeit bestimmt ist. In der heutigen Aus- und Weiterbildungssituation wird immer noch vorwiegend auf explizites Wissen rekurriert, wenngleich sich einige, inbesondere asiatische Forscher, mit dem Thema des Transfers impliziten Wissens näher beschäftigen und seine enorme Bedeutung hervorheben.

Individuelles und kollektives Wissen

Sowohl implizites als auch explizites Wissen kann auf individueller oder auf kollektiver Ebene vorliegen. Ist explizites Wissen nicht für andere erreichbar, weil es im Kopf eines Individuums existiert, ist es individuell und privat. *Individuelles Wissen* basiert auf dem Erfahrungsschatz einzelner Personen. Es steht zunächst nur ihnen selber zur Verfügung und erst wenn es expliziert wird, kann es in einer anderen Personen zur Verfügung stehenden Wissensbasis gespeichert werden. Das größte Risiko des individuellen Wissens besteht daher in seiner fehlenden Explizierung sowie in seinem Verlust. Entscheidet sich ein Mitarbeiter, nicht länger für ein Unternehmen tätig zu sein, gehen die impliziten Anteile der persönlichen Wissensbasis verloren. Ist implizites Wissen in den Köpfen mehrerer Individuen vorhanden, ist es *kollektives Wissen*. Innerhalb der Wissensbasis einer Organisation ist Wissen in der Regel ungleichmäßig verteilt und auf unterschiedliche Weise zugänglich. Wie Pautzke (1989) in seinem Schichtenmodell demonstriert, wird nur ein Teil des vorhandenen Wissens für Entscheidungen nutzbar gemacht. Hierbei handelt es sich sowohl um Metawissen (Wissen über bestimmtes Objektwissen) als auch um Objektwissen, das einer unterschiedlichen Zahl an Individuen zugänglich ist. Je größer die Zahl, desto größer die Kollektivität. Den Kern des kollektiven Wissensbestandes einer Organisation macht das von allen geteilte Wissen aus. Hierbei handelt es sich um eine Art paradigmatisches Wissen (Organisationskultur, Sinnmodell, Weltbilder etc.), das die Essenz der Organisation ausmacht. Dieser Wissensbestandteil ist relativ unbeweglich und lässt sich nur schwer in einem langwierigen Prozess verändern wie dies beispielsweise Projekte zum Kulturwandel in Organisationen zeigen.

Wenngleich über die bisher angeführten Wissenskategorien einen weiteren Einblick in das Wesen und die Funktionsweise von Wissen geliefert haben, konnte doch keine echte Definition erbracht werden. Dennoch sind diese Differenzierungen für ein erstes Verständnis hilfreich und werden in der Literatur oft als Ansatzpunkt für die weitere Ausarbeitung von Modellen genutzt.

Aufbauend auf den Unterscheidungen explizit/implizit sowie individuell/kollektiv haben zum Beispiel die beiden japanischen Forscher Nonaka/Takeuchi (1995) ihr Modell der „Wissensspirale" entwickelt. Andere Autoren wie zum Beispiel Baumard (1996) nutzen dieses Modell und füllen es mit Beispielen für die verschiedenen Wissenskategorien (vgl. *Abbildung 12*).

	Individuell	**Kollektiv**
Explizit	Deklaratives Wissen; Positionierungswissen; Bewusstes Wissen;	Wissenschaftliches Wissen; Normatives Wissen; Dokumente Institutionalisierte Regeln; Patente; Prozeduren;
Implizit	Automatisches Wissen Praktisches Wissen; Know-how; Prozedurales Wissen; Skripte; kontextuelles Wissen	Kollektives Wissen; Wissens-gemeinschaften; Gemeinschafts-sinn; Soziale Normen und Mythen Traditionen

Abbildung 12: Wissensdimensionen und Beispiele
Quelle: In Anlehnung an: Nonaka/Takeuchi (1995), Baumard (1996: 29)

Grundsätzlich muss ein Unternehmen, das sich verstärkt für die Analyse seines Wissensbestandes und für ein effizientes Wissensmanagement interessiert, jedoch selbst herausfinden, welche Art von Wissen wichtig ist und es wird vermutlich eine Vielzahl an Kombinationen der oben genannten Wissensunterscheidungen als für sich relevant entdecken. Um ein noch besseres Verständnis für die Entstehung des Themas Wissensmanagement zu bekommen, soll im folgenden auf die Entwicklung der Forschungsliteratur näher eingegangen werden. Mitte der 90er Jahre kam es zu einer relativ abrupten Ablösung eines bis dahin stark auf Organisationales Lernen konzentrierten Erkenntnisinteresses. Ab diesem Zeitpunkt hat man sich näher mit dem Wesen und der Handhabung von Wissen beschäftigt, wenngleich sich zwischen beiden Forschungsthemen wesentliche Unterschiede manifestieren, die auch heute noch eine Beschäftigung mit dem Organisationalen Lernen rechtfertigen.

3.2 Organisationales Lernen und Wissensmanagement

Versucht man, den Beginn der Beschäftigung mit dem Thema „organisationales Lernen" historisch zu verankern, so ist sicherlich ein wesentlicher Ankerpunkt mit der Publikation von Simon im Jahr 1953 zu setzen, in der er das Konzept unter Bezug auf die Geburt und den Tod öffentlicher Institutionen anwendete. In den frühen 60er Jahren setzte eine noch spärliche Publikationstätigkeit bezüglich des Lernens in und von Organisationen ein (vgl. zum Beispiel: Cyert/March 1963; Cangelosi/Dill 1965; Argyris 1964). Dennoch dauerte es noch bis in die späten 70er Jahre bevor es zu einer wahren Flut an Publikationen kam (vgl. March/Olsen 1975; Argyris/Schön 1978; Duncan/Weiss 1979), die in den frühen neunziger Jahren ihren vorläufigen Höhepunkt erreichte.[5] Seit ca. 1995 hat sich ein Sprung von einer Fokussierung auf Organisationales Lernen hin zum Wissensmanagement ergeben. Easterby-Smith et al. (2000) nutzen die Metapher einer vulkanischen Eruption, um die Publikationsflut zum Thema Organisationales Lernen zu beschreiben: „...some of the debates that once raged fiercly around ‚hot' topics nevertheless ‚cooled down'. As a consequence, some of them that are now silent may reappear once more in a different time and place." (Easterby-Smith et al. 2000: 784). Was sind nun die Schwerpunkte der bisherigen Forschung, und lässt sich eine klare Entwicklungslinie erkennen? In Anlehnung an Easterby-Smith et al. (2000; vgl. zu einem aktuellen Überblick auch: Antal et al. 2001) können drei verschiedene Etappen voneinander abgegrenzt werden.[6]

1. Forschung der Vergangenheit

Wenn man von Forschungsthemen der Vergangenheit spricht, ist damit nicht gemeint, dass diese Themen heute keine Relevanz mehr haben, sondern dass sie den nötigen Hintergrund für neue Fragestellungen aufbereitet haben und mittlerweile als weitgehend bekannt bzw. gelöst angesehen werden. Dazu gehören die für das organisationale Lernen wichtige Unterscheidung zwischen den Ebenen des Individuums und der Organisation ebenso wie die Betrachtung verschiedener Intensitätsstufen des Lernens (z.B. single-loop und double-loop learning).

- *Individuelles Lernen (IL) versus Organisationales Lernen (OL)* In wie weit unterscheiden sich IL und OL und inwieweit existieren vom Individuum unab-hängige Lernprozesse? Diese Debatte beherrscht seit Anbeginn die Forschung zum organsationalen Lernen. Gemeinhin anerkannt ist, dass IL den Ausgangspunkt jeder kollektiven Form des Lernens darstellt. Die Frage der anschließenden Aggregation auf hö-

5 Deutlich wird dieses zunehmende Interesse auch durch eine Anzahl an Spezialausgaben renommierter Journals, die sich dem Thema widmen (zum Beispiel: Organisation Science 1991, 2(1) and 2(2); Zeitschrift für Betriebswirtschaft 1995; Accounting, Management & Information Technology 1995; Journal of Organisational Change Management 1996; Organisation Studies 1996, with emphasis on managerial and organisational learning).

6 Die chronologische Zuordnung ist dabei nicht zweifelsfrei. Vielmehr beginnt seit ca. 1995 eine qualitative Veränderung, die es gerechtfertigt erscheinen lässt von der Etappe zwischen 1995 bis 2001 als „Gegenwart" zu sprechen. Ab 2001 zeichnen sich wiederum Veränderungen ab, die den Beginn einer neuen Epoche kennzeichnen.

here Lernebenen (Gruppe, Organisation, Kooperation, interorganisationales Netzwerk) ist jedoch nicht eindeutig gelöst, wenngleich unterschiedliche Mechanismen wie zum Beispiel Dialog, Kommunikation, Metaphern u.a. tiefergehend behandelt werden. Gerade die Individualebene stellt möglicherweise auch einen ‚ruhenden Vulkan' dar, der in der Debatte des Wissensmanagement wieder ausbricht, da viel zu oft humane Elemente zugunsten einer technisch orientierten Machbarkeit in den Vordergrund gerückt werden (vgl. zusammenfassend: Wiegand 1995: 313-317; vgl. auch Maier/Prange/von Rosenstiel 2001).

- *Kognitive Veränderung versus Verhaltensänderungen*
  Beinhaltet OL lediglich eine adaptive Verhaltensänderung oder sind vielmehr kognitive Veränderungen der wahre Kern des OL? Während Verhaltensänderungen eher als Adaption zu verstehen sind, involvieren Lernprozesse kognitive Veränderungen. Im Sinne einer proaktiven Unternehmensstrategie würde dann reines Anpassungshandeln chronisch zu spät kommen (vgl. zu dieser Debatte: Fiol/Lyles 1985).

- *Single-Loop Learning versus Double-Loop Learning*
  Die ursprünglich von Argyris/Schön (1978) vorgestelle Idee verschiedener Intensitätsstufen des Lernens entzündete im folgenden die Debatte um inkrementalen und transformativen Wandel. Während es sich bei ersterem lediglich um graduelle Veränderungen handelt, sind bei letzterem grundlegende Veränderungen des zugrundeliegenden Weltbildes involviert. Als Basis für eher fundamentale Veränderungen werden die Ansätze des double-loop learnings oder des transformativen Wandels heute wieder interessant für die Innovationsforschung (vgl.. zusammenfassend: Kilman/Covin 1989; Levy/Merry 1986; Mohrmann et al.1990).

- *Verhältnis zwischen Lernen und Verlernen*
  Ist ein Verlernprozess nötig, bevor OL beginnen kann? Die Beantwortung dieser Frauge wird immer dann besonders relevant, wenn alte Reaktions- und Interpretationsmuster einer Organisation bzw. der sie konstituierenden Individuen aufgrund von Umweltveränderungen nicht mehr passen. In Folge müssen sie überarbeitet (verlernt) bzw. neu erlernt, wobei es gilt, eine Balance zwischen bewährtem und neuem Wissen herzustellen (vgl. zu dieser Debatte: Hedberg 1981; Probst/Prange 1996; für einen ausführlichen Überblick: Wiegand 1996: 281-287).

- *Organisationales Lernen versus Lernende Organisation*
  Beeinflusst durch die Praxis, wurde der eher präskriptive Ansatz der Lernenden Organisation entwickelt, während sich auf der Seite der Theoretiker, relativ unabhängig von der ersten Gruppe, eine eher deskriptive orientierte Forschung etablierte. Die Debatte um eine eindeutige Differenzierung gilt heute als weitgehend überholt und eine eindeutige Zuordnung von Forschern zu einer Richtung lässt sich kaum mehr vornehmen (vgl. Garvin 1993 sowie für einen Überblick: Easterby-Smith/Araujo (1999).

- *Prozesse Organisationalen Lernens*
  Die Analyse von Lernprozessen innerhalb und zwischen verschiedenen Emergenz benen (Individuum, Gruppe, Organisation, Kooperation) und stellt eine der wichtigs-

ten Herausforderungen für die Forschung dar. Entscheidende Fragestellung ist dabei, wer, auf welche Art und Weise, was, mit welchem Ergebnis lernt? (Wiegand 1996, Dierkes et al. 2001: 486-623).

- *Kontextfaktoren des Organisationalen Lernens*
  Von Anbeginn der Forschung wurden Kontextfaktoren berücksichtigt, von denen die am weitesten thematisierten Kultur, Struktur, Strategien und Systeme sind (vgl. Fiol/Lyles 1985). zunehmend wird auch Landeskultur als wichtiger Faktor angesehen, wobei zu Beginn eine Konzentration auf den angelsächsischen Bereich, mittlerweile aber auch die Einbeziehung der USA, Asien und Osteuropa stattfindet (e.g. Lyles 2001; Merkens/Geppert/Antal 2001; Nonaka /Toyama/Byosière 2001)

Nachdem die meisten dieser Themen – wenngleich oft nicht vollständig gelöst – in der breiten Forschungslandschaft des Organisationalen Lernen und Wissensmanagement eher still ruhen und nicht mehr im Rampenlicht der Öffentlichkeit stehen, stellen die folgenden Schwerpunkte den Stand der Gegenwartsforschung dar.

2. Forschung der Gegenwart

Die Forschung in der Gegenwart versucht die Ebenendiskussion zu erweitern, indem explizit Gruppen und Wissensgemeinschaften in die Betrachtung einbezogen werden. Hinzu kommt eine vergleichende Analyse verschiedener Ansätze des organisationalen Lernens sowie eine Verbindung zur organisationalen Wissensbasis. Aus wissenschaftstheoretischer Sicht erfolgt eine stärkere Orientierung am Konstrukivismus, aus dessen Perspektive die Möglichkeit einer externen Steuerbarkeit von Lern- und Wissensprozessen wesentlich kritischer betrachtet wird. Gleichzeitig wird differenzierter mit dem Wissensbegriff im Organisationalen Lernen umgegangen und ein eigenständiges Forschungsfeld „Wissensmanagement“ konturiert, das insbesondere Fragen nach der Bewertung von impliziten Vermögensgegenständen aufwirft.

- *Lernen als sozial-konstruktivistische Aktivität*
  Es kommt zu einer Auflösung einer individuumszentrierten Debatte. Lernen wird vielmehr als soziale Interaktion innerhalb spezieller soziokultureller Kontexte verstanden. Damit treten auch die Emergenz- ebenen der Gruppe und der Organi-sation sowie die damit verbundenen Formen des sozialen und situativen Lernens wesentlich stärker in den Vordergrund. Eng mit dieser Verlagerung ist auch das nächste Stichwort der Praxis- oder Wissensgemeinschaften verbunden (vgl. zu einer Gegenüberstellung von Entwicklungslinien des Wissensmanagements zum Beispiel: Schneider 1996).

- *Communities of Practice*
  Communities of Practice bzw. Praxis- oder Wissensgemeinschaften (North/Romhardt /Probst 2000) wie die Übersetzung oft lautet, stellen die dem sozialen Lernen entsprechende sich selbst organisierende Organisationsform dar. Als wichtige das Lernen und die Wissensentwicklung fördernde Eigenschaften sind die freiwillige Mitgliedschaft und die fehlende externe Steuerung zu nennen (vgl. Brown/Dugoid 1991;

Wenger 1999; Lave/Wenger 1991; Wenger/Snyder 2000; Wenger/McDermott/Snyder 2002; vgl. zu diesem Thema auch Kapitel 5).

- *Messbarkeit von Wissen und Lernen*
  Grundsätzlich stellt sich die Frage, inwieweit man klassische Messgrößen für die Bewertung von Wissen und Lernen überhaupt heranziehen kann. Um das spezifisch Neue in der Messung des Wissensmanagements darzustellen, werden Reflexionsmessgrößen (Wissensmessgrößen wird eine Erhöhung der Qualität der Messung angestrebt. Derzeit wird aber nur in den seltensten Fällen ein Bezug zu den Ergebnissen der Geschäftsstrategie hergestellt und es werden vielfach isolierte Zwischenerfolge gemessen (vgl. Sveiby 1997; North/Probst/Romhard 1998 Reinhardt/ Bornemann/Pawlowsky/Schneider 2001).

- *Lernen, Politik und Ethik*
  Angesichts der zunehmenden Zahl an Organisationen, die in politische Prozesse involviert sind, gewinnt das Thema Lernen, speziell unter dem Stichwort „Government Learning“ zunehmend an Bedeutung. Parallel werden ethische Fragestellungen thematisiert, ob etwa eine besserer Zugriff auf Wissen den Wohlstand ärmerer Länder steigern und kann oder inwieweit durch den Informationszugriff neue Machtgefälle entstehen. Auch im organisationsinternen Umfeld spielen politische Fragestellungen im Sinne der Mikropolitik eines Unternehmens eine Rolle (vgl. zum Beispiel: Hanft 1996; LaPalombara 2001)

- *Interorganisationales Lernen*
  Das Thema interorganisationales Lernen beginnt seit ca. 1995 auf breiteres Interesse zu stoßen (vgl. zum Beispiel: Inkpen/Crossan 1995; Inkpen 1996; Doz 1996; Prange 1996; Inkpen/Dinur 1998; Inkpen 1998; Larsson/Bengtsson/Henriksson/Sparks 1998). Ebenso wie bei der Diskussion um den Übergang zwischen individuellem und organisationalem Lernen stehen hier zunächst Fragen nach dem eigenständigen Charakter eines *inter*organisationalen Lernens sowie die Diskussion einzelner Kontextfaktoren, wie Vertrauen und Ambiguität, im Vordergrund. Auch sind erste konzeptionelle Bemühungen, etwa aus einer konfliktorientierten Perspektive, erkennbar (vgl. hierzu auch Kapitel vier).

- *Organisationales Lernen und Wissensmanagement*
  Die Spannung zwischen Vertretern Organisationalen Lernens und denen des Wissensmanagements hat sich spätestens seit der bahnbrechenden Publikation von Nonaka/Takeuchi (1995) weiter verstärkt. Die wesentliche Kritik des Organisationalen Lernens setzt zum einen daran an, dass es zu sehr an individuellen Lernmodellen ansetzt, zum anderen werde der wichtige Prozess der Wissensgenerierung vernachlässigt. Vielfach scheint aber auch die fehlende Steuerbarkeit des Organisationalen Lernens der Entwicklung eines interventionsorientierten Wissensmanagements weiteren Raum zu geben (vgl. Fried/Baitsch 2000 und die folgenden Abschnitte).

3. Zukünftige Forschung

Wie auch bei der Unterscheidung zwischen den beiden vorherigen Phasen lässt sich hier keine scharfe Trennlinie ziehen. So sind beispielsweise die Entwicklungen des interorganisationalen Lernens unmittelbar in die Betrachtung des Wissensmanagements in Netzwerken eingegangen und auch Themen wie „IT und Wissensmanagement" wurden schon früher ansatzweise betrachtet. Dennoch scheinen sich ab ca. 2000/2001 einige Trends, wie zum Beispiel das strategische Kompetenzmanagement oder die Betrachtung von Wissensmanagement in multinationalen Konzernen, sowohl in der theoretischen Forschung als auch in der Praxis abzuzeichnen.

- *Wissensmanagement in Netzwerken und multinationalen Unternehmen*
  Anknüpfend an die Forschung zum interorganisationalen Lernen wird die Betrachtungsebene noch einmal erweitert. Es kommt zu einer Auflösung der Organisation mit nunmehr verschwommenen Grenzen (vgl. Powell et al. 1996; Gnyawali 1999; Lucas/Ogilvie 1999; Tempest 1999). Neuen Organisationsformen wie Unternehmensnetzwerken, virtuellen Organisationen und Kozmpetenznetzwerken wir ein hohes Potential – letzten sogar primär – für den Erwerb und die Integration von externem Wissen zugeschrieben (vgl. für Kompetenznetzwerke zum Beispiel: Heines 1998; Mildenberger 1999; Birkinshaw/Hagström 2000).

- *Wissen im Spannungsfeld zwischen IT und Kognition*
  Von besonderem Interesse ist schon seit längerer Zeit der Einsatz der IT im Wissensmanagement. Zunehmend ist aber eine kritische Einstellung zu beobachten, die ihre Nahrung aus der Tatsache zieht, dass IT ohne mindestens gleich berechtige Berücksichtigung menschlicher Kognitionen kaum Aussicht auf Erfolg hat. Eine Zusammenfassung der Argumentation findet sich bei Walsh (1995). Einige neuere Entwicklungen konzentrieren sich auf den Einsatz von sogenannten „Enterprise Information Portals" unter Berücksichtigung der menschlichen Gedächtnis- und Strukturierungsfähigkeit (vgl. zum Beispiel Reich 2001 sowie Kapitel sechs).

- *Strategisches Kompetenzmanagement*
  Mit der zunehmenden Bedeutung des sogenannten „resource-based view" in der Strategielehre gewinnt (vgl. grundlegend Hammann/Frieling 2000). Etwa ab 1996 findet sich eine Ausdifferenzierung zu einem „competence-based view" dessen zentrales Anliegen Kompetenzen bzw. Fähigkeiten sind durch die die zentralen Ressourcen eines Unternehmens erst gewinnbringend genutzt werden können. Da Kompetenzen und Fähigkeiten auch individuelle und gruppenbasierte Phänomene einschließen, öffnet sich mit der Verlagerung von Ressourcen hin zu Kompetenzen für die Forschung auch das breite Spektrum der Organisationforschung und der Psychologie. Wenngleich auch in dieser Sicht das Innere eines Unternehmens primär als Quelle von Wettbewerbsvorteilen angesehen wird, geraten auch in jüngster Zeit Kompetenzen in den Vordergrund, die sich auf die externe Unternehmensumwelt beziehen (z.B. Vernetzungsfähigkeit innerhalb eines Unternehmensverbundes).

	Vergangenheit (1950 – 1995)	**Gegenwart** (1995 – 2001)	**Zukunft** (2000 -
Haupt-themen	▪ Ebenen des Lernens (individuelles vs. Organisationales Lernen) ▪ Kognition vs. Verhalten ▪ Single-loop vs. Double-loop learning ▪ "Unlearning" ▪ Organisationales Lernen vs. Lernende Organisation	▪ Praxisgemeinschaften (Learning as activity) ▪ Organisationales Lernen vs. Wissensmanagement ▪ Politik und Ethik ▪ Messbarkeit des Organisationalen Lernen ▪ Interorganisationales Lernen	▪ Lernen in Netzwerken ▪ Wissensfüsse in multinationalen Unternehmen ▪ Lernen und Macht ▪ Wissensmanagement und Informationstechnologie ▪ Lernen und Linguistik ▪ Strategisches Kompetenzmanagement
Forschungs - ansatz	▪ Deskriptiv ▪ Kognitivistisch	▪ Sozialkonstruktivistisch ▪ Teilnehmende Beobachtung ▪ Qualitative Daten ▪ Offene Interviews	▪ Diskursanalyse ▪ Interorganisationstheorie / Netzwerktheorie ▪ Autopoiese / Konstruktivismus
Wichtige Autoren und Überblicks-artikel	▪ Argyris / Schön (1978) ▪ March/Olsen (1975) ▪ Hedberg (1981) ▪ Shrivastava (1983) ▪ Fiol / Lyles (1985) ▪ Huber (1991)	▪ Sveiby (1997) ▪ Brown/Dugoid (1991) ▪ Lave/Wenger (1991); Wenger/McDermott/ Snyder (2002) ▪ Nonaka/Takeuchi (1995) ▪ Schreyögg/Eberl (1998) ▪ Inkpen (1998)	▪ Von Krogh/Roos (1995) ▪ Kriwet (1997) ▪ Wagner (2000) ▪ Oswick et al. (2000) ▪ Freiling (2000)

Abbildung 13: Schwerpunktthemen des Organisationalen Lernens und Wissensmanagements

Quelle: In Anlehnung an Easterby-Smith et al. (2000)

Auch in „Zukunft“ des Organisationalen Lernens und des Wissensmanagements werden sicherlich einige bisher noch nicht abschließend erörterte Themenstellungen wieder auftreten, genauso wie sich neue Fragestellungen ergeben werden. Ein wichtiges Schwerpunktthema der letzten Jahre bestand zum Beispiel in der expliziten Einbeziehung des Wissenskonstruktes in die Forschung zum Organisationalen Lernen. Da sich hierdurch die Konturen des Forschungsfeldes verändert haben, soll auf Gemeinsamkeiten und Unterschiede zur nunmehr vorherrschenden Beschäftigung mit „Wissensmanagement“ näher eingegangen werden.

Organisationales Lernen und Wissensmanagement im Vergleich

Bis in die zweite Epoche des Organisationalen Lernens ist festzustellen, dass die verschiedensten Ansätze überwiegend deskriptiv orientiert sind und eine Grundlage für die Gestaltung von Rahmenbedingungen schaffen.. Überwiegend beschränken sie sich mit dem Zusammenhang zwischen individuellem und organisationalem Lernen, vernachlässigen aber die nachgelagerten Aspekte der Aufbereitung, Verteilung, der Nutzung und der Speicherung von Wissen. Erst im Laufe der zweiten Entwicklungsphase des Forschungsgebietes (beginnend ab ca. 1996) werden die Grundkonzeptionen erweitert und um aktive Gestaltungsaspekte und explizite Wissensdefinitionen erweitert.

Da Wissen Ergebnis und Ausgangspunkt eines Lernprozesses ist, scheint eine intensivere Beschäftigung bei oberflächlicher Betrachtung schon konsequent und Wissensmanagement könnte als anwendungsorientierte Variante des Organisationalen Lernens gelten. Doch diese Betrachtung greift, wie es zu zeigen gilt, in jedem Fall zu kurz. Unterscheiden sich doch Subjekt, Objekt, Ziel, Prozess und Ergebnis erheblich. Ein weiteres wichtigstes Unterscheidungskriterium setzt an der vermuteten Steuerbarkeit von Lern- und Wissensprozessen an. Organisationales Lernen bedeutet zunächst, einen tiefergehenden Veränderungsprozess mit ungewissem Ausgang im Unternehmen zu initiieren und wer gibt schon gerne die Idee der Steuerbarkeit organisationaler Prozesse auf. Hiermit würde ja quasi durch die Hintertür ein Maß an Unsicherheit erzeugt, dem seitens der Theoretiker des Organisationalen Lernens kein entsprechendes Instrumentarium zur Handhabung entgegengesetzt wird. Organisationales Lernen als strategisches Programm löst also eher Ängste als Erlösungsgefühle aus (vgl. Fried/Baitsch 2000).

Wissensmanagement als „pragmatische Weiterentwicklung der Theorien und Perspektiven des Organisationalen Lernens“ (Probst/Raub/Romhardt 1997: 5) könnte nun auf ähnliche Bedenken stoßen. Wenngleich das Wissensmanagement vergleichbare Ansprüche wie das Organisationale Lernen hat, teilt es dessen Schicksal des schnell in Vergessenheit Geratens nicht. Dies liegt insbesondere an der konzeptionellen Anlage des Wissensmanagements, die sich grundlegend von der des Organisationalen Lernens unterscheidet. Eine wesentliche Unterscheidung besteht darin, dass beim Management von Wissen Personen benannt, sowie Bekanntes erfasst und gezielt zur Verfügung gestellt werden soll.

	Organisationales Lernen	Wissensmanagement
Subjekt	▪ Organisation	▪ Management respektive beauftragte Stabsstelle
Objekt	▪ Milieuwissen ▪ Führungswissen als Metawissen über den Umgang mit Experten und Produktwissen	▪ Expertenwissen ▪ Produktwissen
Prozess	▪ Dezentral delegiert an Systemmitglieder	▪ Zentral geplant und gesteuert ▪ zentrale Wissensverwaltung und –verteilung
Ziel	▪ Explizierung von Wissen zum Zweck der Reflexion ▪ Überprüfung der Legitimation von Wissensbeständen	▪ Explizierung von Wissen zum Zweck der Sammlung, Systematisierung und Aufbereitung von Wissen durch Dekontextualisierung ▪ „Abgleich" mit dem existenten Milieu- und Führungswissen
Produkt	▪ Generierung von neuem Expertenwissen und Produktwissen	▪ Quantitative Erweiterung, Ordnung und Zugriff auf vorhandenes Experten- und Produktwissen

Abbildung 14: Konzeptionelle Unterschiede zwischen Wissensmanagement und Organisationalem Lernen
Quelle: Fried/Baitsch (2000)

Im Wissensmanagement geht es um die Optimierung des Bestehenden durch bekannte Subjekte, beim Organisationalen Lernen um die Infragestellung der strukturellen Grundlagen des eigenen Handelns (vgl. zum folgenden Fried/Baitsch 2000 und *Abbildung 14*). Auch das Objekt der Bemühungen unterscheidet sich. Beim Organisationalen Lernen handelt es sich um *Milieu-* und *Führungswissen*, d.h. Wissen über hierarchische Strukturen, Standards, Routinen, Erwartungshaltungen, Motivationsansätze, also kurz, Metawissen über die im Unternehmen vorherrschenden Befindlichkeiten. Dieses Wissen ist selten explizit, oftmals verteilt und schwer zugänglich. Im Gegensatz dazu handelt es sich bei dem vorrangig[7] betrachteten Objekt des Wissensmanagements um eher explizites

7 Die bisherige Konzentration des Wissensmanagements auf explizites Wissen wird allerdings klar als Forschungsdefizit anerkannt (vgl. hierzu Schwaninger 2000).

Wissen über relevante Umwelten einer Organisation, also in der Regel um *Experten-* oder *Produktwissen.*

Basierend auf dieser Unterscheidung lassen sich die Konzepte des Organisationalen Lernens und des Wissensmanagements weiter differenzieren. Wissensmanagement bezieht sich auf einen wesentlich geringeren Erstreckungsbereich, da nicht über die Organisation und deren Berechtigung reflektiert wird. Entsprechend greift die Zielsetzung kürzer und richtet sich auf Bewahrung und Erweiterung innerhalb des vordefinierten ‚Spielfeldes'. Inhaltlich beschränkt man sich auf Produkt- und Expertenwissen, das von speziell benannten Zuständigkeitsbereichen gesteuert wird. Scheinbar ist so die Zahl der beteiligten Akteure wesentlich geringer als beim Organisationalen Lernen. So bezeichnen Fried/ Baitsch (2000) Wissensmanagement als die „domestizierte Variante" des Organisationalen Lernens, die Unsicherheit eher vermeidet als produziert und Komplexität auf Kompliziertheit reduziert. Es erscheint eher pragmatisch und weniger risikolos. Will man aber tiefgreifende Änderungen des organisatorischen Denkrahmens erzielen, greift Wissensmanagement zu kurz und sollte sich dem – zuweilen radikalen – Veränderungsgedanken des Organisationalen Lernens annähern.

Vor dem Hintergrund der Zusammenhänge und Unterschiede zwischen Organisationalem Lernen und Wissensmanagement scheint die Frage der linearen Entwicklung nicht mehr eindeutig beantwortbar zu sein. Wohl hat die schnelle Popularität des Wissensmanagements seine Vorläufer in den Hintergrund gerückt, dabei aber auch Federn lassen müssen. Ist Wissensmanagement aber nun, ebenso wie viele seiner Vorläufer, ein Modethema, das sich bald wieder überholt hat und neuen Entwicklungen Platz macht? Vieles spricht diesmal dafür, dass uns das Thema Wissensmanagement nicht so bald verlässt, da es in gesamtgesellschaftliche Entwicklungen eingebettet als Querschnittsthema zu verstehen ist.

3.3 Wissensmodelle für Markt und Unternehmen

Die meisten existierenden Wissensmanagementmodelle weisen eine Phasenorientierung mit einzelnen Wissensprozessen auf. Ruggles etwa (1998: 81) identifiziert acht Kategorien unterschiedlicher Wissensmanagementaktivitäten: neues Wissen generieren, wertvolles Wissen aus externen Quellen zugänglich machen, zugängliches Wissen in die Entscheidungsfindung einbeziehen, Wissen in Prozesse, Produkte/Dienstleistungen einbetten, Wissen in Form von Dokumenten, Datenbanken und Software darstellen, Erleichterung des Wissenstransfers durch eine entsprechende Kultur und der Bereitstellung von Anreizen, Transfer existierenden Wissens, Bewertung von Wissen. Ähnliches finden sich im Rahmenkonzept des American Quality and Productivity Centers (APCQ) von Arthur Andersen, die die sieben Kernprozesse Generierung, Identifikation, Sammlung, Anpassung, Organisation, Anwendung und Teilung unterscheiden. Unterstützt werden sie durch die vier „Enabler" Führung, Kultur, Technologie und Messung. Auch bei den „Bausteinen des Wissensmanements" nach Probst/Raub/Romhard (1996) und Pawlowsky's „Integrativem Wissensmanagement" (2001) findet man Bekanntes wieder. Alle

Phasenmodelle nutzen einige oder alle der in *Abbildung 15* dargestellten Wissensprozesse und bringen sie miteinander in Verbindung.

Andere Wissensmodelle rekurrieren explizit auf erkenntnistheoretische Grundlagen und können als „epistemologische Wissenmodelle" bezeichnet werden. Ein Beispiel hierfür ist das „Systemische Wissensmanagement" von Willke (1998), das zwischen Personenwissen, Strukturwissen, Prozesswissen, Projektwissen und Steuerungswissen unterscheidet. Ebenso untersuchen von Krogh/Roos/ Slocum (1994) und von Krogh/Roos (1995) den Wissensentstehungsprozess in Unternehmen unter Zuhilfenahme erkenntnistheoretischer Überlegungen. In ihrem Ansatz der „Corporate Epistemology" analysieren sie die Herkunft, die Natur und die Validität von Wissen, dies mit dem Ziel, Wissen über Wissen bereitzustellen und einen Beitrag zu einer autopoietischen Theorie des Wissens zu leisten, die sie von kognitiven Ansätzen deutlich abgrenzen.

Welches Wissen habe ich ?	**Wie bekomme ich Wissen?**	**Wie nutze ich Wissen?**	**Wie übermittle ich Wissen?**	**Wie behalte ich Wissen?**
Identifizieren	Beschaffen	Einsetzen	Weitergeben	Bewahren
Transparenz schaffen	Entwickeln	Integrieren	Transferieren	Speichern
Visualisieren	Erwerben / Akquirieren	Anwenden	Teilen	Routinisieren
	Generieren	Implementieren	Senden	Dokumentieren
	Sammeln			

Abbildung 15: Typische Prozesse in Phasenmodellen des Wissensmanagements

Meistens finden sich jedoch in vorhandenen Wissensmodellen Mischformen, die versuchen epistemologische Annahmen mit Prozessen und Instrumenten mehr oder minder erfolgreich zu verknüpfen. Je nach Interesse, das zuweilen eher in der theoretischen Grundlagenforschung oder der praktischen Anwendbarkeit liegt, zeigt sich eine unterschiedliche Ausprägung des Modells. Während allerdings sehr frühe Ansätze des organisationalen Lernens um eine theoretischen Einbettung bzw. Herleitung aus der Organisationstheorie bemüht waren (vgl. etwa Duncan/Weiss 1979; Huber 1991; Pautzke 1989; zusammenfassend Wiegand 1996), so ist in den späten neunziger Jahren eher eine Flut an (zuweilen wenig fundierter) Praxisliteratur entstanden.

Autor (Jahr)	Wissensmanage-mentmodell	Theoretische Fundierung	Empirische Validierung	Instrumente	Beurteilung
Nonaka / Takeuchi (1995)	Spirale der Wissens-generierung	Im Ansatz system-theoretische Argu-mentation. Wissensgenerie-rung als konstruktivi-stischer Prozess	Empirische Analyse japanischer Unternehmen anhand der Prozesse: ▪ Externalisierung ▪ Internationalisie-rung ▪ Sozialisation ▪ Kombination	Kontexte, Wissenstransformation, Instrumente zur Implementierung	Starker Bezug zu asiatischen Ländern; Tranfermöglichkeiten nicht immer offensichtlich. Konzentration auf implizites Wissen.
Probst et al. (1997)	Bausteine des Wissensmanage-ments	Theoretische Fun-dierung am Rande. Methodisches Vorgehen durch Action Research	Empirische Validie-rung einzelner Bausteine: ▪ Wissensziele ▪ Wissensidentifika-tion ▪ Wissenserwerb ▪ Wissensentwick-lung ▪ Wissens(ver)-teilung ▪ Wissensnutzung ▪ Wissensbewahrung ▪ Wissensbewertung	Bausteinbezogen, inbesondere auch durch Romhardt (1998)	Gute Systematisie-rungshilfe für Wissensmanagement-aktivitäten . Kein reines Implementa-tionsmodell

Abbildung 16: Zwei Modelle des Wissensmanagements

Zwei der wohl einflussreichsten Modelle, die eine Kombination zwischen Theorie und Praxis anstreben, sind in *Abbildung 16* dargestellt. Zur Vertiefung muss an dieser Stelle allerdings auf die Originalliteratur verwiesen werden, da mittlerweile genügend Quellen existieren. Wichtig für alle Erweiterungen der bestehenden Wissensmodelle und für die Entwicklung neuer Ansätze ist es, eine integrative Sichtweise einzunehmen. Diese müsste neben den Wissensprozessen innerhalb eines Unternehmens auch die marktbezogene Wissensgenerierung und die institutionellen Rahmenbedingungen mit einbeziehen. (vgl. auch Garud/Sanjay/Kumaraswamy 1999). In erster Linie ist hier der externe Arbeitsmarkt als Quelle neuen Wissens zu betrachten. Weiterhin spielen auch mögliche marktorientierte Verbindungen etwa in Form von Unternehmenskooperationen eine Rolle für den Zugang und die Generierung von neuem Wissen. Institutionelle Rahmenbedingungen schließlich bestimmen sowohl die Möglichkeiten der Wissensgenerierung, der Wissensteilung als auch der Wissensanwendung (bspw. ethische und gesetzliche Limitationen). Die Folgen einer isolierten Betrachtung des Wissensmanagements illustrieren Garud/Jain/Kumuraswamy (1999, S. 203ff.) sehr deutlich anhand von drei Firmenbeispielen und stellen die These auf, dass alle drei Perpektiven gleichermaßen berücksichtigt werden müssten und sich zudem wechselseitig beeinflussten.

Eine Konzentration auf die *interne Perspektive,* kann beispielsweise dazu führen, dass die Einflussmöglichkeiten auf die unternehmensexterne Umwelt und auf institutionelle Strukturen völlig unterschätzt wird. Im schlimmsten Fall kann dies zu einer völligen Isolation von der Umwelt führen. Die Firma Apple Computer ist ein paradigmatisches Beispiel für diesen Fall. Obwohl Apple unzweifelhaft zu den Vorreitern bei der Einführung einer benutzerfreundlichen Oberfläche von Computern gehört hat, und dies auch in weiten Kreisen als technologischer Vorteil angesehen wird, findet sich die Firma verstärkt in Schwierigkeiten. Die Probleme werden überwiegend darauf zurückgeführt, dass Apple nicht in der Lage ist, sich die Marktnachfrage in Form von Lizenzvergaben zunutze zu machen und es zudem nicht geschafft hat, einen in der Breite anerkannten und verwendeten technologischen Standard zu setzen.

Perspektive	Probleme	Beispiele
Internes Unternehmen	Ignoriert die Einflussmöglichkeiten auf die Unternehmensumwelt	Apple Computer Inc. in den 1980er und 1990er Jahren
Zwischen Unternehmen	Ignoriert Faktoren der Wissensgenerierung und mögliche Aspekte der Verteilung.	IBM Corporation in den 1980er Jahren
Institutionelle Rahmenbedingungen	Spielt die Bedeutung autonomer Innovationen herunter	3M in den 1980er Jahren

Abbildung 17: Grenzen einer partiellen Wissensperspektive
Quelle: Garud/Jain/Kumuraswamy (1999, S. 203)

Im Gegensatz zu den Versäumnissen bei Apple, finden sich bei IBM ganz andere Probleme. Indem die Firma eine *überwiegend externe Perspektive* einnimmt, wurden die Kompetenzen innerhalb des Unternehmens nicht genügend beachtet und weiterentwickelt. In den frühen 80er Jahren war der Markteintritt von IBM ein beachtlicher Erfolg. Trotz des relativ späten Starts konnten Konkurrenten übertrumpft und die Marktposition ausgebaut werden. Kurze Zeit später wurde jedoch die Kontrolle über die PC-Entwicklung verloren und an Microsoft, Intel und Compaq abgegeben. In einer sich rapide verändernden Umwelt, war IBM nicht in der Lage die Kernpunkte seiner Wissensgenerierung (die „Architektur“ in Computersprache) innerhalb der eigenen Unternehmensgrenzen zu forcieren. Dies führte zu einem Kontrollverlust und schließlich zu einem signifikanten Einbruch der Gewinnmargen. Ebenso wie eine isolierte Betrachtung der internen Gegebenheiten und der ausschließlichen Konzentration auf externe Mitwettbewerber ist auch eine *institutionelle Perspektive* für sich allein gesehen zu eng. Typischerweise werden bei einer solchen Betrachtung eine gesteuerte auftragsgebundene Innovation über die Fähigkeit der autonomen Wissensentwicklung gestellt. Dabei wird jegliches unternehmerisches Potenzial gleich zu Beginn im Keim erstickt.

Der Notwendigkeit auch eine externe Perspektive in das Wissensmanagement einzubeziehen, soll in diesem Buch im Kapitel 4 Rechnung getragen werden, in dem auf externe Beziehungen zu Kunden, Lieferanten und Partnern ebenso eingegangen wird wie auf die sich aus diesen Beziehungen ergebenden interorganisationalen Lernprozesse. Weiterhin werden Ansätze und Barrieren eines Wissensmanagements in Allianznetzwerken vorgestellt. Zunächst sollen jedoch, dem Ansatz des Buches entsprechend, zwei Erfahrungsberichte die Bedeutung von „Wissen“ und „Wissensmanagement“ in den Berufsfeldern der Literaturübersetzung und des Projektmanagements verdeutlichen.

3.4 Erfahrungsbericht 1: Wissen in der Literaturübersetzung

Von Veronika Dünninger und Christiane Prange

3.4.1 Berufsbild „Freie Literaturübersetzerin"

Der Beruf des Übersetzers zählt zu den freien Berufen und lässt sich daher nur schwer anhand statistischer Erhebungen näher einordnen. Einige Näherungszahlen existieren jedoch (BDÜ). So geht man derzeit (2001) davon aus, dass es etwa 20.000 Übersetzer in Deutschland gibt, von denen ungefähr 20 Prozent parallel als Dolmetscher arbeiten. Bei dieser Zahl rechnet man mit einem über 90prozentigen Anteil an freiberuflich tätigen Personen. Etwa 75% Prozent sind auf die Sprachen Englisch, Spanisch, Französisch, Russisch und Italienisch spezialisiert. Eine Verteilung auf entsprechende Fachgebiete, außer bei der englischen Sprache, ist nicht festzustellen, vielmehr bestimmt sich die Spezialisierung nach Angebot und Nachfrage am Markt.

Wenn man sich vor diesem Hintergrund den Beruf des *Literaturübersetzers* anschaut, muss man sich darüber im Klaren sein, dass hier eine starke Spezialisierung auf einen Nischenmarkt vorliegt und dass dies am besten vor dem Hintergrund der historischen Entwicklung zu verstehen ist. In den 30er Jahren, während des Nationalsozialismus, wurden in Deutschland Bücher ausländischer Autoren nicht übersetzt. Erst nach dem 2. Weltkrieg begann man in größerem Umfang mit dem Übersetzen von Weltliteratur. Heute liegt der Anteil der Übersetzungen an Erstauflagen in der Belletristik bei fast 40%. Drei Viertel aller Übersetzungen kommen aus dem Englischen (vgl. Vagt 2001). Seit langem ist Deutschland das zahlenmäßig weltweit führende Übersetzungsland für die Literaturübertragung. In nur drei Jahrzehnten hat sich hier die Anzahl der Übersetzungen allein auf dem Buchmarkt annähernd verfünffacht. Der Bedarf an qualifizierten (Literatur-)Übersetzern ist höher denn je und auch für die Zukunft ist ein deutlicher Mehrbedarf absehbar (Heinrich-Heine-Universität, Institut für Literaturübersetzung). Bedingt durch die steigenden Nachfrage und die als Reaktion darauf zu verstehende Vielfalt an Ausbildungsmöglichkeiten schreitet die Professionalisierung des Berufs voran.

Dennoch herrscht heute ein weitgehend diffuses Bild des Übersetzers und der für den Beruf notwendigen und empfehlenswerten Ausbildungswege vor. Dies hängt nicht zuletzt mit der Vielfalt an Wissensformen und ihren entsprechenden wissenschaftlichen Disziplinen zusammen. Eine systematische Darstellung soll diese Situation verdeutlichen (Abschnitt 2), um anschließend auf die Frage der Herkunft des für Übersetzer relevanten Wissens einzugehen (Abschnitt 3). Anschließend werden die Instrumente des Übersetzers dargestellt (Abschnitt 4) und der Übersetzungsprozess wird als Wissens- bzw. Wissensmanagementprozess mit spezifischen Wissensformen rekonzeptualisiert (Abschnitt 5).

3.4.2 Wissensformen im Übersetzungsprozess

Welches Wissen, welche Kenntnisse über die fremde Sprache und Kultur müssen beim Übersetzer vorliegen? Welches Wissen ist ex ante notwendig und welches wird erst im Prozess des Übersetzens erworben? Unstrittig ist wohl, dass der Übersetzer sprachliche Kompetenz sowohl in der Ziel- als auch in der Ausgangssprache besitzen muss und sich im kulturellen und fachspezifischen Kontext des jeweiligen Landes bzw. Werkes auskennen muss. Zur weiteren Systematisierung kann man davon ausgehen, dass dabei drei große Wissensbereiche relevant sind (vgl. *Abbildung 18*).

Zum einen handelt es sich um das *linguistische* Wissen, das sich zunächst auf die sprachliche Äußerung bezieht. Hierunter fallen etwa Stil, rhetorische Elemente, Ausdrucksformen wie Ironie, Humor, Neologismen, aber auch Dialekte, die über die regionale Herkunft eines Sprechers Auskunft geben, sowie Soziolekte, die etwa von bestimmten gesellschaftlichen Gruppen oder Berufen benutzt werden (z. B. Ärzte, Juristen, Polizisten etc.). Zum Beispiel vermittelt die Verwendung der Wörter „District Court", „Detective", „Inspector" und „Cop" ein besonderes Flair der Berufs- und Institutionenstruktur, die bei der Verwendung deutscher Äquivalente verloren ginge. Dieses Flair bzw. die Stimmung ist durch die Beibehaltung der Originalwörter wesentlich „cooler".

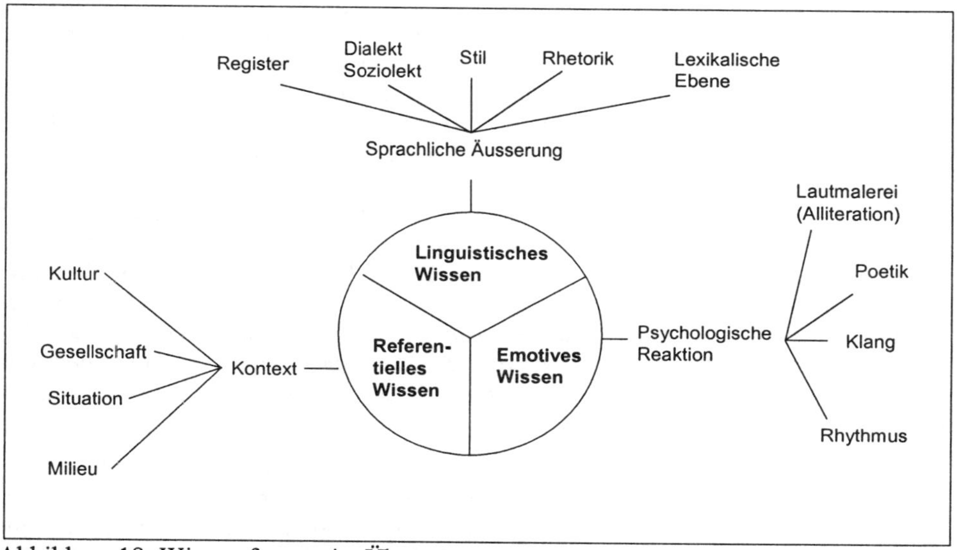

Abbildung 18: Wissensformen im Übersetzungsprozess

Ebenso wichtig ist das *Wortursprungswissen* (etymologisches Wissen), das besonders die Herkunft des linguistischen Wissens betrifft und dessen Bedeutung in der englischen Sprache besonders groß ist, da es Wörter sowohl mit lateinischem als auch mit germanischem Ursprung gibt. Inhaltlich bezeichnen sie dasselbe, stilistisch können sie für eine bewusste Differenzierung genutzt werden. So stehen zum Beispiel die folgenden Wortpaare für die deutschen Wörter freundlich, heben, auftauchen während das englische

Wort mit lateinischem Ursprung zumeist in der gehobenen Sprache verwendet wird, das mit germanischem Ursprung dagegen in der Umgangssprache.

Gehobene Sprache – Umgangssprache

genial (lateinisch) – kind (germanisch)
elevate (lateinisch) – raise (germanisch)
emerge (lateinisch) – come cout (germanisch)

Bei einer Übersetzung aus dem Englischen muss man sich daher anderer Stilelemente bedienen, um dem jeweiligen Sprachregister ge-recht zu werden, da es in der englischen Sprache ca. 500.000 Wörter gibt, denen im Deutschen nur etwa 200.000 Wörter entsprechen. Die große Herausforderung in diesem Bereich stellt sich als die Suche nach der richtigen Terminologie dar.

Der zweite wichtige Wissensbereich beinhaltet das *referentielle* oder *kontextuelle* Wissen. Hiermit wird Wissen über die Ausgangs- und die Zielkultur bezeichnet, ebenso wie Situationen oder Beziehungszusammenhänge, die kultur – und kontextspezifisch auftreten. Ein Beispiel für solche fremdkulturellen Kontexte stellt etwa die Bezeichnung „Fish and Chips", also Fisch mit Pommes frites dar (vgl. Glaap 1992). Als kontextuelles Wissen muss geklärt werden, wer diePommes isst (Bevölkerungsschicht?), wo (an der Ecke?), wie (auf die Schnelle?) und wann (auf dem Weg ins Kino?). Dies ist allein im Ausdruck noch nicht erfasst. Gibt es ein deutsches Äquivalent? Wäre dies Pommes mit Mayo? Oder Pommes rot-weiss? Ein anderes Beispiel betrifft den sogenannten „1st" und „2nd-degree murder", den man in der inhaltlich korrekten juristischen Bedeutung wohl mit Mord bzw. Totschlag übersetzen müsste. Hier ist jedoch die Beibehaltung von Mord ersten und zweiten Grades in der deutschen Übersetzung sinnvoll (zumindest, wenn es sich nicht um einen Fachtext, in dem man wenigstens eine Anmerkung in der Fußnote vornehmen müsste, sondern zum Beispiel um einen Kriminalroman handelt). Erst das jeweilige Wissen über die entsprechende Situation ermöglicht es dem Übersetzer, hier eine geeignete Wahl zu treffen. Am folgenden Beispiel wird noch deutlicher, dass man das, was man nicht verstanden hat, auch nicht übersetzen kann. In einer 1942 erschienenen Moby Dick-Übersetzung wurde der *razor back whale* (Messerrückenwal) als Wal mit einem rasierten Rücken übersetzt. Hier zeigt sich neben der Bedeutung der Ausgangssprache auch die nicht zu unterschätzende Bedeutung von Wissen über die Muttersprache und spezielle Fachbezeichnungen.

Der dritte große Bereich betrifft das *emotive* Wissen, also die psychologisch-emotionalen Wirkungen, die durch die Verwendung bestimmter Sprachelemente hervorgerufen werden. Hierzu zählt zum Beispiel auch die poetische Funktion der Sprache, die durch Rhythmus , Klang, Lautmalerei u.a. ausgedrückt wird. Ein schönes Beispiel findet sich in den jüngsten Harry Potter Romanen, in denen von „Nearly Headless Nick" und „Moaning Myrtle" die Rede ist, an deren sprachliche Schönheit die deutsche Übersetzung mit „fast kopfloser Nick" und „Maulende Myrte" kaum heranreichen kann.

Zusammenfassend bleibt zu sagen, dass sich angesichts der Vielfalt der Wissensformen, die für eine gelungene Übersetzung nötig ist, die Frage stellt, wo man dieses Wissen erwerben kann. Die Diskussion um die wissenschaftliche Ausbildung von Übersetzern zeigt widersprüchliche Tendenzen. Kann man Übersetzen lernen oder ist dies eine angeborene Fähigkeit? Wie kann man diese Fähigkeit fördern und wie kann der Erwerb des oben dargestellten Wissenspools für Übersetzer sinnvoll erreicht werden? Zur Beantwortung dieser Fragen soll im folgenden ein Blick auf die Inhalte möglicher Studiengänge und anderer geeigneter Lebens- und Lernsituationen gerichtet werden.

3.4.3 Herkunft des Wissens für Übersetzer

Die Grundvoraussetzungen für eine Tätigkeit als Übersetzer sind, wie oben bereits angesprochen, die Kenntnis von Ziel- und Ausgangssprache, von Sinnzusammenhängen und Kulturen. Wie nützlich kann dabei ein akademisches Studium sein? Die weitaus meisten Übersetzer haben ein sprach- oder kulturwissenschaftliches Studium absolviert. Hier wird ein Basisrepertoire an literaturgeschichtlichen Kenntnissen, Schreibstilen vergangener Jahrzehnte, stilistischer Analyse, Lexikologie verschiedener Epochen sowie Landeskunde vermittelt.

Neue Studiengänge zum Diplomliteraturübersetzer zum Beispiel in Düsseldorf vermitteln zudem Techniken des Übersetzens. Als Voraussetzung für ein erfolgreiches Studium und eine erfolgreiche Berufsausübung wird „ein hohes Maß an Eigeninitiative ebenso wie die Freude am Lesen und die Bereitschaft, ‚fremde Geisteswelten' zu erforschen" genannt (Heinrich-Heine-Universität, Homepage Literaturübersetzen). Im Studiengang findet eine eher formalisierte Vermittlung von handwerklichen Techniken und Tipps wie zum Beispiel Übungen zu den wichtigsten Textsorten und zum Übersetzungsvergleich statt; diese Techniken werden im Laufe der Zeit zu sedimentiertem Wissen, das in späteren Übersetzungen un-bewusst angewendet wird. Neben der reinen Technik - in den 60er und 70er Jahren stand die Theoriebildung des Übersetzens ganz im Zeichen der Linguistik und der Erwartung, mit dem richtigen Modell alle Vorgänge beim Übersetzen irgendwann wissenschaftlich beschreiben zu können. - bezieht man heute eher Begriffe wie Intuition und Subjektivität in die theoretische Reflexion mit ein. Auch bei einigen Übersetzungstheoretikern hat das Denken über Intuition einige Bedeutung erlangt. So schreibt zum Beispiel Wills (1992: 142), dass da, wo der Übersetzer mit seinen „Fertigkeiten" nicht mehr weiterkommt, Intuition weiterhelfen soll. Und Hönig (1990: 157) formuliert es noch prägnanter: „Übersetzen ohne Intuition [ist] gar nicht möglich."

Man könnte den Erwerb dieser eher impliziten Wissensbestandteile mit denen eines Musikers vergleichen. Auch der Musiker bezieht sich oftmals in seinen Interpretationen oder in einer ersten An-näherung an ein Werk auf ein formales Gerüst – die Noten. Der Übersetzer hat hierfür die Grammatik. Der Musiker probt immer und immer wieder einzelne Sequenzen, bis sie ihm in Fleisch und Blut übergegangen und fehlerfrei sind. Der Übersetzer kommt ohne einen ständigen Umgang mit der Sprache ebenfalls nicht aus. Der Musiker schließlich wird kaum Erfolg haben, wenn er nicht ein Gehör für Musik entwickelt, ein tief verwurzeltes Gefühl für den Wohlklang und die Stimmigkeit der von ihm gewählten und erarbeiteten Werksinterpretation. Genauso benötigt der Übersetzer das Sprachgefühl, das ihn sowohl zur inhaltlich richtigen, aber mehr noch zur intuitiv „stimmigen" Übersetzung führt.

Inwieweit diese eher impliziten Wissensbestandteile in einem formalisierten Ausbildungsgang vermittelt werden können, kann nicht ganz eindeutig geklärt werden. Als unabdingbar werden vielmehr häufige Aufenthalte in der fremden Kultur, sprachliche Erfahrungen, wie zum Beispiel das häufige Ansehen von Originalfilmen sowie Training von Gespür und dem Erfassen von Sinnzusammenhängen angesehen. Also knapp formuliert: Erleben, hören, reden im Land! Der Prozess des Ursprungs und der eher unbewussten Anwendung von Wissen ist dann vielmehr mit den frühkindlichen Erfahrungen im Muttersprachерwerb zu vergleichen. Auch eigene Erfahrungen beim Erlernen der deutschen Sprache prägen das Wortverständnis und können die Motivation oder die „Neugier auf Sprache“ erklären. So ist zum Beispiel der Fall eines Literaturübersetzers bekannt, der in seinem Berufswunsch und seinem Interesse für Literatur schon früh im Elternhaus geprägt wurde. Dort sind seine Ursprünge zur „Erforschung“ der Sprache gelegt:

„Als kleines Kind habe ich meine Mutter immer gefragt, ‚wie guckt denn der Löwe'. Meine Mutter hat dann erst einmal gesagt, ‚ich weiß auch nicht, wie der Löwe guckt', aber diese Antwort hat mir nie genügt. Irgendwann hat meine Mutter dann einmal geantwortet, ‚Der Löwe guckt ernst'. Obwohl ich das Wort ‚ernst' überhaupt nicht kannte, war für mich klar: ‚ Das ist es - der Löwe guckt ernst', und ich habe mich nie beirren lassen, die für mich passenden Wörter zu erfragen.“

Auch im späteren Berufsleben als Übersetzer findet sich immer eine Spirale zwischen der Anwendung eher unbewussten und eher bewusstem Wissens. Der erste Zugang zur Übersetzung ist sehr oft durch eigene Erfahrungen im Land, in bestimmten Situationen mit bestimmten Gerüchen, Lauten oder Personen verbunden. Erst viel später setzt ein Rationalisierungsprozess ein, während dessen intuitive Einsichten verfestigt oder widerlegt werden können. Meist ist im Verlauf einer Übersetzung die Erklärung der Gedankengänge während oder nach dem Übersetzungsprozesses möglich („Warum habe ich dieses Wort verwendet? Warum habe ich das so und nicht anderes übersetzt? Welche alternativen Überlegungen habe ich angestellt?“), dies allerdings oft erst nach längerem Nachdenken. Ein Teil der Tätigkeit bleibt nicht artikulierbar und somit unbewusstes Wissen.

Der eher formalisierte Teil der Konsultation von Hilfsmitteln – sozusagen der Instrumente im Bedeutungsfindungs- und Wissensanwendungsprozess – lässt sich dagegen relativ leicht durch die unterschiedliche Art an verwendeten Lexika und anderen formalen Hilfsmitteln verdeutlichen. Hier findet ein systematischer Prozess der Suche nach ‚Tools' und zur Unterstützung bezüglich aller genannten Wissensarten statt.

3.4.4 Instrumente für den kulturellen und sprachlichen Wissenstransfer

Die Hilfsmittel, die für das Übersetzen benutzt werden, entsprechen dem gesamten Spektrum vorhandenen bzw. notwendigen Wissens. Dies betrifft in erster Linie ein- und zweisprachige Wörterbücher, wobei sich jedoch das Problem stellt, dass darin die ‚Kolloquialismen', die Redensarten, die jeder Muttersprachler mit Selbstverständlichkeit benutzt, nur selten zu finden sind. Es besteht die Gefahr, etwas wörtlich zu nehmen, was einen anderen Sinn hat, hier hilft also nur das Lernen von Wörtern im Sinnzusammenhang. Weiterhin existieren spezielle Hilfsmittel für Slang, kulturwissenschaftliche Wörterbücher (Fernsehserien, Cremes, Pflanzen, Sport etc.), um beispielsweise der Frage nachzugehen, wie „Nivea“ in England heißt und ob es ein britisches Klebemittel gibt, das man angemessen mit „Pritt-Stift“ übersetzen könnte. Nicht unterschätzen sollte man die Bedeutung von Stadtplänen und Reiseführern, um geografische Angaben nachzuvollziehen. Schließlich helfen Experten und deren Fachkompetenz, wenn es etwa darum geht, Spezialbegriffe aus dem Baseball oder der Anästhesie zu finden. Da mittlerweile das Internet eine Vielzahl an speziellen Suchhilfen anbietet, hat die Entwicklung von Wissen über Wissenssuchkriterien und über den gesamten Wissensfindungsprozess höchste Priorität. Anhand der folgenden *Abbildung 19* soll ein kleiner Einblick in die Vielfältigkeit an Hilfsmitteln für Übersetzer gegeben werden.

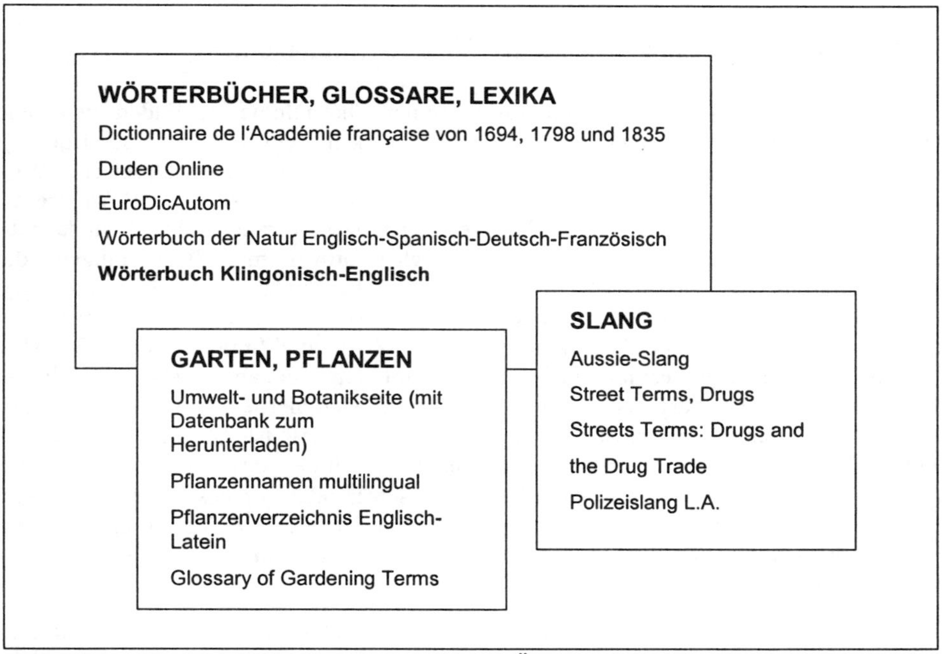

Abbildung 19: Vielfältigkeit der Hilfsmittel für Übersetzer

Wenn man also weiß, dass Linklisten mit Wörterbüchern auch solche exotischen ‚Sprachen’ wie *Klingonisch* beinhalten, wird selbst der Raumschiff Enterprise-gewöhnte Science-Fiction-Übersetzer schnell die richtigen sprachlichen Feinheiten der Weltraumnachbarn kennenlernen. Ebenso kann man sich bei entsprechender Stichworteingabe zum Spezialisten für Gartenkunde vom lateinischen Ursprung bis hin zum Qualifikationsniveau einer Wissenschaftlerkonferenz informieren. Entscheidendes Kriterium ist also das Wissen über Wissen, seine Strukturierung in übergeordneten Zusammenhängen sowie seine Dokumentationsformen. Ist dieses Wissen beim Übersetzer vorhanden, stehen ihm prinzipiell für jedes Problem technischer Hilfsmittel in ausreichender Menge zur Verfügung.

Die zweite Kategorie an Hilfsmitteln betrifft die eher humanbasierten Quellen von Wissen, also in der Regel *Expertenwissen*. Wer weiß schließlich besser, welche Begriffe im Baseball, in der Politik oder der japanischen Kunstgeschichte zutreffend sind als diejenigen, die selbst Experten im entsprechenden Wissensfeld sind. Über den Zugriff auf institutionelle Vereinigungen lässt sich in der Regel der geeignete Spezialist finden, und hat man einige Kontakte, so entwickelt sich das zur Verfügung stehende Wissensnetz kontinuierlich weiter, so dass man im Verlauf der Übersetzertätigkeit immer besser darüber im Bilde ist, wer etwas weiß und wer bereit ist, sein Wissen zu teilen.

3.4.5 Der Übersetzungsprozess als Wissens-(management) prozess

Betrachtet man den Übersetzungsprozess in seiner Chronologie, so finden sich viele Ähnlichkeiten zu den Aufgaben des Wissensmanagements (vgl. Kapitel 3 des Buches). Zur Verdeutlichung stellen wir die Aktivitäten des Übersetzers denen klassischer Wissensmanagementfunktionen gegenüber und erläutern, inwieweit sich der Bewußtseinszustand über verwendetes Wissen im Übersetzungsprozess verändert. Die Grundannahme ist dabei, dass der Übersetzer zum einen eher rational mit Wissen umgeht, die Verwendung einzelner Wissenselemente systematisch begründen und erklären kann und sich über dieses Vorgehen selbst bewusst ist. Andererseits hat es der Übersetzer mit einer eher intuitiven gefühlsmäßigen Annäherung an Wissen und Sprache zu tun. Oft ist er dabei nicht in der Lage, bestimmte Überlegungen mit dem Verstand zu erklären – die rationale Ebene ist eher ausgeschaltet und es handelt es sich hierbei oftmals um automatisches Wissen, das einem selbst nicht immer völlig bewusst ist. Sowohl intuitives als auch eher rationales Wissen tritt in unterschiedlichen Stufen des Übersetzungsprozess auf, der mit der Anfrage des Lektors beim Übersetzer oder der des Übersetzers beim Lektor beginnt und mit der Abgabe des übersetzten Buches beim Verlag endet. Zwischendurch finden die vielfältigsten Aktivitäten statt, die allesamt einen engen Wissensbezug haben.

Im *ersten Schritt* der Anfrage bei dem Lektor ist sich die Übersetzerin aufgrund ihrer eigenen Neigungen darüber bewusst, wie ihre eigene Wissensbasis aussieht und welche Inhalte für sie interessant sind. Der Lektor wiederum wird aufgrund von Arbeitsproben einen aktuellen Zugriff auf dokumentierte Fähigkeiten des Auftragnehmers haben, wobei diese Beurteilung auch auf lange zurückliegenden Erfahrungen beruhen können und nicht mehr bei jeder Anfrage erneut aktualisiert werden.

Im *zweiten Schritt* findet eine Klassifizierung des Buchinhaltes durch den Übersetzer statt, eine erste Beurteilung von Inhalt, Schwierigkeitsgrad, vorhandenem und benötigtem Wissen für eine erfolgreiche Übersetzung wird vorgenommen. Auf einer rationalen Ebene werden strukturelle Texteigenschaften ermittelt, eher intuitiv lässt sich einer Annäherung an die „Stimmung und das Milieu“ des Textes vornehmen.

Stufen im Übersetzungsprozess	■ Anfrage beim bzw. vom Lektor	■ Erstes Lesen und Zusage bei Gefallen	■ Übersetzungsbeginn (erste Konkretisierung und Überarbeitungsliste)	■ Überarbeitung	■ Abschluss (Konsultation anderer Personen) ■ Abgabe des Buches beim Verlag
Wissensmanagementaktivitäten	■ Erzeugung von Wissenstransparenz und Klassifizierung von Erfahrungen	■ Klassifizierung von Wissenstrukturen und Wissensinhalten	■ Erschließung von Wissenslücken ■ Screening von Informationen, Wissen und Ansprechpartnern	■ Aktualisierung von vorhandenem Wissen ■ Identifikation konkreter Wissenselemente und Anwendung von Wissen	■ Wissensteilung ■ Wissensbewertung, Wissenserweiterung und –korrektur

Abbildung 20: Stufen im Übersetzungsprozess und zugehörige Wissensprozesse

Rationale oder intuitive Wissensanwendung	▪ Rational und artikulierbar ▪ Wissen über Wissen vorhanden	▪ Rational und meist artikulierbar (Erzählstrukturen, Perspektive, Zeit, Erzähler) ▪ Intuitiv (Leserpulikum, Stil, Grundstimmung)	▪ Rational und teilweise artikulierbar ▪ Wissen über „Nicht-Wissen“	▪ Rational und artikulierbar (Notwendigkeit sprachlicher Präzisierung) ▪ Intuitiv („Stimmigkeit“ ist noch nicht gegeben)	▪ Rational und artikulierbar (Suche nach Expertenwissen)
Wissensmanagementaktivitäten	▪ Wissen über Wunschthemen ▪ Wissen über Fähigkeiten des Übersetzers (dokumentiert)	▪ Erste Annäherung an die Übersetzung von „you“ als „Du“ oder „Sie“	▪ Wissen über medizinische Fachausdrücke muss gezielt erworben werden	▪ Überprüfung von Strassennamen oder speziellen Landesgerichten	▪ Konsultation von Experten mit Spezialwissen, z.B. Baseballspieler, Juristen, Botaniker, etc.

Abbildung 20 (Fortsetzung): Stufen im Übersetzungsprozess und zugehörige Wissensprozesse

Im *dritten Schritt* beginnt schließlich die eigentliche Übersetzungsarbeit, in der einzelne Wissenselemente zu einem verbundenen in eine andere Sprache transferierten Komplex werden müssen. Hier bestehen die hauptsächlichen Wissensaktivitäten in der detaillierten

Im *vierten Schritt* der Überarbeitung wird das „Feintuning" vorgenommen. Hier spielen rationale Wissenselemente immer noch eine Rolle, wenn zum Beispiel festgelegt wird, welche Teile später noch überarbeitet werden müssen. Doch ebenso ist Intuition gefragt, wenn es darum geht, rein gefühlsmäßig den „Fit" zwischen der ersten Übersetzungsversion und dem Original zu beurteilen.

Im *fünften Schritt* schließlich wird auf humanbasierte Wissensquellen in Form von Expertenwissen zurückgegriffen, wenn es darum geht, Fachtermini oder Zusammenhänge durch die im jeweiligen Kontext erfahrenen Personen abzusichern.

3.4.6 Ausblick

In diesem Beitrag konnte aufgezeigt werden, dass sich die Tätigkeit des Übersetzers als Wissensberuf im Wissenszeitalter verstehen lässt. Alle einzelnen Aufgabenbereiche sind nur unter Anwendung von Wissenselementen möglich. Übersetzen heißt, Wissensmanagementaktivitäten zu betreiben, wobei Wissen sowohl am Beginn als auch am Ende des Übersetzungsprozess steht. Während der gesamten Bearbeitung eines Textes werden unterschiedliche Wissensquellen herangezogen, die sich zwischen den Polen einer reinen stichwortorientierten Abfrage bis hin zur Nutzung persönlicher Erfahrungen bewegen. Da Literatur immer einen kulturellen Bezug hat, der sich nicht völlig losgelöst von Personen erfassen lässt, wird das Heranziehen personellen Wissens und die Beteiligung an sozialen Netzwerken immer eine große Rolle spielen. Die Bedeutung von Übersetzungstätigkeiten in einem Zeitalter der Globalisierung weitet den sozialen Netz-werkgedanken in Richtung multikultureller Zusammenarbeit aus. Erfahrungs- und Kulturvermittlung, mit ihrer wichtigen Komponente der Literatur, wird immer wichtiger für das Funktionieren von politischen und wirtschaftlichen Strukturen. In Kapitel zwei wurde schon darauf hingewiesen, dass genau aus diesem Grund viele betriebswirtschaftliche Studiengänge um kulturelle Pflichtelemente angereichert werden.

Als Fazit lässt sich für den Beruf des Literaturübersetzers festhalten, dass durch ihn eine wichtige Vermittlungsfunktion zwischen Individuen, Gesellschaften und Nationen erfüllt wird und dass der Beruf angesichts seiner hohen Wissensintensität immer wichtiger, aber auch immer schwieriger auszufüllen ist. Dies ist aber in jedem Fall als Herausforderung zu sehen.

Literatur

Glaap, A.-R. (1992): „Translation is at best an echo" – Probleme des Übersetzens englisch-sprachiger Literatur, 133-149. In: Friedl, H./Glaap, A.-R./Müller, K.P. (Hrsg.): Literaturübersetzen: Englisch. Entwürfe, Erkenntnisse, Erfahrungen. Tübingen.

Hönig, H.G. (1990): Sagen, was man nicht weiss – wissen was man nicht sagt – Die Intuition im Übersetzungsprozess. In: Arntz, R./Thome, G. (Hrsg.): Übersetzungswissenschaft – Ergebnisse und Perspektiven. Tübingen.

Vagt, S. (2001): Übersetzen und Übersetzer in Deutschland. Unveröffentlichtes Manuskript. [http://www.goethe.de/os/hon/kiju/vagvor.htm}

Wills, W. (1992): Übersetzungsfertigkeit. Annäherungen an einen komplexen übersetzungspraktischen Begriff. Tübingen.

3.5 Erfahrungsbericht 2: Die Bedeutung von Wissen im Projektmanagement

Von Horst Dürr

3.5.1 Der Projektmanager in der Wissensgesellschaft - neue Aufgaben für Ingenieure

Ingenieure nehmen heutzutage eine wichtige Stellung im Arbeitsmarkt ein. Fach- und Führungskräfte mit speziellem fachlichen Know-how werden auf dem Markt gesucht, sind aber nicht in ausreichender Anzahl zu finden. Die heute gestellten Anforderungen betreffen nicht nur die fachliche Kompetenz, sondern auch die Fähigkeit mit hoher Komplexität umzugehen, relevantes Wissen adäquat zu filtern, zu verarbeiten und in der täglichen Arbeit einsetzen zu können. Außerdem wird erwartet, und dies gilt vor allem für den erfahrenen Ingenieur, dass er komplexe Aufgaben strukturieren und in Projektabläufen dokumentieren kann, sowie diese auch in die Praxis zu überführen weiß. Die Aufgaben, die es in der Projektarbeit zu meistern gilt, sind: Projektabweichungen frühzeitig zu erkennen und mit geeigneten Maßnahmen darauf zu reagieren. Teams zu motivieren und die zur Verfügung stehenden Ressourcen optimal einzusetzen, Zielvorgaben wie Budgets, vereinbarte Etappenziele und die Zeitplanung einzuhalten. Schon an dieser Stelle wird deutlich, dass hierfür der Umgang mit einer Vielzahl an Informationen und die Verarbeitung von Wissen zur Anwendung kommt. Bereits vorhandenes Wissen wird durch neues Wissen ergänzt und/oder teilweise auch ersetzt.

Der Ingenieur als Projektverantwortlicher trägt durch den Umgang mit altem und neu erlangtem Wissen, sowohl intern als auch extern, die Verantwortung, dass alle Aufgaben im Projekt reibungslos ineinander übergehen. Die erfolgreiche Durchführung und Zielerfüllung von Projekten ist wiederum auf einer strategischen Ebene die Grundlage dafür, dass vorhandene Wettbewerbsvorteile gesichert und weiter ausgebaut werden. Für eine erfolgreiche Projektdurchführung stehen zahlreiche Softwarelösungen und Methoden zur Verfügung, die es dem Projektleiter erleichtern, die meist vielschichtigen Informationen und das gesammelte Wissen zu strukturieren und umzusetzen. Oftmals kann es selbst schon ein eigenes Projekt sein, die am besten geeignete Softwarelösung auszuwählen. Viele der größeren Firmen entscheiden sich zunehmend für eigene, für das Projektmanagement konzipierte IT-Lösungen, in denen Wissen, bezogen auf Ressourcen zusammengefasst und im Hinblick auf relevante Wettbewerbsinhalte gespeichert wird.

Praxiserfahrungen allerdings zeigen, dass eine alleinige IT-Lösung noch nicht der Garant für den Projekterfolg ist, sondern dass es immer wieder zu Barrieren in der Vermittlung von Wissen kommt, bei denen insbesondere bei der Projektarbeit nicht auf die Erfahrungen von Projektmitarbeitern zurückgegriffen werden kann. Es zeigt sich, dass zwischenmenschliche Kommunikation eine ebenso wichtige Rolle spielt. Daher reicht es für ein erfolgreiches Projektmanagement auch nicht aus, Softwarelösungen zu nutzen. In einem ergänzenden Schritt muss man sich Gedanken über den personenorientierten Einsatz und die Akzeptanz dieser Werkzeuge machen. Hiermit kommt ein weiterer Aspekt hinzu: Projektteilnehmer müssen prinzipiell bereit dazu sein, Wissen zu sammeln, zu transferieren und zu dokumentieren. Sind hohe Barrieren vorhanden, werden die Mitarbeiter Wissen nicht teilen — teilen sie ihr Wissen nicht, ist das Projektmanagement von Anfang an zum Scheitern verurteilt.

An dieser Stelle wird deutlich, dass ein wichtiger Zusammenhang zwischen Wissen und Projektmanagement besteht, der in den folgenden Abschnitten weiter vertieft werden soll. Die Aufgaben des Projektmanagers sind, unter Einbezug einer Wissensorientierung, entsprechend weiter zu fassen.

3.5.2 Projekt- und Wissensmanagement

Warum ist Wissen im Projektmanagement wichtig? Um dieser Frage weiter nachzugehen, lohnt sich ein Blick auf die Entwicklung von Organisationsformen bis hin zur sogenannten „Projektorganisation" (vgl. zum Beispiel: Staehle 1994: 707-732). In der Funktionalorganisation wird nach dem Prinzip der hierarchischen Anordnung vorgegangen, Aufgaben werden gemäss der Weisungsbefugnis von oben nach unten verteilt und ausgeführt. Aufgrund des hohen bürokratischen Aufwands und der damit verbundenen Probleme kam es in vielen Unternehmen zur „Enthierarchisierung" und einer damit verbundenen Verflachung, teilweise sogar zur Eliminierung von Hierarchieebenen, wie es zum Beispiel die Abschaffung des mittleren Managements demonstriert. Viele Unternehmen hatten über mehrere Jahre hinweg nur die drei organisatorischen Ebenen Vorstand, Abteilungsleiter und Mitarbeiter.

Mit einem Revival des Prozessgedankens in der Organisationslehre, das inbesondere durch die Veröffentlichung „Reengineering the Corporation" der Bestsellerautoren Hammer/Champy (1993) angestossen wurde, wird eine Organisationsform eingeführt, die quer zu traditionellen hierarchischen Strukturen liegt und diese überlagert. Aufgaben sind nun nicht mehr abteilungsgebunden, sondern entlang einer Prozesskette zu lösen, an deren Anfang und Ende der Kunde steht. Die Einführung des Prozessgedankens ist für viele Unternehmen ein wichtiges Anliegen, da hiermit Kundenorientierung und Kundenzufriedenheit in höchstem Maße entsprochen werden soll. Einhergehend mit der Auflösung von Organisationsstrukturen, sowohl intern als auch extern, beispielsweise durch das Eingehen kooperativer Engagements wie Joint Ventures, strategischen Allianzen oder virtuellen Netzwerken, werden erneut passende Organisationsprinzipien diskutiert. Es setzt sich die Erkenntnis durch, dass die Arbeit in sich jeweils neu formierenden und wieder auflösenden Projekten eine adäquate Antwort auf eine zunehmend dynamische Umweltentwicklung darstellt. Die Projektmanagement-Organisation ist geboren. Nun werden über sämtliche Strukturen hinweg geeignete Mitarbeiter für ein Projekt zusammengerufen, das Unternehmen stellt sich zunehmend als Netzwerk von Kompetenzen dar, die je nach Bedarf miteinander gekoppelt werden und der Weg zum Wissensnetzwerk ist nicht mehr weit. In der folgenden *Abbildung 21* sind die bisher genannten Entwicklungsschritte nachgezeichnet.

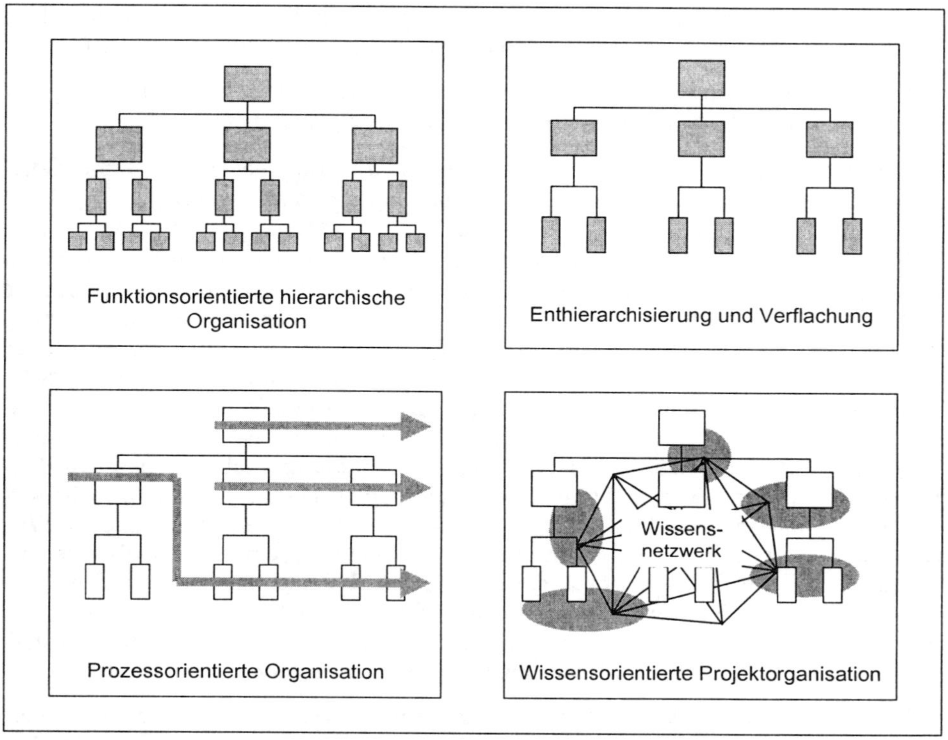

Abbildung 21: Entwicklung von Organisationsformen

Dass sich der Trend zur Projektorganisation bereits in einigen Industriezweigen etabliert hat, belegen Beispiele aus der Architektur und dem Maschinenbau. Noch deutlicher findet diese Form der Organisation von Arbeit in Multimediaagenturen oder Unternehmensberatungen statt. In allen Bereichen ist es nötig, schnell und flexibel auf Kundenanforderungen zu reagieren und dazu ein internes Team auf die Beine zu stellen, das diesen Anforderungen gerecht wird. Durch andere Arbeitsprinzipien als sie etwa aus der Linienorganisation bekannt sind, können hier Kompetenzen unabhängig von Rang und Hierarchie eingebracht werden; eine offene Diskussion zur Förderung neuer Ideen und neuen Wissens wird weit stärker gefördert. Ein weiterer prägnanter Unterschied ist die fehlende Personalverantwortung des Projektmanagers gegenüber seinen Projektmitarbeitern. Er kann sie für das Projekt „anwerben", nach Abschluss kehren sie wieder in ihre alte Abteilung zurück und unterliegen in der Regel den dortigen Prinzipien der Entlohnung und Karriereentwicklung. Die Mitarbeit in Projekten kann dabei einen wichtigen Schub in Bezug auf die Aneignung neuen Wissens und die Zusammenarbeit mit vormals unbekannten Organisationseinheiten (insbesondere in Großkonzernen) liefern.

Abhängig davon, welchen Einfluss man dem Projektmanager übertragen möchte, gibt es verschiedene Ausprägungsformen des Projektmanagements (Staehle 1994: 726; Frese 1993):

- *Projektmanagement als Stab* (Projektmanager hat Informations- und Beratungsaufgaben wahrzunehmen, während der Funktionsmanager die Entscheidungen trifft).
- *Projektmanagement in der Matrix* (Projektmanager hat die Projektverantwortung, während der Funktionsmanager die disziplinarische Weisungsbefugnis inne hat).
- *Projektmanagement in der Linie* (Projektmanager trifft Entscheidungen, während der Funktionsmanager Informations- und Beratungsaufgaben wahrnimmt).

Unabhängig vom Einfluss des Projektmanagers in einem konkreten Projekt, gilt das oberste Prinzip des Projektmanagements, einen Einklang zwischen den miteinander in Konflikt stehenden Faktoren Zeit, Kosten und Qualität herzustellen. Um diese Herausforderung angemessen zu lösen, benötigt der Projektmanager ein umfassendes Wissen über Personen, deren Kenntnisstand, sowie über einzelne unternehmensinterne Vorgänge, Modelle und Tools für das Projektmanagement, über formelle und informelle Strukturen im Unternehmen, mögliche politische Gegensätze, die die Projektdurchführung behindern könnten und natürlich eine ständige Kontrolle über Zieleinhaltung und Budgetverbrauch. Nicht zuletzt aufgrund dieser Anforderungen sind Projekte als sehr wissensintensiv zu bezeichnen (Starbuck 1992). Doch was bedeutet eine Betonung des Wissensmanagements in Projekten genau? Umfasst Projektmanagement mehr als Wissensmanagement oder trifft der umgekehrte Fall zu? Kann das eine ohne das andere funktionieren? Warum ist eine Verbindung der beiden Bereiche wichtig? Um diese Fragen zu beantworten, sollen Definitionen und Aufgaben der beiden Bereiche gegenübergestellt und der Schnittstellenbereich zwischen ihnen identifiziert werden.

In der Regel befasst sich das Projektmanagement mit zeitlich begrenzten Aufgaben, während das Wissensmanagement als dauerhafte Angelegenheit zu verstehen ist. Die Einführung eines Wissensmanagements im Unternehmen bedient sich in der Anfangsphase oft der Projektform. In jedem Projekt wiederum muss es zur zielgerichteten Steuerung aller Wissensflüsse kommen, was allerdings nur selten unter der Überschrift „Wissensmanagement" betrieben wird.

Grundsätzlich kann man wohl die Aussage treffen, dass das Projektmanagement in allen Phasen Wissensmanagementaktivitäten beinhaltet, das unternehmerische Wissensmanagement aber weit über einzelne Projekte hinausgeht. Im nächsten Abschnitt wird näher darauf eingegangen, wie und in welcher Form Wissen in einzelnen Projektphasen eingesetzt wird.

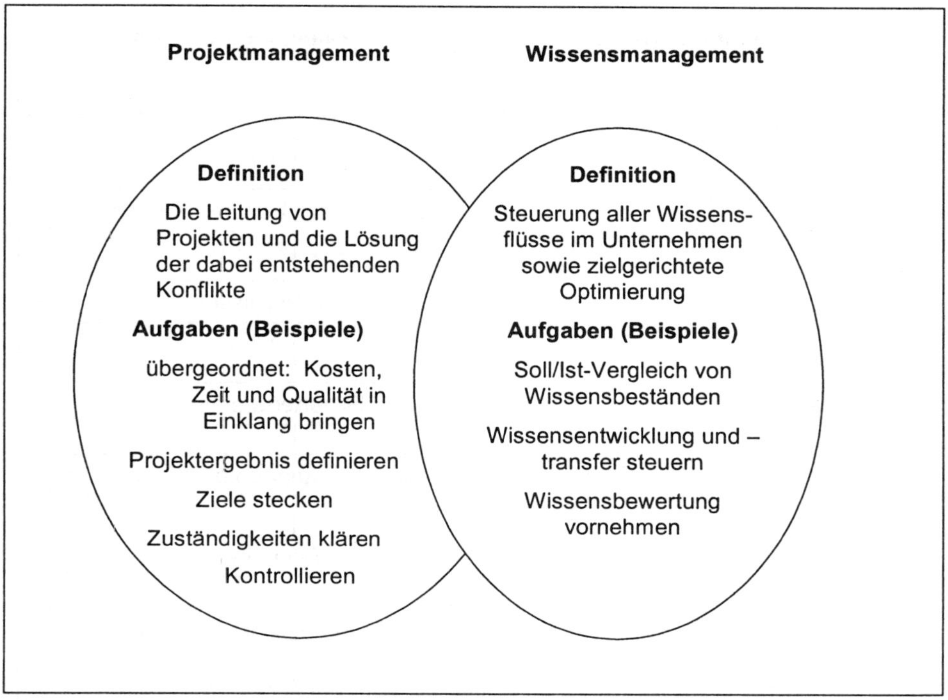

Abbildung 22: Schnittbereich zwischen Projekt- und Wissensmanagement

3.5.3 Wissen in Phasen des Projektmanagements

Der Umgang und die Anwendung von Wissen kommt in den unterschiedlichen Phasen eines Projektes zum Tragen. Zur Strukturierung werden im Folgenden die Phasen des Projektmanagements dargestellt und Arten, Herkunft und Einsatzmöglichkeiten von Wissen zugeordnet. Dabei wird sich zeigen, dass in jedem Projekt auf altes Wissen zurückgegriffen werden kann, gleichermaßen aber auch neues Wissen generiert wird, das in zukünftigen Projekten zur Verfügung steht, wenn es entsprechend artikuliert und dokumentiert wird *Abildung 23* verdeutlicht die Zusammenhänge.

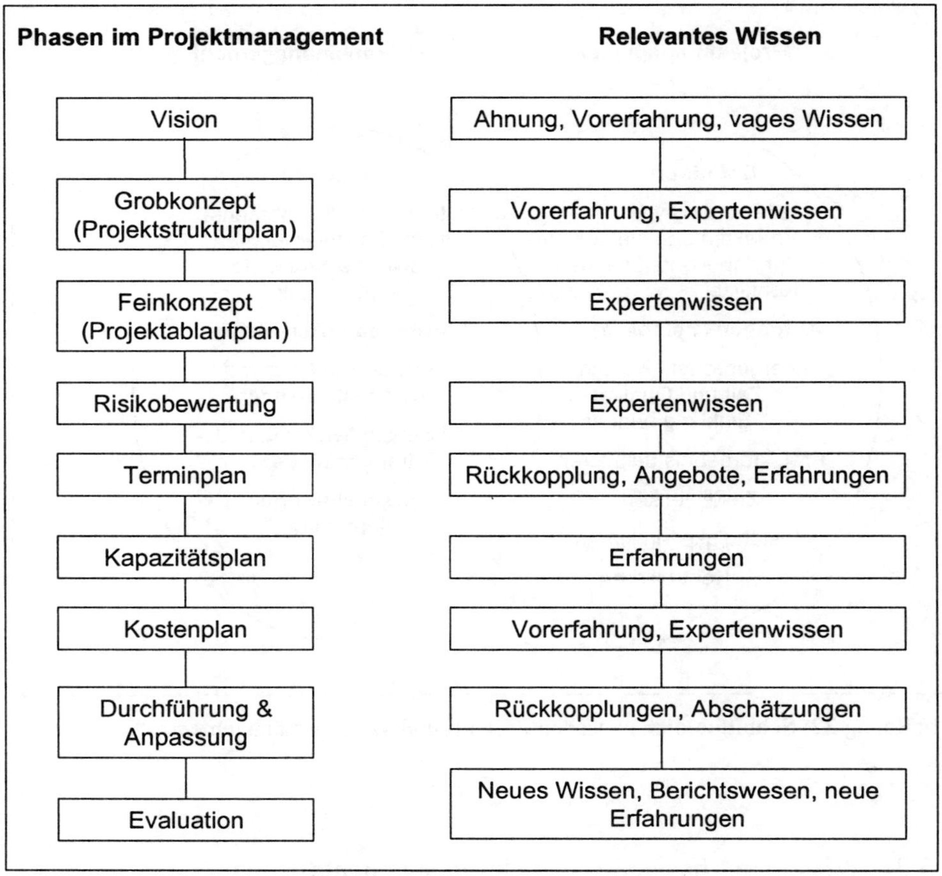

Abbildung 23: Projektmanagementphasen und Wissen

Die Weitergabe von Wissen und Informationen beginnt in der Regel schon vor dem eigentlichen Beginn eines Projektes, in der Phase, in der eine *Vision* besteht. Diese kann sowohl auf der Ebene der Geschäftsführung, eines Mitarbeiters oder aber auch eines Kunden formuliert sein. Die Vision besteht zu diesem Zeitpunkt noch eher aus Ahnungen und Vorerfahrungen, die artikuliert werden müssen, um daraus umsetzbare Zielvorstellungen zu ermitteln. An der Diskussion können dabei Mitarbeiter, Projektleiter und/oder auch andere Firmen mitwirken. Wichtig ist es, hier schon auf das komplexe Wechselspiel zwischen Wissen und Visionen hinzuweisen. Auf der einen Seite wird eher vages Wissen konkretisiert, auf der anderen Seite ist ein gewisses Maß an Wissen notwendig, um zu Visionen zu gelangen und damit neue Projekte ins Leben zu rufen.

Betrachten wir die Vision, aus der später ein Projekt werden soll, etwas genauer. Um sie in umsetzbare Aufgaben eines Projektes zu überführen, muss zuerst eine Abwägung der Vor- und Nachteile und eine Prüfung erfolgen, ob sich die Umsetzung lohnt. Dazu werden kompetente und potenzielle Projektteilnehmer und Fachleute zu Rate gezogen, um den Nutzen des Projektes abzuwägen. Hierbei stellen sich Fragen wie:

- Steht die Vision im Einklang mit dem Gesamtziel des Unternehmens?
- Gibt es bereits ähnliche Projekte aus der Vergangenheit, auf die man zurückgreifen kann?
- Waren diese Projekte erfolgreich?
- Was kann man aus diesen Projekten für die Zukunft lernen?

Durch die Beantwortung dieser Fragen soll vermieden werden, dass vorangegangene Fehler wiederholt werden. Dabei kommt es auf das Verständnis an, wie Wissen in einem Unternehmen bewertet und dokumentiert wird. Ein entsprechend gut aufgebautes Berichtswesen erleichtert die Arbeit, wenn die Berichte so prägnant wie möglich gehalten werden und über entsprechende Zusammenfassungen verfügen. Wenn Erfahrungsberichte zusätzlich mit Notizen zu den einzelnen Teilaufgaben versehen sind, kann dies für zukünftige Projekte eine entsprechende Unterstützung sein.

Die erste Aktion eines erfolgreichen Projektmanagements ist die Erstellung einer Projektdefinition, die Aussagen über die Notwendigkeit des Vorgehens, über die gewünschten Ziele sowie über die zugrunde gelegten Annahmen und Einschränkungen hinsichtlich der zur Verfügung stehenden Ressourcen, des Budgets und zeitliche Vorgaben beinhaltet (vgl. Brown 1998). In der Praxis nimmt es oftmals sehr viel Zeit in Anspruch, Projektpläne bereits umgesetzter Projekte zu studieren und alle Informationen zusammenzutragen. Daher ist es häufig ratsamer, die an den Projekten Beteiligten mit an einen Tisch zu holen, damit jeder seine Erfahrungen und seine eigenen Notizen einbringen kann. So werden Erfahrungen, die während früherer Projekte gemacht wurden, in die Formulierung eines *Grobkonzeptes* mit einbezogen. Aus den bis dahin zusammengetragenen Erfahrungen und Informationen wird ein erster Plan erstellt, der im Idealfall das angehäufte Wissen aus vorangegangen Projekten verarbeitet und auf begangene Fehler aufmerksam macht. Dieser vorläufige Plan wird häufig auch als Projektstrukturplan bezeichnet. In ihm werden graphisch alle Schlüsseletappen des Projektes mit ihren zugehörigen Aufgaben aufgezeichnet. Es erfordert besonders großes Geschick und viel Erfahrung des Projektleiters, die Abhängigkeiten der einzelnen Teilaufgaben zu erkennen und sie in der *Feinplanung* in einen detaillierten Projektplan, auch Projektablaufplan genannt, zu überführen. In ihm werden graphisch alle Schlüsseletappen und ihren Abhängigkeiten dargestellt. Auch hier wird deutlich, dass Wissen bereits vorhanden sein muss, um eine Feinplanung des Projektes vornehmen zu können.

Nach dem Abschluss der Feinplanung tritt bei vielen umfangreichen Projekten die Phase der *Risikoabschätzungen* ein. Wir unterscheiden die Gruppe der Firmenrisiken, die Einfluss auf die gegenwärtigen und zukünftigen Firmenaktivitäten haben, Projektrisiken, die den technischen Aspekt des Projektes betreffen und Prozessrisiken, die im Zusammenhang mit den Prozessen und Prozeduren stehen, die im Projekt angewendet werden. Diese Faktoren können entscheidend für Erfolg und Misserfolg des Projektes sein. Eine Auswahl der wichtigsten Fragestellungen bei der Risikobewertung sind:

Firmenbezogene Risiken:

- Stehen alle Beteiligten hinter dem Projekt?
- Werden genügend finanzielle Mittel zur Verfügung gestellt?

Projektmitarbeiter:

- Wie ist die Verfügbarkeit der Mitarbeiter?
- Sind die Projektmitarbeiter zuverlässig und engagiert?
- Sind die Mitarbeiter gut ausgebildet?
- Wissen die Mitarbeiter, was sie im Projekt erwartet?

Technische Risiken:

- Werden neue Technologien eingesetzt?
- Müssen die Mitarbeiter noch geschult werden?
- Ist die Technologie rechtzeitig verfügbar?
- Wie zuverlässig ist sie?

Außerdem sind Informationen über firmeninterne Situationen, wie die Kenntnis von Befürwortern und Kritikern und deren mögliche Einflussnahme auf das Projekt wichtig. Auch bei der Erstellung des *Terminplanes* wird man einerseits auf vorangegangene Erfahrungen der Mitarbeiter bauen, um die Zeiten für die Erledigung der ihnen zugedachten Aufgaben in großzügigen und pessimistischen Schätzungen zu benennen. Andererseits wird man sich auch nach den Erfahrungen anderer Firmen richten, um eine detaillierte Terminplanung vorzunehmen. Die Verarbeitung von Wissen setzt nun auch bei der Auswahl und Zuordnung der Ressourcen für die Erstellung eines *Kapazitätsplans* ein. Zusätzlich muss man prüfen, ob bei dem Projekt neue Technologien eingesetzt werden, und wie zuverlässig diese sind, ob sie zur Verfügung stehen und in wieweit die Mitarbeiter geschult werden müssen. Jetzt wird anhand von vorhandenen Daten ein *Kostenplan* für das Projekt erstellt. Dabei wird ebenfalls auf frühere Erfahrungen bei der Kostenplanung zurückgegriffen. Diese zeigen, dass es sich bei dem ersten Budget meist nur um einen Näherungswert handelt, der fast immer im Laufe der Projektimplementierung angepasst wird. Nach dem Projektstart im Anschluss an die Planungsphase werden je nach Umfang des Projektes von den Projektleitern und Teilprojektleitern in regelmäßigen Abständen Statusberichte erstellt.

Nach der Beendigung eines Projektes wird eine Evaluation durchgeführt, in der zusammengetragen wird, was im Projekt gut gelaufen ist und was man in der Zukunft besser machen könnte. Unter Wissensgesichtspunkten kann eine Evaluation die folgenden Punkte berücksichtigen:

- Wie erfolgreich war der Wissenstransfer zwischen Mitarbeitern, sind einzelne Aufgaben doppelt erledigt worden?
- Wird neu entstandenes Wissen durch Schulungen weitergegeben?
- Wird neues Wissen in Datenbanken gepflegt?

- Werden Einschätzungen bezüglich der Zusammenarbeit mit Kunden dokumentiert?
- Liegen Information zu Projektpartnern in aufbereiteter und einfach zugänglicher Form vor?
- Gibt es eine Zusammenstellung über Projektgruppen und Projektbeteiligte? Wer hat mit wem erfolgreich im Projekt zusammengearbeitet? (Soziogramme)
- Lassen sich aus einem abgeschlossenen Projekt Erkenntnisse über die Eignung zukünftiger Projektleiter ableiten?
- Ergibt sich aus abgeschlossenen Projekten ein Schulungsbedarf für zukünftige Projektleiter?
- Ist technologisches Wissen in Laborbüchern zugänglich? (Grundlage für patentrechtliche Prüfungen)
- Sind regelmäßig Fortschrittsberichte bezüglich der Änderung von Wissensinhalten erstellt worden?

3.5.4 Wissensflüsse und informationstechnische Unterstützung

Quer zu der Betrachtung von Wissen in einzelnen Phasen eines Projektes liegen Wissensflüsse zwischen den Beteiligten. In einem ersten Schritt soll daher gezeigt werden, welches Wissen in eine Projektwissensbasis eingeht. In einem zweiten Schritt soll gezeigt werden, wie Wissensflüsse informationstechnisch unterstützt werden können.

Wissensflüsse in einem Projekt basieren zunächst auf der individuellen Fähigkeit zur Informationsaufnahme, die durch den Zugriff auf Speichermedien, wie zum Beispiel Projektdatenbanken, gesichert sein muss. Hilfreich ist hier sicherlich der Einsatz von Internettechnologien, um flexible Informations- und Kommunikationsstrukturen aufzubauen. Sind für den einzelnen Mitarbeiter prinzipiell die richtigen Informationen zur richtigen Zeit verfügbar, muss er sie nutzen, mit seinem derzeitigen Wissensstand abgleichen und neues Wissen aufbauen. Dazu ein Beispiel: Für ein Projekt im Maschinenbau muss eine Recherche durchgeführt werden. Kann der Mitarbeiter sowohl auf verschieden Recherchetools wie Suchmaschinen, interne Dokumente, Universitätskontakte, Branchenbriefe etc. zugreifen, hat er eine gute Ausgangsbasis für die Sammlung von Informationen. Sind aber beispielsweise alle Informationen in russischer Sprache vorhanden und der Mitarbeiter spricht diese Sprache nicht, sind die Informationen für ihn zunächst wertlos. Ein gut funktionierendes Informationssystem müsste dies berücksichtigen und zum Beispiel Übersetzungsleitungen anbieten.

Wenn nun Informationen zur Verfügung stehen, müssen sie für den speziellen Kontext – das Projekt im Maschinenbau bei Firma X mit den Mitarbeitern Y und Z – angewendet werden, d.h. Informationen müssen zu Wissen werden. Dies geschieht dadurch, dass der Mitarbeiter Informationen strukturiert, auf den speziellen Kontext anwendet und sie in seine Entscheidungsfindung einbezieht und dokumentiert. Dieses, jetzt in expliziter Form vorliegende Wissen ist dann ein wichtiger Bestandteil, der in eine kollektive Projektwissensbasis eingeht und anderen Projektmitarbeitern zur Verfügung steht. Auch aus den relevanten Funktionalbereichen muss ein Wissenstransfer zur Projektwissensbasis (bzw. in eine zugängliche Datenbank) erfolgen.

Abbildung 24: Ursprung des kollektiven Projektwissens

Dieses Wissen betrifft dann zum Beispiel die Kosten früherer Projekte (Rechnungswesen), den vorhandenen Qualifikationsstand von Mitarbeitern (Personalwesen), die Darstellung und Unterhaltung von Aussenbeziehungen (Marketing) oder die strategische Bedeutung von Projekten im gesamten Unternehmenskontext (Geschäftsleitung). Auch externe Quellen (Lieferanten, Kunden, Partner) werden oftmals mit einbezogen. Neben dem dokumentierten oder dokumentierbaren Wissen werden natürlich auch schlecht artikulierbare Wissenskomponenten, wie persönliche Eindrücke, Einschätzungen und Werturteile vermittelt. Für den Transfer solcher Elemente sind die persönlichen Kontakte wichtig. Betrachtet man das gesamte in einer Projektwissensbasis vorhandene Wissen, so kann es u.a. aus folgenden Bereichen stammen:

- *Projektmanagerwissen:* besonders Erfahrungen bei der Leitung früherer Projekte (oft hohe implizite Komponenten).

- *Mitarbeiterwissen:* Wissen über die Zusammenarbeit mit anderen Kollegen, über Ablaufstrukturen und Aufgaben.
- *Partnerwissen:* Links, Logos, Texte, die ihr Dienstleistungsangebot beschreiben
- *Kundenwissen:* Feedback der Kunden wird ausgewertet und fließt in das Projekt ein
- *Lieferantenwissen:* Schnittstellenwissen (insbesondere technisch qualitatives Wissen) wird ausgetauscht
- *Marketingwissen:* Wissen über erfolgreiche Werbemaßnahmen.
- *Wissen aus dem Personalwesen:* Verfügbarkeit und Qualität von Ressourcen
- *Wissen aus dem Rechnungswesen:* Aktuelle Kennzahlen.
- *Wissen der Geschäftsleitung:* Wissen über Budget und Meilensteine aufgrund interner strategischer Planung und Projekterfahrung

Zur Unterstützung der Wissensentwicklung, -dokumentation und des -transfers im Projekt können eine Reihe von informationstechnischen Tools verwendet werden. Grundlegend für jedes Projektmanagement sind natürlich die Basistechnologien Intranet/ Extranet, spezielle Projektmanagementsoftware wie beispielsweise MS Project sowie Datenbanksysteme, in denen vorhandenes Wissen gespeichert und abgerufen werden kann. Datenbanken dienen der Speicherung von strukturierten Daten. Man unterscheidet zwischen traditionellen Datenbanksystemen, die Daten entlang einer hierarchischen Struktur speichern und relationalen Datenbanken, in denen eine Vielzahl von miteinander in Verbindung stehenden Objekten erfasst werden und die besonders für die Verarbeitung großer Datenmengen geeignet sind.

Auf persönlicher Ebene spiegeln sich die Basistechnologien in Form individueller Kommunikationsmedien wider. Typisches Beispiel ist die Nutzung von E-Mail-Systemen, elektronischen Kalendern, aber auch von Dokumentenmanagementsystemen. Für den Transfer von Wissen eignen sich besonders solche Tools, die in den letzten Jahren unter der Bezeichnung CSCW (Computer Supported Cooperative Work) bekannt geworden sind. Hier wird auf verschiedene Disziplinen zurückgegriffen und versucht, eine Brücke zwischen Mensch und Informationstechnik herzustellen (vgl. Gensch 1999 für eine allgemeine Übersicht; vgl. auch Kapitel 6). Für die Zusammenarbeit der Mitglieder werden je nach zeitlicher und Zusammenarbeit folgende Tools vorgeschlagen:

- *Synchrone Kommunikation* (gleicher Ort / Gleiche Zeit): Computergestützte Sitzung, Präsentationssoftware, Group Decision Support Systeme
- *Asynchrone Kommunikation* (unterschiedlicher Ort / unterschiedliche Zeit): E-Mail, Voice-Mail, Fax, Electronic Conferencing, Gruppengedächtnis).

Zur Unterstützung wird häufig Groupware als Mehrbenutzer-Software eingesetzt, die es erlaubt, einen koordinierten Informationsfluss zwischen Mitarbeitern vorzunehmen. Ebenso werden öfter Workflows genutzt, um im Rahmen einer elektronischen Prozesskette einzelne Arbeitsschritte zu steuern. Ein typisches Beispiel im Projektzusammenhang ist eine Anfrage eines Projektmitarbeiters bei einer internen Dokumentationsstelle. Diese Anfrage kann bei Bedarf per E-Mail an einen entsprechenden Spezialisten weitergeleitet werden, der sich dann direkt alle für den Arbeitsvorgang benötigten Informationen anzeigen lässt. Ebenso kann er Einsicht in bisherige Dokumente nehmen, den bisherigen Schriftwechsel überprüfen und seinen eignen Beitrag in Form und Inhalt anpassen.

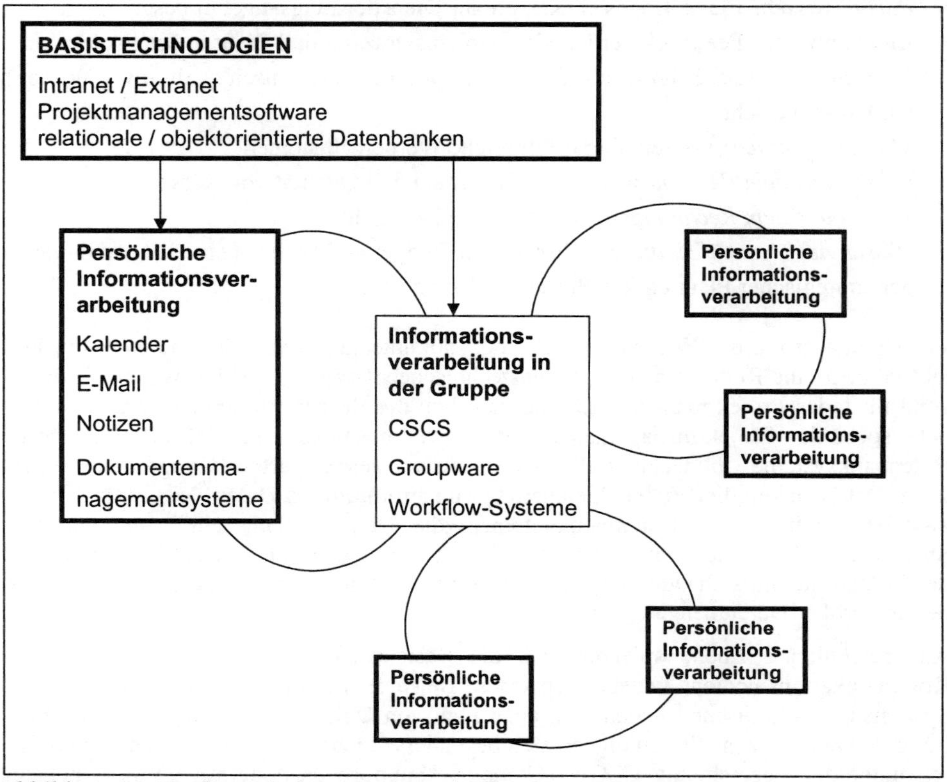

Abbildung 25: Tools zur Informations- und Wissensverarbeitung

Alle vorhandenen IT-Lösungen tragen wesentlich zu einem erfolgreichen Management von Wissen in Projekten bei. Dennoch sollte man nicht vergessen, dass das Wissensmanagement nicht ohne den Menschen funktionieren kann. Daher ist es auch besonders wichtig, sich eventuelle Barrieren näher anzuschauen und Maßnahmen zu ihrer Überwindung zu ergreifen.

3.5.5 Die größten Wissensbarrieren bei der Projektumsetzung und Maßnahmen

Eine der wahrscheinlich wichtigsten Fragen, die sich aus dem Projektmanagement und in letzter Konsequenz auch im Wissensmanagement stellen, ist: wie wird Wissensmanagement umgesetzt. Nicht alle Projektbeteiligten sind gleichermaßen bereit, ihr Wissen weiter zu geben und an neuen Ideen zu partizipieren. Hierbei kann man zwei wichtige Barrieren unterscheiden:

- Das bewußte Zurückhalten von Informationen und Wissen
- Das unbewußte Zurückhalten von Informationen und Wissen

Betrachten wir die beiden Möglichkeiten etwas genauer: Wenn Wissen *bewusst* zurückgehalten wird, dann hat dies oftmals mit Ängsten um die eigene Position im Unternehmen oder gar mit der Angst zu tun, den Arbeitsplatz zu verlieren. Ursache ist hierbei in der Regel ein unzureichender Umgang mit Informationen vom Management gegenüber den Mitarbeitern. Werden Mitarbeiter nicht rechtzeitig oder nur ungenügend in ein Projekt eingebunden, so geht ihnen häufig auch die Motivation zum erfolgreichen Handeln verloren. Wenn dies der Fall ist, nutzt die beste Planung eines Projektes wenig, wenn die Mitarbeiter, die die entsprechenden Arbeiten und Teilaufgaben erbringen sollen, nicht hinter dem Projekt stehen. Eine Minderung der Qualität als auch zeitliche Verzögerungen sind meist die Folge von einer solchen schlechten Informationspolitik in der Projektarbeit und im Unternehmen.

Ein weiterer Aspekt, ist das *unbewusste* Zurückhalten von Informationen. Dies erfolgt, wenn Fachleute, die lange Zeit nicht an Projekten teilgenommen haben, sondern nur Routinearbeiten durchgeführt haben, wieder in Projekten eingesetzt werden. Hierbei tritt häufig der Fall ein, dass bestimmte Sachverhalte als selbstverständlich angesehen werden, die für andere Projektteilnehmer keineswegs selbstverständlich sind. Dies gilt vor allen Dingen bei Routineaufgaben bei der Entwicklung neuartiger Produkte und Dienstleistungen, bei denen Sachverhalte in einem neuen Kontext zu betrachten sind. Betrachten wir das Beispiel einer Maschine, die für den mitteleuropäischen Raum konstruiert worden ist. Die Firma bekommt einen neuen Auftrag für die Maschine, die in einer Wüstenregion eingesetzt werden soll. Die für den mitteleuropäischen Raum geltenden Temperaturverhältnisse gelten nicht für diese geographische Lage. Entsprechend gefertigte Passungen haben bei größeren Temperaturschwankungen, wie sie in der Wüstenregion vorherrschen, ein viel größeres Spiel als im mitteleuropäischem Raum, was zu Lasten der Präzision der Maschine geht. Der Konstrukteur muss nun rechtzeitig über den neuen Auftrag informiert werden, damit er an der Maschine entsprechende Änderungen, wie beispielsweise die Verwendung anderer Materialien und entsprechend dimensionierte Passungen vornehmen kann. Diese Änderungen können zu zeitlichen Verzögerungen führen, die in der Projektierung zu berücksichtigen sind. An dieser Stelle wird deutlich, dass eine offene Informationspolitik und ein gutes Wissensmanagement Bedingung für ein erfolgreiches Projektmanagement sind.

Weitere Barrieren ergeben sich aus dem Verhältnis zwischen Mitarbeitern und Vorgesetzten. Um einen weitgehend reibungslosen Informationsfluss im Unternehmen zu gewährleisten, sollte sicher gestellt werden, dass die Projektmitarbeiter gegenüber Vorgesetzen und generellen Autoritätspersonen im Unternehmen keine Hemmungen haben, ihre Kompetenzen unter Beweis zu stellen und über Schwierigkeiten und Engpässe im Projektverlauf zu berichten. Ebenso ist das Verhalten von Vorgesetzten genau unter die Lupe zu nehmen besonders, wenn diese einen autoritären Führungsstil bevorzugen.

Auch die Größe eines Unternehmens kann zu einer Barriere für den Informationsfluss werden und so zu einer besonderen Aufgabe für das Wissensmanagement heranwachsen. Naturgemäß dauern Informationsflüsse mit steigender Unternehmensgröße wesentlich länger als in kleinen Teams. Dabei kann es zu einer Verzerrung oder einer Fehlinterpretation von Informationen kommen. Dies ist besondern in Geschäftsfeldern mit internationaler Zusammenarbeit zu erwarten, die neben den sprachlichen Problemen auch mit kulturellen Barrieren konfrontiert sind.

Neben den bisher genannten Barrieren werden sicherlich weitere unternehmens- und projektspezifische Probleme im Projektmanagement auftreten, die es zu beseitigen gilt. Je mehr ein Bewusstsein vorherrscht, dass Wissen wichtig ist und das nur eine gemeinsame Verantwortung für das Management von Wissen erfolgreich ist, desto mehr wird die Zusammenarbeit im Projekt profitieren.

3.5.6 Ausblick

In diesem Aufsatz wurde deutlich, dass Wissensaspekte in jede Projektplanung einbezogen werden müssen. Gleich zu Anfang eines Projektes sollte ein Selbstverständnis erzeugt werden, so dass jeder Projektmitarbeiter bereit ist, sein Wissen zu teilen und es in eine gemeinsame Projektwissensbasis einzubringen. Hierfür muss auch eine entsprechende Infrastruktur bereitgestellt werden, die es ermöglicht, während der Projektarbeit zu kommunizieren. Kaffeeecken oder Teamräume sind eine Mindestvoraussetzung hierfür. Im Idealfall werden gemeinsame Veranstaltungen durchgeführt, die zu einem stärkeren Gemeinschaftsgefühl führen und dafür sorgen, dass man sich bereitwillig auf dem neuesten Stand der Informationspolitik hält. Werden nach Abschluss eines Projektes alle Erfahrungen aufgearbeitet, kann damit ein wichtiger Beitrag zum Gelingen zukünftiger Projekte geschaffen werden. Abschließend ist zu sagen, das ein erfolgreiches Wissensmanagement immer durch ein positives Beziehungsgeflecht zwischen einzelnen Mitarbeitern und erst an zweiter Stelle durch die eingesetzte Informationstechnologie gekennzeichnet ist.

Literatur

Brown, M. (1998): Erfolgreiches Projektmanagement in 7 Tagen. Landsberg/Lech.

Frese, E. (1993): Grundlagen der Organisation, 5.Aufl. Wiesbaden.

Gensch, P. (1999): Wissen managen mit innovativer Informationstechnologie. Wiesbaden.

Hammer, M./Champy, J. (1993): Reengineering the Corporation. A Manifesto for Business Revolution. New York.

Staehle, W.H. (1994): Management. Eine verhaltenswissenschaftliche Perspektive. Wiesbaden.

Starbuck, W.H. (1992): Learning by knowledge-intensive firms. In: Journal of Management Studies 29(6), 713-740.

4. Wissensmanagement in der strategischen Unternehmensführung

- Wie hat sich das strategische Management durch die Einbeziehung des Faktors Wissen weiter entwickelt?
- Wie hängen Leitbild, Unternehmensstrategie und Wissensziele zusammen?
- Welche Bedeutung haben wissensintensive Prozesse und Wissensprozesse?
- Wie sieht ein Bezugsrahmen für interorganisationales Lernen aus?
- Welche Wissensarten sind mit welchen interorganisationalen Lernprozessen verbunden?

4.1 Wissen in der Theorie des Strategischen Managements

Ausgangspunkt des Strategischen Managements ist es, eine Erklärung für die Erzielung nachhaltiger Wettbewerbsvorteile zu liefern und zu analysieren, warum einzelne Firmen bei diesen Bemühungen zu unterschiedlichen Ergebnisse kommen (vgl. zu ausführlichen Darstellungen: zu Knyphausen-Aufsess 1995; Hamman/Frieling 2000; Müller-Stewens/ Lechner 2001)

Frühe industrieökonomische Arbeiten versuchen, den Erfolg eines Unternehmens in Abhängigkeit von Branchencharakteristika zu erklären. Unter der Bezeichnung „Structure-Conduct-Performce-Paradigma“ (Bain 1956) wurde ein Modell entwickelt, dass folgende Grundannahmen beinhaltet: (1) Je besser die Performance eines Unternehmens, desto besser muss es sich an veränderte Bedingungen, d.h. Strukturcharakteristika der Branche angepasst haben; (2) In einem Branchensegment verfügen Unternehmen über eine gleiche Ressourcenausstattung und entsprechend über die gleichen Strategien; (3) Die Ressourcen zur Implementierung von Strategien sind mobil; (4) Manager entscheiden rational und zwar im Interesse des Unternehmens.

Aufbauend auf diesem Strukturmodell, entwickelte Michael Porter in den 80er Jahren einen einflussreichen Bezugsrahmen (Porter 1980,1985). Dieser erklärt den Erfolg eines Unternehmens in Abhängigkeit von der Attraktivität einer Branche, die durch die fünf Wettbewerbskräfte (five forces) Macht der Lieferanten, Macht der Abnehmer, Bedrohung durch neue Wettbewerber, Substitutionsprodukte und Rivalität unter etablierten Wettbewerbern charakterisiert wird. Der Portersche *market-based view* findet nur eine einseitige Antwort auf diese Frage, warum ein Unternehmen erfolgreich ist.. Es zeigt sich zum Beispiel in der Praxis immer wieder, dass Unternehmen auch unter ungünstigen Umweltbedingungen durchaus erfolgreich sein können und eine Erklärung von Wettbewerbsvorteilen anhand von Marktkräften allein wohl nicht ausreicht.

Nicht zuletzt aufgrund dieses Kritikpunktes hat sich seit etwa zwei Jahrzehnten ein alternativer Ansatz entwickelt – der sogenannte *resource-based view* - , der Wettbewerbsvorteile weniger mit unterschiedlichen Produkt-Markt-Kombinationen als vielmehr mit Unterschieden in der Ressourcenausstattung erklärt. In Anknüpfung an frühe Arbeiten von Penrose (1959) und Andrews (1971), die Unternehmen erstmals nicht als administrative Einheiten, sondern als Ansammlung von Ressourcen verstanden und die schon zu ihrer Zeit darauf hingewiesen hat, dass es sich bei externer Markt- und interner Unternehmenssicht letztlich um zwei Seiten einer Medaille handelt, die nicht getrennt voneinander betrachtet werden dürfen, wurde der Ressourcenansatz durch eine Reihe weiterer Arbeiten geprägt. Dazu zählt sicherlich die Veröffentlichung von Wernerfeld (1984), der das Gedankengut der Ressourcenorientierung auf strategische Fragestellungen überträgt, aber auch Hall (1993), der eine weit beachtete Un-terscheidung von Ressourcen in materielle und immaterielle Kategorien vorschlägt. Spätere Arbeiten beziehen sich auf Fähigkeiten, Kompetenzen bzw. Kernkompetenzen, so dass zunächst eine Begriffsklärung erfolgen muss, um sich innerhalb der verschiedenen Argumentationslogiken zurechtzufinden.

Als *Ressource* wird zunächst erst einmal ganz grundsätzlich alles bezeichnet, was einem Unternehmen zur Verfügung steht und worauf es direkt oder indirekt zugreifen kann. Ressourcen stellen den Ausgangspunkt zur Erzielung nachhaltiger Wettbewerbsvorteile dar. Um von diesen Ressourcen im Markt Gebrauch machen zu können, sind bestimmte *Fähigkeiten* (Capabilities) notwendig. Zur Erzielung von Wettbewerbsvorteilen ist entsprechend nicht die isolierte Betrachtung von Ressourcen wichtig, sondern die Art und Weise, wie Ressourcen miteinander kombiniert werden. Die Bedeutung von Fähigkeiten für den Aufbau von Wettbewerbsvorteilen wird seit Anfang der 90er Jahre verstärkt diskutiert und insbesondere durch den Kernkompetenzansatz von Hamel/Prahalad (1990) vertieft. Die Autoren führen den Begriff „core competences“ (Kernkompetenzen) ein und umschreiben hiermit im wesentlichen die Beherrschung von Basistechnologien, die über den Zwischenschritt von Kernprodukten in den Endprodukten verschiedener Geschäftsfelder erfolgreich vermarktbar sein sollen (Hamel/Prahalad 1990: 79ff.). Die Begriffe Fähigkeiten und Kompetenzen werden dabei oft synonym verwendet, während *Kern*fähigkeiten oder –kompetenzen weiter danach beurteilt werden, ob sie den folgenden vier Kriterien genügen (Barney 1991):

- *Wertvoll:* Sie müssen die Effizienz und Effektivität eines Unternehmens erhöhen und zu einer besseren Leistung am Markt führen.
- *Selten:* Wenn auch Wettbewerber darüber verfügen, ist eine Differenzierung nicht möglich.
- *Imitation ausgeschloss*en: Eine Nachbildung seitens eines Wettbewerbers macht den Wettbewerbsvorteil eines Unternehmens zunichte.
- *Nicht substituierbar:* Ein einfaches Ersetzen, beispielsweise durch einen Technologiesprung, würde eine Fähigkeit außer Kraft setzen.

Bei Vorliegen aller Kriterien spricht man von Kernfähigkeiten, die in dieser Reinform allerdings nur in den seltensten Fällen vorliegen. Es wird daher im Einzelfall zu prüfen sein, welche Ausprägung die vorliegenden Fähigkeiten haben und inwieweit sie dem Unternehmen nützlich sind. Zur Prüfung kann das folgende Schema verwendet werden.

WETTBEWERBS-EFFEKT	Ist die Fähigkeit wertvoll	Ist die Fähigkeit selten?	Ist die Fähigkeit nur schwer zu imitieren?	Ist die Fähigkeit nicht zu substituieren?
NACHTEIL	▶ nein			
PARITÄT	▶ ja	▶ nein		
TEMPORÄRER VORTEIL	▶ ja	▶ ja	▶ nein	
INKREMENTELLER VORTEIL	▶ ja	▶ ja	▶ ja	▶ nein
NACHHALTIGER VORTEIL	▶ ja	▶ ja	▶ ja	▶ ja

Abbildung 26: Prüfung von Fähigkeiten

In der weiteren Entwicklung des Ressourcenansatzes führte der Einbezug der „speziellen Ressource Wissen" zu einer weiteren Spezifizierung des Ressourcenansatzes. Im sogenannten *Knowledge-based view* (KBV) stellt Wissen eine zentrale strategische Ressource dar und Wissensmanagement ist die bedeutendste dynamische Kompetenz, die zur Erzielung von Wettbewerbsvorteilen benötigt wird. Un-ternehmen werden als soziale Systeme betrachtet, in denen Wissen entsteht, von außen akquiriert, in Form von Produkten und Prozessen genutzt und wieder nach außen getragen wird. Die Firma wird zu einem "body of knowledge about the organization's circumstances, resources, causal mechanisms, objectives, policies, and so forth." (Spender 1989: 185). Wissen wird zur zentralen Analyseeinheit und mit der Frage, was Wissen eigentlich ist befindet man sich schon mitten in der Diskussion der elementaren Grundlagen des Wissensmanagements.

Um die Verbindung zum strategischen Management herzustellen, werden im KBV zwei Ansätze vorgeschlagen (vgl. auch Müller-Stewens/Lechner 2001: 282f.). Zum einen wird aus einer statischen Sichtweise heraus argumentiert, dass Wissen die wichtigste aller Ressourcen sei. Zum anderen werden aus einer prozessualen Sichtweise die typischen Wissensmanagementprozesse als Grundlage für jegliches Verhalten, also auch zum Verständnis organisationaler Fähigkeiten in Organisationen angesehen. Aus diesem Ansatz heraus lassen sich nun eine Vielzahl an Fragestellungen für ein strategisches Wissensmanagement formulieren. So ist es zum Beispiel interessant zu erkennen, wie sich die Entwicklung von Wissen steuern lässt, wie eine Integration interner und externer Kooperationsprozesse zur Wissensgenerierung beitragen kann, wie eine Erfassung von Wissen beispielsweise für die Durchführung einer SWOT-Analyse durchgeführt werden kann oder wie eine Differenzierung zwischen wertvollem und nicht wertvollem Wissen getroffen werden kann. Je nach gewähltem theoretischen Schwerpunkt lassen sich zu diesen Fragen unterschiedliche Antworten finden.

In *Abbildung 27* sind einige Unterschiede der bisher angesprochenen theoretischen Sichtweisen gegenüber gestellt. Für eine weitere Betrachtung von Wissen und Wissensmanagement innerhalb der Strategielehre kann diese kurze Übersicht allerdings nur einen kleinen Anstoß geben. Es ist unumgänglich an dieser Stelle zur weiteren Vertiefung auf die Originalliteratur, sowie auf die zu Beginn des Kapitels genannten Zusammenfassungen zu verweisen.

	Resourcenbasierter Ansatz	**Fähigkeits- bzw. Kompetenzbasierter Ansatz**	**Wissensbasierter Ansatz**
Sichtweise der Firma	▪ Firmen sind einzigartige Ansammlungen von Ressourcen	▪ Firmen sind Bündel von Fähigkeiten, die Ressourcen koordinieren	▪ Firmen sind soziale wissensbasierte Einheiten
Analyseeinheit	▪ Ressource	▪ Fähigkeit	▪ Wissen
Ursache von Wettbewerbsvorteilen	▪ Wertvolle, seltende, nicht-imitierbare und nicht-substituierbare Ressourcen	▪ Die Fähigkeit, Ressourcen unter der Kontrolle der Firma nutzvoll einzusetzen	▪ Firmenspezifisches Wissen und der Umgang damit

Abbildung 27: Ressourcenorientierte Ansätze im Vergleich
Quelle: In Anlehnung an Müller-Stewens/Lechner (2001: 284)

Nachfolgend werden einige Themen angesprochen, die einen eher praktischen Zugang zur wissensorientierten Strategieformulierung ermöglichen. Es wird zunächst um die Frage gehen, wie sich Wissen im Leitbild eines Unternehmens widerspiegeln kann und auf welche Weise sich Wissensaspekte in die Formulierung von Strategien einbeziehen lassen. Dabei ist es schon im Vorfeld wichtig darauf hinzuweisen, dass nur eine hohe Interdependenz zwischen Unternehmenszielen und Wissenszielen erfolgversprechend ist. Anschließend wird die Verbindung zwischen Wissens- und Prozessmanagement aufgezeigt, da in der Gestaltung von Prozessen ein wesentlicher Erfolgsfaktor für die Implementierung von Strategien gesehen wird. Dies trifft besonders für wissensintensive Prozesse zu.

4.2 Wissensorientierte Leitbilder und unternehmerische Wissensstrategien

Das Leitbild eines Unternehmens ist eine schriftlich fixierte Mission, die Aussagen zum Unternehmenszweck, zu zentralen Aktivitäten, Wertvorstellungen und Zielrichtungen des Unternehmens beinhaltet. Oftmals spricht man auch vom sogenannten „mission statement“. Ein Leitbild hat verschiedene Funktionen. Zum einen soll es eine Orientierung sowohl für Mitarbeiter als auch für Außenstehende ermöglichen, indem die zentralen Geschäftsfelder, in denen das Unternehmen seine Kompetenzen sieht, verdeutlicht werden. Durch die Darstellung der zentralen Aktivitäten wird zum anderen eine Legitimationsfunktion gegenüber zentralen Anspruchsgruppen wahrgenommen. Gleichzeitig kann ein Leitbild als Kommunikationsinstrument, beispielsweise neben klassischer Werbung, genutzt werden. Für das Wissensmanagement hat das Unternehmensleitbild eine zentrale Bedeutung. Durch die explizite Aufnahme des Faktors Wissen in das Unternehmensleitbild wird seine zentrale Bedeutung für den Unternehmenserfolg erkannt. Gleichzeitig wird Wissen als Grundlage *jeglicher* Form des Handelns verankert; es hat für alle Hierarchiestufen eines Unternehmens Geltung und zwar ohne Rücksicht auf Position oder Titel. Ein weiterer wichtiger Punkt sind die im Unternehmensleitbild festgelegten Grundsätze des persönlichen Umgangs. Sind beispielsweise Vertrauen, Offenheit und Kreativität als wichtige Rahmenbedingungen genannt, so ist die Implementierung des Wissensmanagements später wesentlich leichter, da man sich – zumindest formell – auf die Existenz eines wissensfreundlichen Umfeldes berufen kann. Dass zwischen offizieller Verankerung des Wissensmanagements und dessen Umsetzung immer noch Brücken zu schlagen sind, ist das zentrale Thema dieses Buches.

Im folgenden Beispiel der Siemens AG finden sich die meisten der bisher genannten Funktionen eines wissensorientierten Leitbilds deutlich erkennen. Das Leitbild eines Unternehmens wird in wesentlichen Teilen aus der Unternehmens-strategie abgeleitet und die Initiative zur Erstellung eines wissensorientierten Leitbildes sollte daher zunächst von der Geschäftsführung ausgehen, da ihr die Verantwortung für die Umsetzung obliegt. Erst die unternehmensweite Diffusion und Akzeptanz des Leitbildes durch die Mitarbeiter stellt jedoch den entscheidenden Schritt auf dem Weg zum wissensorientierten Unternehmen dar. In der folgenden *Abbildung 28* ist der Zusammenhang zwischen Unternehmensstrategie, Leitbild, Zielen auf Funktionalebene (z.B. Marketing, Produktion etc.) und Wissenszielen dargestellt.

Auszüge aus dem Siemens Leitbild

- Wie haben uns für die Zukunft viel vorgenommen. Entscheidend für unseren Erfolg sind das Wissen, das Können und die Begeisterungsfähigkeit der Menschen in unserem Unternehmen.
- Unsere Innovationen gestalten die Zukunft. Mit neuen Ideen schaffen wir für unsere Kunden neue Produkte, neue Dienstleistungen, mehr Nutzen. Mit Kreativität und Risikofreude sorgen wir für ein Umfeld, in dem gute Ideen schnell umgesetzt werden können. Dabei fördern wir auch die Ideen anderer.
- Durch Lernen werden wir immer besser. Wir messen uns an den Besten der Welt. Jeder von uns arbeitet daran, ständig zu lernen. Wir suchen und geben offenes Feedback und lernen auch aus Fehlern.
- Schneller als andere erkennen wir neue Chancen und richtige Lösungen, wir richten Organisation und Verhalten daran aus. Wir schaffen ein internationales Netzwerk von Wissen, in dem jeder gibt und nimmt.
- Unsere Zusammenarbeit kennt keine Grenzen. Wir sind ein globales Unternehmen und nutzen unsere weltweiten Fähigkeiten. Damit werden wir das beste Team im Wettbewerb. Unser Denken und Handeln ist von der Verantwortung für das gemeinsame Ziel geprägt. Unsere Zusammenarbeit zeichnet sich durch Vertrauen, persönliche Integrität, gegenseitigen Respekt und offene Kommunikation aus.
- Wir tragen gesellschaftliche Verantwortung. Qualifizierung durch Wissen sichert die Zukunft unserer Mitarbeiter.

Quelle: http://www. siemens.com

Wissensziele werden aus der Unternehmensstrategie abgeleitet und beeinflussen wiederum strategische Ziele des Unternehmens. Hierzu zählen zum Beispiel auf Gesamtunternehmensebene Entscheidungen bezüglich der Wachstums- oder der Stabilisierungsstrategie. Auf Geschäftsbereichsebene handelt es sich etwa um Marktdurchdringungs- oder Marktentwicklungsstrategien während es im Funktionsbereich über Strategien im Marketing, Finanzwesen, Marketing u.a. zu entscheiden gilt. Strategische Wissensziele, wie zum Beispiel Entscheidungen über die Form des Wissenserwerbs, ergänzen einerseits die strategische Zielsetzung, andererseits leisten sie eine Supportfunktion zur Umsetzung von Unternehmensstrategien. Um eine Wissensstrategien erfolgreich zu implementieren, muss man daher immer mit einem Auge die Geschäftsstrategie beobachten und sich fragen, welches Wissen kritisch und nützlich ist und wie es am besten zum unternehmerischen Erfolg beitragen kann.

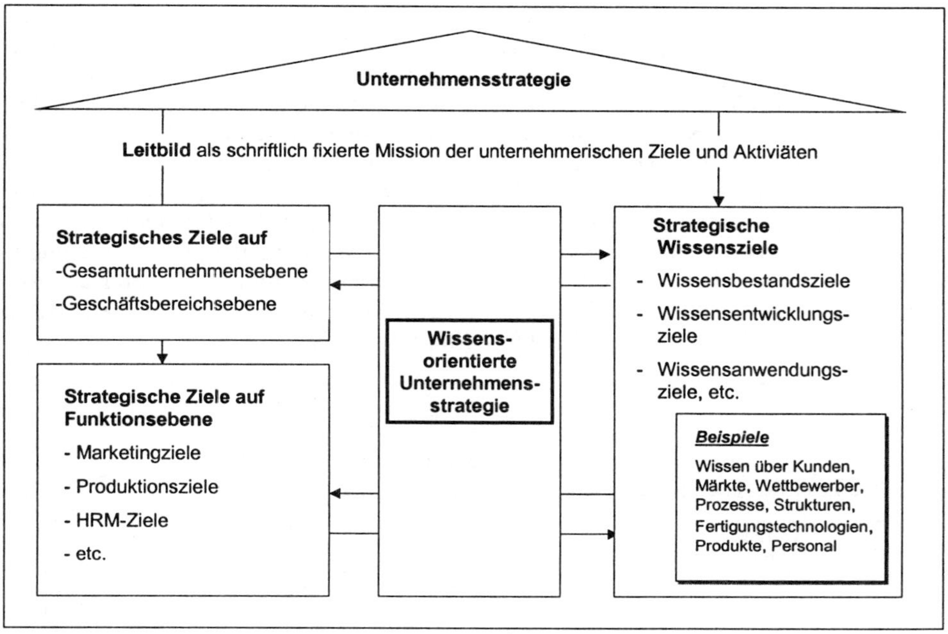

Abbildung 28: Unternehmensstrategie, Leitbild und Ziele

Für die Umsetzung ist zusätzlich die vorhandene Infrastruktur zu betrachten. Eine besondere Rolle spielt dabei die im Unternehmen vorhandene Prozesslandschaft, da Prozesse ein wichtiges Instrumentarium der Strategieimplementierung darstellen. Ihrerseits unterliegen sie angesichts der zunehmenden Wissensorientierung von Unternehmen ebenfalls einem Wandel und in letzter Zeit kristallisiert sich die Unterscheidung zwischen den folgenden Prozessarten heraus:

- *Kernprozesse*, die den Unternehmenserfolg unmittelbar und maßgeblich beeinflussen. Diese Prozesse werden unmittelbar aus der Unternehmensstrategie abgeleitet und ohne sie könnten die unternehmerischen Zielsetzungen nicht realisiert werden. Einige dieser Kernprozesse sind als besonders „*wissensintensiv*" anzusehen, d.h. sie implizieren einen hoher Wissenstransfer innerhalb und zwischen Geschäftsfällen.
- *Wissensprozesse*, die in ihrer Gesamtheit einen neuen „Geschäftsprozess Wissensmanagement" konstituieren. Je nach Wahl eines Prozessmodells (vgl. auch Kapitel drei) werden unterschiedliche Teilaktivitäten des Wissensmanagements in einem eigenständigen Prozess zusammengefasst und anhand eigener Kriterien bewertet.

Zur Beurteilung der Wissensintensität eines Geschäftsprozesses kann man verschiedene Kriterien heranziehen. So ist ein wissensintensiver Prozess etwa durch eine geringe Halbwertszeit, einen hohen Einfluss des Prozessowners auf den Prozesserfolg, ein breites Entscheidungsspektrum bezüglich prozessrelevanter Fragestellungen, einen großer Bedarf an innovativen und kreativen Herangehensweisen und eine sehr lange Zeit bis zur

Beherrschung eines Prozesses, gekennzeichnet (vgl. auch Eppler/Seifried/Röpnack 1999). Die typischen Beispiele für solche Prozesse sind etwa das Erstellen von Verträgen (Contract Management) mit vielen Sonderkonditionen und Einzelfällen, alle Forschungs- und Entwicklungsprozesse, strategische Entscheidungsprozesse sowie kundenbezogene Planungs-, Informations- und Implementierungsprozesse. Alle wissensintensiven Prozesse können ohne eine ständige Erneuerung des ihnen zugrundeliegenden Wissens nicht „gelebt werden". Deshalb ist es wichtig, Wissen über das Management dieser Prozesse (Prozessmanagement), über ihre Wissensinhalte und deren kontinuierliche Aktualisierung (Processcontent) sowie über die Prozessergebnisse und ihre unmittelbare betriebswirtschaftliche Relevanz (Prozessergebnis) zur Verfügung zu haben. An dieser Stelle ergibt sich die Verbindung zu reinen Wissensprozessen, die die Aufgabe der „Anreicherung" mit Wissen übernehmen (*Abbildung 29).*

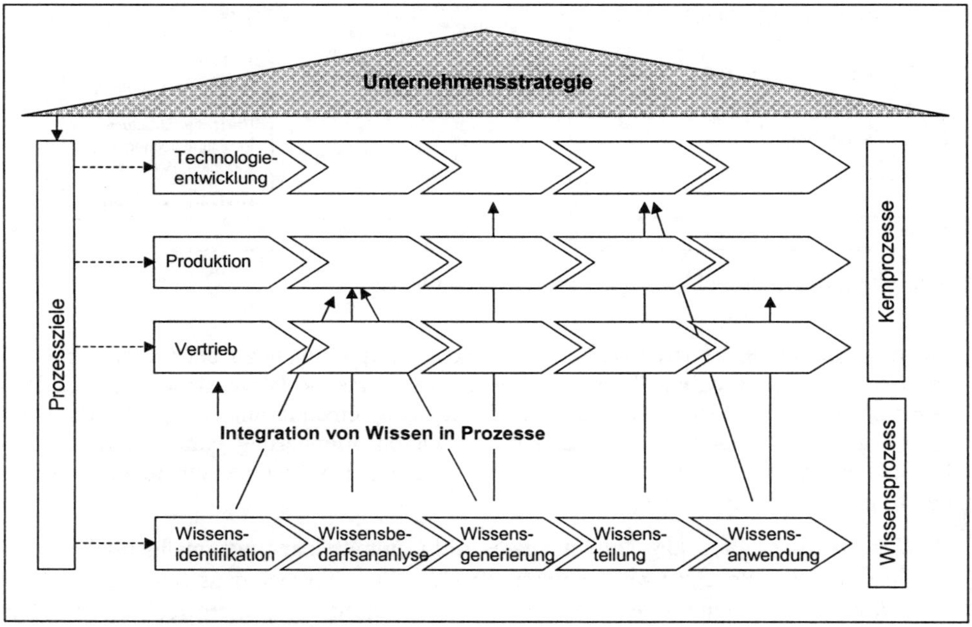

Abbildung 29: Kernprozesse und Wissensprozesse

In dieser Funktion stellen Wissensprozesse zunächst einen reinen Supportprozess dar, der nur im Zusammenhang mit Kernprozessen eine Existenzberechtigung hat. Alle typischen Wissensmanagementfunktionen wie zum Beispiel die Identifikation, die Entwicklung oder der Transfer von Wissen haben die primäre Funktion, einen wichtigen Kernprozess im Unternehmen zu unterstützen und zu verbessern. Effektivität und Effizienz wird durch die Zielsetzungen des Kernprozesses bestimmt (zum Vergleich siehe *Abbildung 30*). Neben der Supportfunktion entwickeln sich Wissensprozesse in letzter Zeit in Richtung eines eigenständigen Geschäftsprozesses im Unternehmen. Für diesen „Geschäftsprozess Wissensmanagement" gelten eigene Effektivitäts- und Effizienzkriterien, die aus der Unternehmensstrategie abgeleitet werden. Das Ziel dieses Geschäftsprozesses ist es, eigenständige Wissensdienstleistungen und/oder Wissensprodukte anzubieten. Ein großer Teil der in Kapitel sieben genannten Projektschritte kann zum Beispiel als für den internen und externen Markt relevantes Dienstleistungsportfolio angeboten werden.

	Wissensmanagement als eigener Prozess	**Wissensmanagement als Prozesssupport**
Beschreibung	▪ Wissensmanagement ist ein eigenständiger Geschäftsprozess im Unternehmen	▪ Wissensmanagement ist ein Supportprozess, der gezielt Wissen in Kernprozesse integrieren soll. Dies kann in Form von Prozessmanagementwissen, Content- oder Anwendungs- bzw. Ergebniswissen geschehen
Wissensaktivitäten	▪ Alle Wissensprozesse als Dienstleistung im Rahmen eines begleitenden Projektmanagements anbieten; Wissensprodukte entwickeln und vermarkten	▪ Wissensidentifikation, Wissensbedarfsanalyse, Wissensgenerierung, Wissensteilung, Wissensanwendung u.a.
Ziel	▪ Eigenständige Wissensmanagementgeschäfte am internen und externen Markt anbieten	▪ Optimierung von speziellen Geschäftsprozessen durch gezielten Wissensinput
Beispiel	▪ Ausdifferenziertes Angebot an Wissensdienstleistungen wie z.B. Erstellung von Wissenskarten, Ableitung von Wissenszielen aus der Unternehmensstrategie, Entwicklung von Indikatorensystemen zur Wissensbewertung	▪ Unterstützung des F&E-Prozesses durch kontinuierliche Aufbereitung von Wettbewerbswissen.

Abbildung 30: Wissensmanagement als eigenständiger Geschäftsprozess und als Supportprozess

Prinzipiell gehört dazu auch die Durchführung und Begleitung aller Wissensprozesse sowie die Etablierung von „wissenstauglichen" Infrastrukturen, Anreizsystemen und Kontrollmechanismen. Entsprechend kann sich der Anwendungsbereich eines Wissensconsultings auch über verschiedene Bereiche (ähnlich wie in diesem Buch angesprochen) hinwegziehen und zum Beispiel aus einem personenorientierten Coaching, der Durchführung des Projektmanagements, des Erfolgscontrollings aber auch mit spezifischen Schwerpunktthemen wie der Integration von materiellen und immateriellen Wissensindikatoren, der Identifikation impliziter Wissensbestände oder dem Aufbau eines unternehmensweiten Wissensportfolios bestehen.

Mehr noch als der Markt für Wissensdienstleistungen boomt derzeit die Nachfrage nach Wissensprodukten. Zwar ist bereits mehrfach darauf hingewiesen worden, dass Technologie menschliche Kommunikation nicht ersetzen kann, gleichwohl kann sie aber eine nützliche Hilfestellung für den elektronischen Transfer von Wissen bieten. Tools bzw. Lösungen wie etwa *Yellow Pages, Search Engines, Knowledge Warehouses, Market Places* oder etwa erfolgreiche Firmennetzwerke wie das Siemens *ShareNet* werden bereits von vielen Unternehmen nachgefragt und ein internes, auf Wissensprozessen aufsetzendes Knowledge Lab könnte die im Unternehmen generierten Wissensprodukte als weitere Einnahmequelle auf die Agenda setzen, wobei eine der größten Herausforderungen sicherlich die Verknüpfung von menschlichem Wissen und technischer Applikation ist.

Der Bereich „Knowledge Management Consulting" ist natürlich längst auch von renommierten Unternehmensberatungen aufgegriffen und vermarktet worden. Wissen wird dabei häufig strukturiert, um die Nutzung im Beratungsprozess zu optimieren. Mögliche Strukturierungskriterien sind dabei Wissen über Projekte, Wissen über Mitarbeiter, Wissen über Problemlösungen, Wissen über Technologien, Wissen über Branchen, Wissen über Konkurrenten und Wissen über Kunden (vgl. zum Beispiel: Blessing/Bach 2000). Mit dem Einbezug externer Wissensquellen wie Kunden, Konkurrenten oder Partner, verändert sich auch der Blickwinkel hin zu einer Betrachtung *interorganisationaler* Wissen- und Lernprozesse.

4.3 Wissen in Beziehungsnetzwerken mit Kunden, Partnern und Konkurrenten

Viele Unternehmen stellen heute angesichts eines volatilen und oftmals global ausdifferenzierten Umfeldes ihre Geschäftsstrategie auf eine kooperative Basis. Während strategische Allianzen und Joint Ventures lange Zeit aus Gründen der Kostenreduzierung und Risikominimierung eingegangen wurden, sind heute vermehrt komplexere Kooperationsstrukturen für den Erwerb und die gemeinsame Weiterentwicklung von Wissen als interessante Alternative anzusehen. Dabei scheint sich eine parallele Entwicklung hin zu netzwerkartigen Unternehmen und zu einer zunehmenden Ausdifferenzierung des Forschungsfeldes Wissensmanagement abzuzeichnen (vgl. zum Beispiel: Powell et al. 1996; Heines 1998; Mildenberger 1999).

Das Unternehmen wird zum Wissensnetzwerk, in dem die Grenzen verschwinden, und neben Lieferanten ebenfalls Konkurrenten und sogar Kunden mit einbezogen werden („Partner- bzw. Customer Knowledge Management"). Analytisch gilt es dabei zwischen zwei Formen des Wissenstransfers zu unterscheiden: (1) dem *externen Wissenstransfer*, bei dem die Selektion geeigneter Partner sowie die Wahl bestimmter Kooperationsalternativen zum Zweck des Wissensmanagements im Vordergrund steht, (2) dem *internen Wissenstransfer*, bei dem es um die organisationsinterne Aufnahmebereitschaft und Umsetzungsfähigkeit von extern erworbenem Wissen geht.

Grundsätzlich stellt sich bei jeder Form des Wissenstransfers zunächst die Frage, was eigentlich intern und was extern bedeutet und zwischen welchen Gruppen Transferprozesse ablaufen können.[8] Mit der Bestimmung organisationaler Grenzen hat man sich in der Organisationsforschung schon sehr früh beschäftigt (vgl. zum Beispiel March/Simon 1958; Mayntz 1963; Hicks/Gullett 1975; Freeman 1984). Ein Versuch, Kriterien der Mitgliedschaft zu einer Organisation festzulegen, stammt von Mayntz (1963: 46), die in ihrem Werk zur ‚Soziologie der Organisation' folgende Punkte aufzählt:

- Formelle Mitgliedschaft,
- Subjektives Zugehörigkeitsgefühl,
- Selbstidentifikation als Mitglied,
- Häufigkeit der Interaktion mit anderen Mitgliedern,
- Grad der Abhängigkeit von der Organisation,
- Maß der persönlichen Bindung an die Organisation,
- Umfang der Tätigkeit für die Organisation.

So hilfreich diese Kriterien früher gewesen sein mögen, so wenig sind sie heute allerdings in ihrer Allgemeinheit anwendbar. Ein aktuelles Beispiel ist die zunehmende Auflösung traditioneller Arbeitsbeziehungen (vgl. auch Kapitel 2). Eine formelle Mitgliedschaft (ein Arbeitsvertrag) mag zwar lange Zeit als entscheidendes Kriterium für die Zugehörigkeit zu einer Organisation gegolten haben, unter Wissensgesichtspunkten gewinnt jedoch eine ständig wechselnde Randbelegschaft mit ihrem schnell verfügbaren Spezialwissen an Bedeutung. Nicht mehr die formelle Mitgliedschaft ist bedeutsam, sondern der Beitrag, der für die Erweiterung der Wissensbasis einer Organisation geleistet werden kann. Ähnliches gilt auch für den Umfang der Tätigkeit als Zugehörigkeitskriterium zu einer Organisation. Man denke etwa an hoch spezialisierte Gutachtertätigkeiten, die sich zwar in geringem Umfang halten, für die Organisation jedoch von höchster Wichtigkeit sind und eine enge Bindungsbeziehung beinhalten. Mehr als die Bestimmung der Mitgliedschaft rückt daher das schon von Freeman (1984) vorgestellte Stakeholder-Konzept in den Vordergrund. Ein Stakeholder ist jemand, der die Ziele einer Organisation wesentlich beeinflussen kann oder der von der Zielerreichung betroffen ist. In *Abbildung 31* sind beispielhaft verschiedene derartiger Anspruchsgruppen (Stakeholder) dargestellt, die die bisher klare Grenzziehung eines Unternehmens auflösen.

---

[8] Diese Frage gilt ganz allgemein für verschiedene Bezugsobjekte wie zum Beispiel eine Gruppe oder eine Organisation.

Die lange Zeit vorherrschende bildhafte Vorstellung einer Organisation als Festung mit hohen, fast undurchdringlichen Mauern, änderte sich entsprechend in den letzten Jahrzehnten bis hin zu einem Bild der Organisation als offenes fluides Gebilde mit wechselnder Mitgliederzahl und durchlässigen Grenzen (vgl. Badaracco 1991). Mit der zunehmenden Popularität von strategischen Allianzen, Netzwerken, Joint Ventures und anderen Formen der Unternehmenskooperation wurde es nochmals schwieriger festzustellen, wer sich eigentlich innerhalb und wer sich außerhalb einer Organisation befindet. Mittlerweile verschwimmen die Grenzen fast bis zur Unkenntlichkeit und selbst der Kunde wird als eine der wesentlichen Wissensquellen eines Unternehmens angesehen (vgl. Prahalad/Ramaswamy 2000).

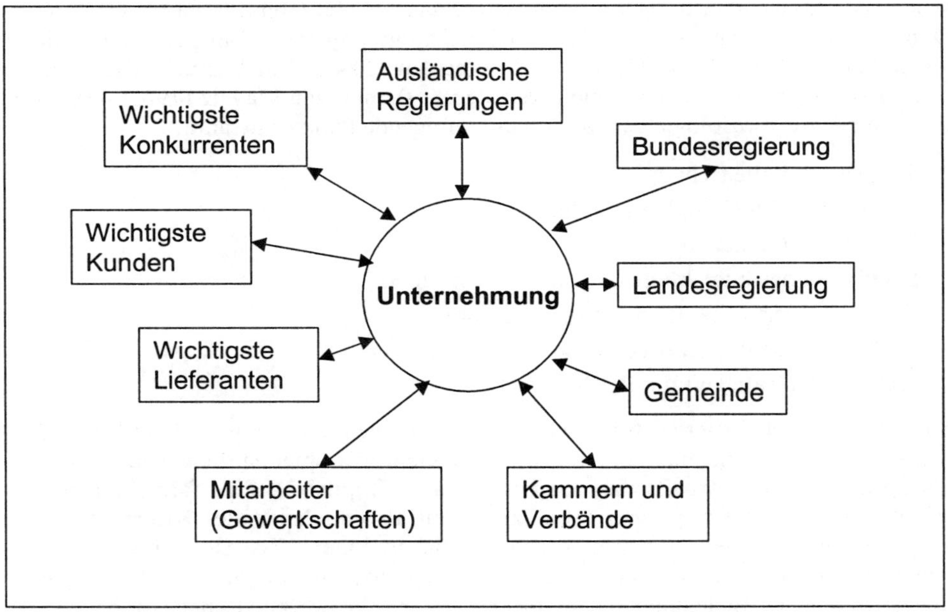

Abbildung 31: Stakeholder als Wissensquellen eines Unternehmens
Quelle: In Anlehnung an: Hellriegel/Slocum (1974: 29)

Es gilt nun, eine geeignete Infrastruktur für den Umgang mit den unterschiedlichsten Partnern zu etablieren und die Prozesse des Wissenstransfers im einzelnen zu betrachten. An erster Stelle steht dabei die eigene Wissensidentifikation und die Erstellung eines Sollportfolios. Über Größe und Form einzelner Kreise lässt sich beispielsweise in einer graphischen Darstellung gegenwärtig vorhandenes und zukünftig benötigtes Wissen identifizieren. Danach ist eine Entscheidung darüber zu treffen, ob Wissen intern generiert oder ein Zugang über die Kooperation mit externen Partnern nötig ist.

Eine Entscheidung für den *internen Wissenserwerb* wird sich immer dann als besonders leicht erweisen, wenn Kapazitäten, Kosten und Zeitaufwand in akzeptablem Rahmen bleiben und es sich um kritisches wettbewerbsrelevantes Wissen handelt, über das man die Kontrolle nicht abgeben möchte. Eine Entscheidung für den *externen Wissenserwerb* dagegen wird immer dann erleichtert, wenn das benötigte Wissen auf dem Markt bzw. über entsprechende Partner leicht verfügbar ist und wenn ein weiterer Input für die Generierung von neuem Wissen benötigt wird. Eine Entscheidung für den externnen Wissenserwerb bedingt im nächsten Schritt sowohl die Identifikation geeigneter „knowledge links", d.h. eine Bewertung und Auswahl geeigneter Wissenspartner unter dem Aspekt der Wissensgenerierung als auch die Wahl eines bestimmten Kooperationsmodells.

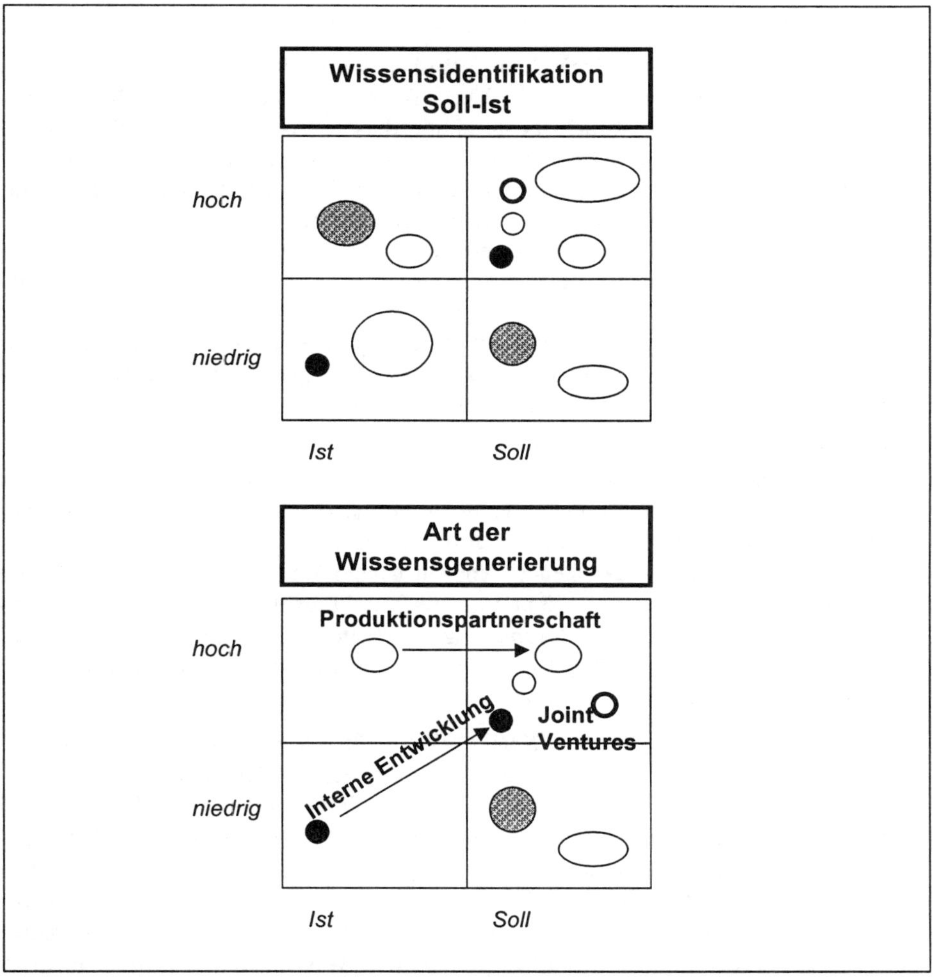

Abbildung 32: Wissensidentifikation und Art der Wissensgenerierung

Für die Auswahl eines geeigneten Partners bedarf es zunächst Wissen über seine Wissensbasis, was zum Beispiel durch Konkurrenzanalysen, Befragungen von Kunden und Lieferanten, Interviews mit Mitarbeitern oder durch die Analyse des bisherigen

Marktauftrittes geschehen kann (vgl. auch Kapitel 7). Schwierig wird es in jedem Fall bei der Einschätzung impliziter Wissensbestände des potentiellen Partners, die sich oft erst schrittweise im Zuge der gemeinsamen Arbeit erschließen lassen.

Die Wahl verschiedener Kooperationsmodelle, wie zum Beispiel Joint Ventures, strategische Allianzen, Projekt- oder Produktionspartnerschaften, hängt u.a. vom vorhandenen Wissenstand, der Art und Qualität sowie der Wettbewerbsbedeutung des zu erwerbenden Wissens ab. Unterschiedliche Kooperationsformen können dabei den Erwerb von drei verschiedenen Wissensarten zum Ziel haben (vgl. auch Inkpen 1998).

- *Kooperationserweiterungswissen (KEW):* Wissen soll im Rahmen einer Kooperation zugänglich und für die Erstellung oder Vermarktung eines konkreten Produktes nutzbar gemacht werden. Es ist nicht beabsichtigt, dieses Wissen zu internalisieren und für spätere Aktivitäten nach Beendigung der Kooperation zu nutzen. In *Abbildung 32* ist eine Produktionspartnerschaft als die für diese Wissensart geeignete Kooperationsalternative dargestellt, wenn es sich bei den betroffenen Wissenskomponenten um nicht kritische bzw. nicht wettbewerbsrelevante Komponenten handelt. Wichtig ist hier, dass bereits eine solide eigene Wissensbasis innerhalb des Unternehmens besteht und in der Zukunft ein eher quantitativer als qualitativer Erweiterungsbedarf besteht. Möchte ein Unternehmen dagegen seine Wissensbasis um sensible Bestandteile erweitern aus deren Kenntnis die Konkurrenz im Gegenzug einen großen Vorteil ziehen könnte, empfiehlt sich eine Eigenentwicklung.
- *Kooperationsanwendungswissen (KAW):* Wissen soll grundsätzlich für ein kooperierendes Unternehmen verfügbar gemacht werden und auch nach Beendigung – unabhängig von der speziellen Kooperationssituation – anwendbar sein. Hierfür sind Kooperationsformen wie beispielsweise Joint Ventures geeignet, da in ihnen das Experimentieren mit und das Generieren von neuem Wissen möglich wird, das im Anschluss an ein erfolgreiches Joint Venture-Projekt an die beteiligten Partner zurück transferiert werden kann. In *Abbildung 32* ist ein Joint Venture entsprechend als eine Kooperationsform positioniert, bei der gegenwärtig nicht vorhandenes Wissen zusammen mit passenden Partnern neu geschaffen werden soll.
- *Kooperationsmanagementwissen (KMW):* Wie sieht ein erfolgreiches Management von Kooperationen aus? Welche Prozesse charakterisieren den Ablauf einer Kooperation? Welche Designparameter sind für ihr Funktionieren zu berücksichtigen? Bei dieser Art von Wissen geht es darum, sein Wissen über das Management eher ungewohnter Formen der Zusammenarbeit zu verbessern. Obwohl gerade Joint Ventures kein neues Instrument mehr darstellen, weist nicht zuletzt die Quote ihres Scheiterns darauf hin, dass es sich immer noch um eine nicht selbstverständliche Alternative handelt. Gleiches gilt für den Zusammenschluss von mehreren Unternehmen in netzwerkartigen Gebilden (vgl. zum Beispiel Büchel/Prange/Probst/Rüling 1997; Prange 1998).

Wird eine Kooperation mit dem Ziel des Wissenserwerbs eingegangen, so findet sich in der Realität fast immer eine Veränderung aller drei oben genannter Wissensarten – egal, ob dies so beabsichtigt war oder nicht. Grundsätzlich ist es jedoch hilfreich, die *Lernintention* von vorneherein deutlich zu explizieren, da eine lernorientierte Kooperation sich vor allem in der Beurteilung der Ergebnisse von anderen Zielsetzungen unterscheidet. Es geht hier nicht mehr ausschließlich darum, direkt quantifizierbare Ergebnisse zu erzielen, sondern auch darum, Handlungs- und Problemlösungspotenziale aufzubauen, die sich erst in der Zukunft in konkreten Ergebnissen zeigen. Diese Ziele einer Kooperation lassen sich sehr viel schwieriger bestimmen und messen als beispielsweise Ziele, die sich aus der Erstellung konkreter Produkte ergeben. Da sich der Erfolg des Lernens und des Wissenstransfers erst zeigt, wenn das in der Kooperation erworbene Wissen in das eigene Unternehmen zurücktransferiert und umgesetzt wird, beinhaltet eine lernorientierte Kooperation immer auch eine Veränderung der vorherrschenden Zeitperspektive (vgl. Büchel/Prange/ Probst/Rüling 1997: 223).

Unter dem Gesichtspunkt des Wissenserwerbs sollte daher die beabsichtigte Dauer der Kooperation genau definiert werden: Zum einen ist es für den Aufbau unterschiedlichen *Kooperationsmanagementwissens* nützlich, die zeitliche Ausdehnung einer Kooperation zu befristen, um mit verschiedenen Partnern Erfahrungen sammeln zu können: zum anderen erleichtert eine auf längere Zeit angelegte Kooperation den für den Transfer von sensiblem Wissen nötigen Aufbau von Vertrauen (vgl. auch Das/Teng 1998). Geht es speziell um implizites Wissen, das an die Erfahrungen einzelner Personen gebunden ist, so wird in der Regel einige Zeit vergehen, bis die Mitarbeiter so eng zusammenarbeiten, dass sie das für Unternehmen besonders wichtige *Kooperationsanwendungswissen* übertragen.

In der folgenden *Abbildung 33* sind noch einmal die Unterschiede zwischen den oben vorgestellten Wissensarten sowie einige Anwendungsbeispiele zusammengestellt. Ist man sich einmal über die Zielsetzung der angestrebten Kooperation und den Erwerb bestimmten Wissens im Klaren, fängt in der Regel die eigentliche Arbeit erst an. Im Hinblick auf die identifizierten Wissensziele müssen eigene Wissenslücken geschlossen werden. Nach den bisherigen, eher strategisch ausgerichteten Überlegungen , sind auf der operativen Ebene der Kooperation ebenfalls einige Punkte zu bedenken. Diese betreffen die Fähigkeit, Wissen eines Partners aufzunehmen – die sogenannte Aufnahmefähigkeit oder „Absorptive Capacity“ (vgl. Cohen/Levinthal 1990), die unter anderem durch geeignete personelle und technische Schnittstellen beeinflusst wird. Dazu gehört ebenfalls die Prüfung, welcher Wissensbestand im Unternehmen vorhanden sein muss – die sogenannte „Anschluss-fähigkeit“, die zum Beispiel durch ähnliche Aus- und oder Fortbildungswege von Mitarbeitern beeinflusst wird. Schließlich gilt es, auf einer sehr praktischen Ebene, die kulturellen Regeln der Zusammenarbeit - wie etwa das Selbstverständnis, von anderen Unternehmen Wissen zu erwerben und für die eigenen Abläufe nutzbar zu machen oder die Bereitschaft, in das eigene Unternehmen Einblick („Transparenz“) zu gewähren – zu definieren.

Wissensart	Kooperations-***management***-Wissen	Kooperations-***erweiterungs***-Wissen	Kooperations-***anwendungs***-Wissen
Erläuterung	Wie gestaltet man das Management einer Kooperation?	Wie gestaltet man den Zugang und die Kombination von Wissen in einer Kooperation?	Wie gestaltet man die Nutzung von Wissen außerhalb einer speziellen Kooperation?
Ziel	Verbesserung des Kooperationsmanagements Verringerung der Scheiterquote	Zugang und Nutzung von Wissen innerhalb der spezifischen Kooperation Keine Internalisierung	Internalisierung und Anwendung von WIssen für zukünftige Kooperationen
Beispiel	Kooperationsprozesse und -strukturen besser verstehen Bedeutung von Vertrauen, Kultur und Wandel richtig einschätzen	Kooperation zwischen Hersteller und Distributor zur Sicherstellung der Versorgungslage; gemeinsame Herstellung von Produkten	Enge Kooperation in neugebildeter Organisation (JV); Austausch impliziten Wissens durch persönliche Zusammenarbeit

Abbildung 33: Wissensformen in einer Kooperation

Sind diese grundsätzlichen Überlegungen abgeschlossen, kann man sich die Gestaltung der einzelnen interorganisationalen Wissensstrategien und -prozesse näher anschauen und das Thema Wissensmanagement in die gesamtunternehmerische Entwicklung integrieren.

4.4 Strategien und Prozesse interorganisationalen Lernens

Wie bereits im letzten Abschnitt angesprochen, gewinnt neben *internen* (Streuung von Kosten und Risiken, Nutzung von Skaleneffekten), *wettbewerbsbezogenen* (Geschwindigkeitsvorteile gegenüber Konkurrenten, Beeinflussung der Branchenstruktur) und *strategischen Gründen* (Synergieerzielung, Diversifikation), die Möglichkeit voneinander zu lernen und Wissen auszutauschen, immer mehr an Bedeutung. Durch die Zusammenarbeit zwischen Firmen mit einer unterschiedlichen Ausstattung an Fähigkeiten entsteht eine Lernarena, in der Unternehmen durch den unmittelbaren Kontakt voneinander profitieren und besonders schwierig zu transferierendes implizites Wissen erwerben können.

Um diese Chance auch im Alltag umzusetzen, ist eine genaue Kenntnis möglicher Lernstrategien nötig (vgl. zum Beispiel: Hamel 1991; Inkpen/Crossan 1995; Lane/Lubatkin 1998; Simonin 1999).

Hierzu bietet das von Larsson/Bengtsson/Henriksson/Sparks (1998) entwickelte *„Interorganizational Learning Framework"* einen guten Einstieg. Die Autoren entwickeln ihren Bezugsrahmen, indem sie den Grad der vorhandenen Transparenz über Wissen sowie die Aufnahmefähigkeit eines Unternehmens mit einem Konfliktmodell von Thomas (1976) kombinieren. In einem ersten Schritt stellen sie verschiedene Strategien eines einzelnen Unternehmens dar, die sie anschließend zu einem interaktiven Framework ausweiten. Das Ergebnis bildet zunächst eine Typologie von fünf verschiedenen Lernstrategien die in einer Partnerschaft zu einem unterschiedlichen Erfolg des Wissenstransfers führen (vgl. *Abbildung 34).*

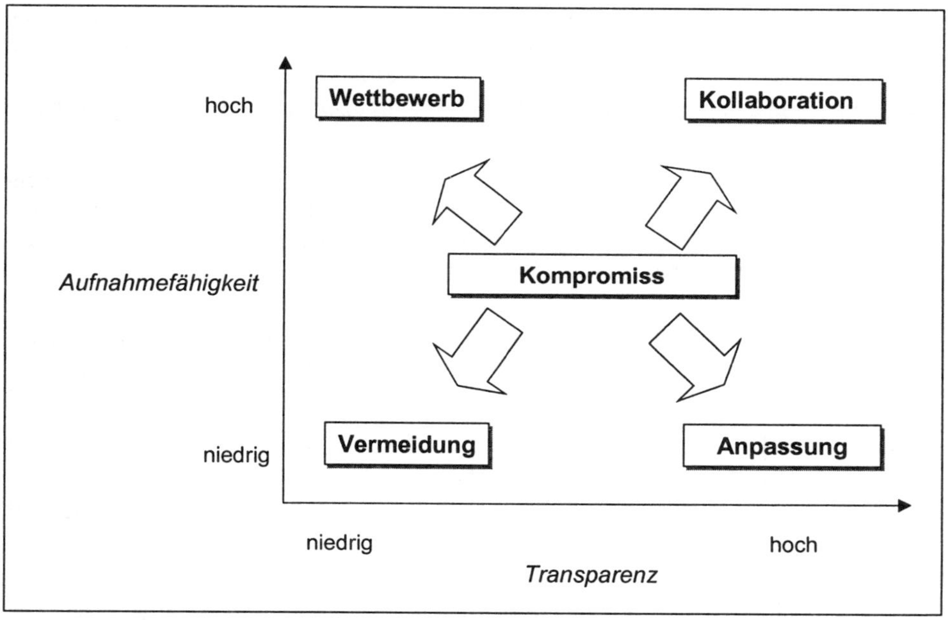

Abbildung 34: Strategien des interorganisationalen Lernens
Quelle: In Anlehnung an Thomas (1979) und Larsson et al. (1998)

Entsprechend der unterschiedlichen Ausprägung der beiden Dimensionen Aufnahmefähigkeit und Transparenz können mögliche Strategien wie folgt beschrieben werden:

- *Wettbewerb:* Eine hohe Aufnahmefähigkeit und eine geringe Transparenz führen leicht zu einer konfliktreichen Wettbewerbssituation, da sich einer der Partner im Nachteil befindet.

- *Kollaboration:* Im Gegensatz zum Wettbewerb, ist bei beiden Partnern eine hohe Aufnahmefähigkeit und eine hohe Transparenz gegeben, die eine Gleichstellung der Partner erleichtert und möglichen Konflikten vorbeugt.
- *Kompromiss:* Hier herrscht ein annähernd gleiches Maß an Aufnahmefähigkeit und Transparenz bei den beteiligten Partnern vor. Diese scheint auf den ersten Blick das Ziel einer gleichberechtigten Partnerschaft zu sein (siehe dazu aber die folgenden Seiten).
- *Vermeidung:* Diese Strategie zielt darauf ab, sowohl die Aufnahmefähigkeit als auch die Transparenz gering zu halten. Genaugenommen handelt es sich hier um eine Verweigerung der Kooperation durch das unter Verschluss halten von Informationen und Wissen.
- *Anpassung:* Bei der Anpassung wird zwar die Aufnahmefähigkeit gering gering gehalten, dem Partner wird jedoch eine hohe Transparenz geboten. Dieses Szenario ist vorstellbar, wenn der Partner in eigenem Interesse bestimmtes Wissen erwerben soll, um beispielsweise für die Umsetzung gemeinsamer Strategien besser gerüstet zu sein.

In der bisherigen Beschreibung ist von der individuellen Lernstrategie eines Unternehmens ausgegangen worden. Der nächste Erweiterungsschritt besteht darin, die Lernstrategie von zwei Kooperationspartnern gegenüber zu stellen und das Ausmaß des möglichen Wissenstransfers zu bestimmen.

Partner A / Partner B	**Vermeidung**	**Anpassung**	**Kompromiss**	**Wettbewerb**	**Kollaboration**
Kollaboration		●	◐	●	●
Wettbewerb		●	◐		●
Kompromiss		◐	◐	◐	◐
Anpassung			◐	●	●
Vermeidung					

Abbildung 35: Lernstrategien von zwei Kooperationspartnern
Quelle: In Anlehnung an Larsson et al. (1998)

In *Abbildung 35* sind diejenigen Konstellationen mit einem vollen schwarzen Punkt gekennzeichnet, die für mindestens einen Partner eine hohe Chance für einen erfolgreichen Wissenstransfer darstellen. Die mit einem halb ausgefüllten schwarzen Punkt gekennzeichneten Optionen stellen eine eher geringe Chance für den erfolgreichen Wissenstransfer dar, da nicht von einer völlig freiwilligen Wissensteilung der Partner ausgegangen werden kann. Die unterschiedlichen Verhaltensoptionen zur Unterstützung des Wissenstransfers sind an spieltheoretische Erkenntnisse des „Gefangenendilemmas" (vgl. zum Beispiel: Axelrod 1984) angelehnt und zeigen, dass eine Situation der wechselseitigen Kollaboration für beide Partner am erfolgreichsten ist. Ist allerdings einer der Partner zur Anpassung bereit, kann neben der Kollaboration auch der Wettbewerb eine erfolgreiche Strategie für den jeweils anderen Partner darstellen. Kompromisse führen dagegen nur selten zum optimalen Ergebnis!

Vor dem Hintergrund der Entwicklung einer Kooperationsbeziehung lassen sich die spieltheoretischen Erkenntnisse auch für das Verständnis unterschiedlicher Wissensprozesse und deren Einflussfaktoren nutzen. Während am Anfang einer Beziehung das für den Wissenstransfer nötige Vertrauen nur in geringem Umfang vorhanden ist, wächst es mit jeder einzelnen gemeinsamen Aktivität („tit-for-tat strategy"). Je höher das Vertrauen ist, desto eher werden sowohl explizite als auch bisher nicht artikulierte Wissensbestände für den Partner verfügbar gemacht. Erst wenn die in der Regel im Kooperationsvertrag genannten expliziten und zumeist formalisierten Wissensbestände (z.B. Regeln, Patente, Beschreibungen) tatsächlich für die tägliche Arbeit bereit stehen, werden auch implizite Wissenskomponenten für den Transfer in Betracht gezogen. An dieser Stelle zeigt sich auch deutlich die Verbindung zu den oben genannten marginalen Ergebnissen des Wissenstransfers bei fehlender beidseitiger Kollaboration. Speziell implizites Wissen kann nicht in die formale Vertragsgrundlage einbezogen werden, da es nicht immer vollständig bekannt ist. Durch seine Bindung an Personen bleiben zudem Zwangsmaßnahmen zur Artikulation meistens erfolgreich.

Bewährt sich jedoch die anfängliche Zusammenarbeit, können gezielte Aktivitäten zur Teilung impliziten Wissens gestartet werden. Diese können zum Beispiel aus der Förderung dynamischer Arbeitsgruppen mit wechselnder Zugehörigkeit, einem regelmäßigen interorganisationalen Job-Rotationsprogramm, der Benennung von sogenannten Grenzgängern *(boundary spanner)* zur Vermittlung zwischen verschiedenen Wissensgemeinschaften, bestehen. In der Regel wird der Transfer von implizitem und explizitem Wissen höchstens in der Anfangsphase nacheinander ablaufen. Später ist es sehr wahrscheinlich, dass verschiedene Wissensprozesse zur gleichen Zeit Schritt für Schritt weiter vorangetrieben oder aber „angehalten" werden. Wird eine Kooperation aufgelöst, so stellt dies – zumindest unter Wissensgesichtspunkten – nicht immer ein negatives Ergebnis dar. Man hat vielmehr einen Endpunkt in Bezug auf den Wissenserwerb erreicht und kann das Beziehungsverhältnis gewinnbringend beenden. In Anlehnung an Nonaka (1994; vgl. auch Kapitel 2 sowie Prange 1998) können, aufbauend auf der Kenntnis von Wissenarten und Lernstrategien, folgende Lernprozesse in interorganisationalen Kooperationen (vgl. *Abbildung 33 und 34*) unterschieden werden:

- *Explikation:* Bei dem Prozess der Wissensexplikation geht es um eine bewusste Reflexion bisher impliziter Wissensbestände, gepaart mit der Überlegung, welches Wissen dem Partner zugänglich gemacht werden und welches mit Zugangsbarrieren und Imitationsschutz belegt werden soll.

- *Internalisierung*: Bei dem Prozess der Internalisierung soll in expliziter Form vorhandenes Wissen in eine implizite Form überführt werden, um so als automatisches Wissen zur Verfügung zu stehen. Von diesem Prozess sind besonder das Kooperationsanwendungswissen und das Kooperationsmanagementwissen betroffen.

- *Formalisierung und Nutzung:* Bei den Prozessen der Formalisierung und Nutzung handelt es sich um Zwillingsprozesse, durch die individuelles Wissen einer größeren Gemeinschaft zugänglich gemacht und genutzt wird.

- *Ko-Konstruktion und interorganisationale Sozialisation:* Auch bei diesen beiden Prozessen existiert eine hohe Interdependenz. Bei der wechselseitigen Konstruktion von Wissen wird ein gemeinsamer Referenzrahmen geschaffen (zum Beispiel Verständnis für die Bedeutung kooperativer Organsationsformen, Kenntnis von Methoden für das Management von Kooperationen etc.). Durch Sozialisationsprozesse wird dieses gemeinsam geteilte Wissen einzelnen Personen zugänglich gemacht und sie lernen, sich im entsprechenden Kontext bewegen zu können.

Im Ergebnis stellt die Identifikation und Beschreibung von Wissensarten, die Formulierung von interorganisationalen Lernstrategien und die Gestaltung einzelner Lernprozesse ein Rahmenmodell dar, das für das strategische Wissensmanagement in Kooperationen genutzt werden kann. Im Einzelnen muss es konkret ausformuliert und an die Charakteristika der beteiligten Partner angepasst werden.

4.5 Erfahrungsbericht 3: Wissensmanagement im Spannungsfeld zwischen Kunde und Vertrieb bei der SAP AG

Von Dirk Sachsinger

4.5.1 Firmendarstellung

Gegründet im Jahr 1972, ist die SAP (**S**ysteme, **A**nwendungen, **P**rodukte in der Datenverarbeitung) heute einer der weltweit führenden Anbieter von E-Business-Softwarelösungen, die Prozesse in Unternehmen und über Unternehmensgrenzen hinweg integrieren. Die SAP AG mit Sitz in Walldorf beschäftigt derzeit mehr als 27.000 Menschen in mehr als 50 Ländern. Für die Softwarelösungen gibt es 12 Millionen Anwender, über 44.500 Installationen, 1000 Partnerunternehmen und 21 spezielle Branchenlösungen. In der Geschichte der Firmenentwicklung lassen sich in den letzten Jahren einige Meilensteine festhalten (vgl. *Abildung 36).*

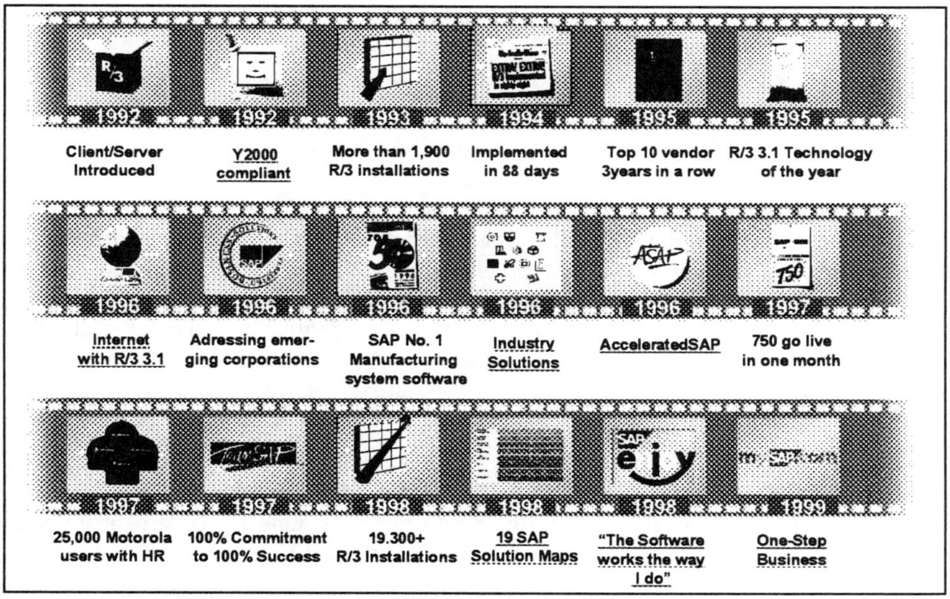

Abbildung 36: Die wichtigsten Entwicklungsschritte seit 1982
(© SAP AG)

So hat beispielsweise die breit angelegte Diskussion der letzten Jahre um die Jahr-2000-Fähigkeit von Softwarelösungen das Unternehmen nicht belastet, da die Standardlösung SAP R/3 von vornherein für die Umstellung der Jahresziffern ‚designed' wurde. Mit dem Releasestand 3.1 war im Jahre 1996 auch die Internetfähigkeit der R/3-Software gewährleistet und ebenso wurden im selben Jahr erstmals speziell auf einzelne Branchen zugeschnittene Softwarelösungen vorgestellt (sogenannte Industrielösungen), deren Implementierung durch die Anwendung der Methodik *AcceleratedSAP* wesentlich vereinfacht und beschleunigt wurde. Als ein wesentlicher Schritt zur Dokumentation, Diskussion und Vermarktung kam es 1998 zur Erstellung von *Solution Maps*, mit deren Hilfe eine Darstellung einzelner Lösungsbestandteile und deren Bereitstellung durch unterschiedliche Partner ermöglicht wird.

Einer der wichtigsten Meilensteine des Unternehmens ist in der Entwicklung und Einführung der unternehmensübergreifenden E-Business-Plattform *mySAP.com* im Jahr 1999 zu sehen. Kunden, Mitarbeiter und Geschäftspartner können jetzt jederzeit und überall erfolgreich zusammenarbeiten – der Sprung in die E-Business Ära ist erfolgreich vollzogen.

Heute spielt die SAP AG eine führende Rolle im Markt der internetbasierten Softwarelösungen. Im dritten Quartal des Geschäftsjahres 2001 konnte ein Gewinn (vor Steuern) von 235 Mio. Euro erzielt werden. Dies beträgt 14% vom Gesamtumsatz (Corporate Profile 2001). In der Zukunft möchte sich die SAP zum Anbieter Nr. 1 im Markt für E-Business Lösungen entwickeln. Ein wichtiger Schritt auf dem Weg dorthin ist der Aufbau und die Nutzung eines effizienten Wissensmanagements, das auch Kunden und Partner über entsprechende Zugangsportale einbezieht.

4.5.2 Hintergrund des Wissensmanagements

Die Bedeutung des Themas Wissensmanagement hat die SAP schon früh erkannt und Wissensmanagement ist ein offizielles Thema innerhalb der SAP, das sowohl von der Geschäftsführung als auch von den Mitarbeitern „gelebt" wird. Bezeichnend ist, dass das Top Management hinter dem Thema steht. So schreibt zum Beispiel Vorstandsmitglied Gerhard Oswald in einem Vorwort einer jüngsten Veröffentlichung (Teufel et al. 1999; SAP PRESS): „Der richtige Schlüssel für den Weg der Unternehmen in die Wissensgesellschaft heißt Knowledge Management. Gerade in High-Tech-Unternehmen ist Knowledge Management ein zentrales Thema: Wissen zirkuliert in Software-Branchen erheblich schneller als in den klassischen Märkten."

Schaut man in die Historie der SAP, so stellt man fest, dass sie schon von Beginn an mit ihrem Produkt SAP R/3 eine bessere Informationsverarbeitung im Unternehmen angestrebt hat. So war es auch nur eine Frage der Zeit bis spezifische, produktbezogene Lösungen, wie z. B. das „Knowledge Management" für die Verwaltung von unstrukturierten Daten (Word-Dokumente, Internet-Seiten), „Business Intelligence" für die Verwaltung von strukturierten Daten (Excel-Spreadsheets, Datenbank-Tabellen) oder „Strategic Enterprise Management (SEM)" als managementbezogenes Informationstool entwickelt wurde. Diese Produkte werden wie auch andere funktionale Lösungen für und mit dem Kunden weiter vorangetrieben.

Eine Erweiterung dieser Produkte für das Wissensmanagement im Internetzeitalter findet sich in elektronischen Arbeits- (Enterprise Portals) und Marktplätzen (Marketplaces), durch die der Wissenstransfer über Unternehmensgrenzen hinaus ermöglicht wird. Die Entwicklung der SAP-Produktpalette vom *Enterprise Resource Planning* bis hin zur *E-Community-Collaboration* ist durch das Primat des kontinuierlichen Wissenstransfers gekennzeichnet. Die vorerst höchste Evolutionsstufe ist mit *mySAP.com* erreicht, die sich unter anderem dadurch auszeichnet, dass ein Austausch mit Anwendern, aktuellen und zukünftigen Kunden stattfindet, um Ansatzpunkte dafür zu finden, wie SAP Geschäftsprozesse verbessern kann. Ein wichtiger Schritt in der Entwicklung von mySAP.com ist die Entwicklung und Nutzung sogenannter SAP Solution Maps und SAP Scenario Maps, Internet Demonstrationen und Evaluierungssystemen (IDES), die als wesentliche Instrumente zur Wissensdokumentation und Vertriebsunterstützung angesehen werden können (vgl.SAP (1999: 10 und auch Abschnitt vier). Bei *mySAP.com* schließlich wird der produktbezogene Wissensmanagementfokus deutlich um interaktive Elemente erweitert. Unternehmensexterne Personen und Zielgruppen werden zu einem weiteren entscheidenden Teil der gemeinsamen Wissensentwicklung.

Neben dem produktbezogenen Knowledge Management stellt auch der interne Umgang mit der Ressource Wissen einen entscheidenden Erfolgsfaktor für das Unternehmen dar. Wie in vielen anderen Unternehmen auch, ist ein Aspekt zunächst die Beschaffung von qualifiziertem Personal und dessen kontinuierliche Weiterbildung. Angesichts der Schnelllebigkeit von Produkten und Märkten hat das Unternehmen die ständige Erweiterung und Verbesserung der eigenen Wissensbasis als Imperativ in ihre Statuten aufgenommen: „SAP schafft unter den eigenen Mitarbeitern, Partnern und Kunden ein Umfeld der integrierten Zusammenarbeit, Kreativität und ständigen Weiterbildung" (Corporate Profil 2001).

Neben der Entwicklung IT-basierter Wissensprodukte und der kontinuierlichen Weiterbildung von Mitarbeitern, ist allerdings die Essenz des Wissensmanagements der SAP erst zu einem geringen Teil erfasst. Wissen managen beinhaltet zu einem wesentlichen Teil, die impliziten, in den Köpfen der Mitarbeiter verborgenen Wissenskomponenten zu erfassen und anderen zugänglich zu machen. Neben einer Reihe an formellen Instrumenten des Wissensmanagement kann die SAP besonders durch ihre offene Unternehmenskultur, flache Hierarchien und informelle Strukturen die notwendigen Rahmenbedingungen für ein *„people-based knowledge management"* bereitstellen. Wie dieses konkret aussieht, soll nach einem genaueren Verständnis von Wissen und Lernen sowie dem Nutzen eines unternehmensweiten Wissensmanagements näher verdeutlicht werden. Weiterhin werden Instrumente und Beispiele für Wissensentwicklung und andere Wissensmanagementaktivitäten angeführt und schließlich wird gezeigt, wie durch frühe interne Netzwerkbildung ein solider Wissenspool jedes einzelnen Mitarbeiters aufgebaut und ein effizienter Wissenstransfer zum Kunden erzielt werden kann.

4.5.3 Wissensmanagement: Definition, Zielvorstellungen, Rahmenbedingungen

Um genauer auf die Ziele des Wissensmanagements einzugehen, ist es notwendig, zum einen eine Differenzierung zwischen Informationen und Wissen, andererseits zwischen gut dokumentiertem und eher verborgenem Wissen vorzunehmen. Informationen haben meiner Ansicht nach einen aktuellen und allgemeinen Charakter und unterscheiden sich damit deutlich von Wissen. Erst die individuelle Entscheidung, Information dauerhaft zu speichern (sei es im Kopf oder in einer anderen Ablage) macht die Information zu Wissen. Wissen ist also eher auf die langfristige Nutzung angelegt und ist individuell verschieden. Wissen baut sich mit der Zeit auf und wird durch das Hinzufügen von jeweils neuen Informationen erweitert und aktualisiert.

Das umfassende Verständnis von Wissensmanagements als Management von Nachrichten und Informationen zu einzelnen Produkten, speziellem Expertenwissen und unternehmensweiter Kommunikation bedingt ein Spektrum an unterschiedlichen Aufgabenstellungen. Außerdem wird ein gut organisiertes, durchdachtes und aufeinander aufbauendes Wissensmanagement als die Voraussetzung für effektives Organisationales Lernen, also für einen wichtigen Teil der unternehmensinternen Weiterbildungsmöglichkeiten angesehen. Aufgrund der schnelllebigen Informationsentwicklung gilt es, die Frage zu beantworten, wer wem welche Informationen überhaupt zukommen lässt, so dass sie für den Empfänger zu sinnvollem Wissen werden. Mit der Informationsverteilung sind auch weitere Probleme verbunden, die es zu lösen gilt. So geht man im Unternehmen mittlerweile sogar dazu über, die Mitarbeiter dahin gehend zu sensibilisieren, der Versorgung mit Informationen eine gewisse Wertschätzung beizumessen und sie nicht als immer verfügbare Selbstverständlichkeit zu betrachten. So wird zum Beispiel eine monatlich erscheinende Info-Zeitschrift nur noch auf Nachfragen im Sekretariat ausgegeben und nicht, wie bisher, jedem Mitarbeiter automatisch in den Postkorb gelegt! Gleichzeitig beugt man mit dieser Maßnahme einem drohenden *information overload* vor.

Für den Aufbau von *Expertenwissen* bietet die informelle SAP-Kultur den Vorteil, dass man schnell und unkompliziert auf benötigte Informationen zugreifen kann. Der Nachteil bei dieser Form der Zusammenarbeit ist der, dass man zunächst heraus finden muss, WER diese Informationen liefern kann, wer sich also mit dem jeweiligen Thema beschäftigt. Dies geht meiner Ansicht nur, indem man schon frühzeitig ein möglichst weit verzweigtes Kollegen-Netzwerk anlegt (siehe hierzu die Informationen zum Getting Started Programm im nächsten Abschnitt).

Eine weitere wichtige Unterscheidung, wie schon oben angesprochen, betrifft die Differenzierung zwischen dokumentiertem Wissen und eher verborgenem Wissen. Eine Möglichkeit, auf das dokumentierte Wissen innerhalb der SAP zuzugreifen, bietet das Intranet (SAPNet), auf das ich später noch eingehen werde (Abschnitt 4). Eine wesentlich größere Herausforderung für das Wissensmanagement ergibt sich allerdings aus der Tatsache, dass das Wissen in den Köpfen der Mitarbeiter liegt und ein Zugriff zu diesem verborgenen Wissen schwierig ist. Als Beispiel kann man die Einarbeitung neuer Mitarbeiter anführen: Wenn der neue Mitarbeiter zum Beispiel fünf unterschiedliche Kollegen aus seiner Abteilung nach einer bestimmten Vorgehensweise befragt, bekommt er mit

Sicherheit fünf verschiedene Antworten, weil jeder der Befragten diesen Vorgang immer ein wenig anders ausführt (auch wenn das Ergebnis in allen fünf Fällen das gleiche ist!). Hier muss man also wiederholt darauf hinweisen, dass Wissen ein kostbares Gut und seine Weitergabe keineswegs immer selbstverständlich und einfach ist.

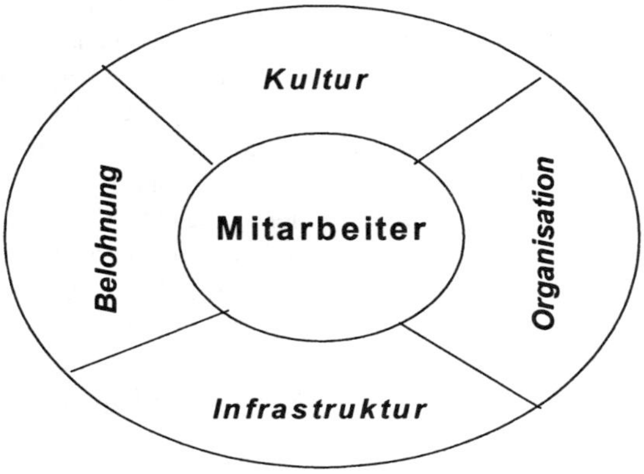

Abbildung 37: Rahmenbedingungen des Wissensmanagements (© SAP AG)

Die Aufgabenbereiche des Wissensmanagements werden inzwischen klar erkannt und es wird daran gearbeitet, geeignete Rahmenbedingungen herzustellen. Anhand der *Abbildung 37* lassen sich einige Rahmenbedingungen erläutern.

Kultur: Die Unternehmenskultur der SAP ist seit jeher bekanntermaßen offen und von Eigenverantwortung geprägt. Das Durchschnittsalter beträgt 35 Jahre, weshalb sich ein unkomplizierter Umgangston (Du-Anrede) eingebürgert hat. Diese offene Kultur vereinfacht auch die Informationsbeschaffung. Wenn man nicht weiß, an wen man sich wenden soll, fragt man einen Kollegen/eine Kollegin, der/die wiederum jemanden kennt, der jemanden kennt, usw.

Belohnung: Das Informationsmanagement im Intranet ist aus Übersichtsgründen klar reglementiert. Wenn man Informationen ins Intranet einstellen möchte, wendet man sich an die Abteilung, die für den Betrieb des SAPNet verantwortlich ist. Dadurch kann von vornherein ein beliebiges chaotisch anmutendes Lagern von Informationen verhindert werden. Die Wissensbereitstellung und -teilung wird bei der SAP als Selbstverständlichkeit angesehen, da jeder davon profitiert – dies ist in unserem Unternehmen die Essenz der Zusammenarbeit und des Erfolges. Die Devise heißt, erfahrenen Kollegen helfen den neuen Kollegen und jeder hilft sich gegenseitig und das ist im normalen Miteinander wohl eine Selbstverständlichkeit, die vielleicht auch nicht unbedingt mit einem monetären Aspekt in Verbindung gebracht werden sollte!

Was jedoch eingeführt wurde, ist das globale SAP Ideenmanagement, an dem sich jeder Mitarbeiter beteiligen und Verbesserungsvorschläge zum persönlichen Arbeitsumfeld oder dem gesamten Unternehmen einreichen kann, deren erfolgreiche Umsetzung wird dann mit einer Prämienzahlung belohnt wird. Es besteht also ein deutlicher Anreiz zur Generierung neuen Wissens.

Infrastruktur: Vielfach wurde schon die Bedeutung von Kaffeeecken angesprochen, deren Vorhandensein ein wesentlicher Bestandteil der Kommunikation im Unternehmen ist. Hier trifft man sich, um Dinge zu besprechen und Entscheidungen zu fällen. Natürlich gibt es darüber hinaus auch noch die Möglichkeit, Meetings in dafür vorgesehenen Räumen mit entsprechendem Equipment (Beamer, Flipchart, etc.) abzuhalten. Ein anderer wichtiger Infrastrukturbestandteil sind Heimarbeitsplätze. Bei der Vielzahl von jungen Arbeitnehmerinnen und Arbeitnehmern kommt es häufig vor, dass sich Nachwuchs einstellt. Um diese Mitarbeiter nicht zu verlieren, besteht (je nach Tätigkeit) die Möglichkeit, von zu Hause aus zu arbeiten und gleichzeitig die Kommunikation mit den anderen Mitarbeitern aufrecht zu erhalten. Da es innerhalb der SAP auch keine Zeiterfassung gibt, steht es zum Beispiel den Vertriebsmitarbeitern auch frei, sich für einen Vormittag oder auch einen kompletten Arbeitstag von zu Hause aus per Modem in die SAP einzuwählen, um beispielsweise einen wichtigen Folienvortrag in Ruhe vorbereiten zu können.

Organisation: Neben den wichtigen informellen Wissensflüssen gibt es natürlich auch einen formalisierten Wissensaustausch:

- Synchroner formalisierter Wissenstransfer, d. h. auf regelmäßigen oder unregelmäßigen Meetings, die auch schon einmal außerhalb der Unternehmensräumlichkeiten stattfinden. Die Hintergründe der Treffen sind entweder themen-, projekt- oder mitarbeiterbezogen (zum Beispiel Abteilungsmeetings). Nicht zu vergessen sind hierbei auch die immer wieder stattfindenden Mitarbeiterversammlungen, bei denen der Vorstand wichtige Informationen vermittelt und offene Fragen der Mitarbeiter beantwortet.

- Asynchroner formalisierter Wissensaustausch findet z. B. über die Versendung von Informationen auf dem E-Mail-Weg mittels Verteilerlisten statt. Diese Listen bestehen wie beim synchronen Wissensaustausch für bestimmte Gruppen (zum Beispiel für eine Abteilung) und werden zentral (zum Beispiel vom Sekretariat einer Abteilung) gepflegt. Die Verteiler sind dynamisch und werden auf Aktualität überprüft, so dass niemand bei der Weitergabe von neuen Informationen vergessen wird. Interessierte Kollegen können sich auch in einen themenspezifischen Verteiler aufnehmen lassen und werden so über die Entwicklung des Themas auf dem Laufenden gehalten.

Bei allen informellen und formalisierten Aktivitäten und bei allen positiven Rahmenbedingungen sollte man jedoch nicht vergessen, dass im Mittelpunkt aller Wissensaktivitäten immer der Mitarbeiter steht und es wird immer wieder deutlich, dass die SAP nur deshalb so erfolgreich ist, weil sie auf das Wissen ihrer hoch qualifizierten Mitarbeiter zugreifen kann.

4.5.4 Wissen wer was weiß - oder wie der Einstieg bei der SAP AG funktioniert

Angesichts der großen Bedeutung, die dem individuellen und kollektiven Wissen in der Softwarebranche beigemessen wird, hat sich die SAP entschieden, eine Reihe an Hilfsmitteln für jeden Neueinsteiger zur Verfügung zu stellen. Diese finden sich auf einer Skala von bekannt machen mit informellen Regeln sowie der Unternehmenskultur bis hin zu hoch formalisierten Produkt- und Anwendungsschulungen. Die hohe Bedeutung des impliziten, in den Köpfen der Mitarbeiter verankerten Wissens, hat die Notwendigkeit mit sich gebracht, über Zugangs- und Transfermöglichkeiten dieses wertvollen Wissens besonders nachzudenken (*Abbildung 38)*.

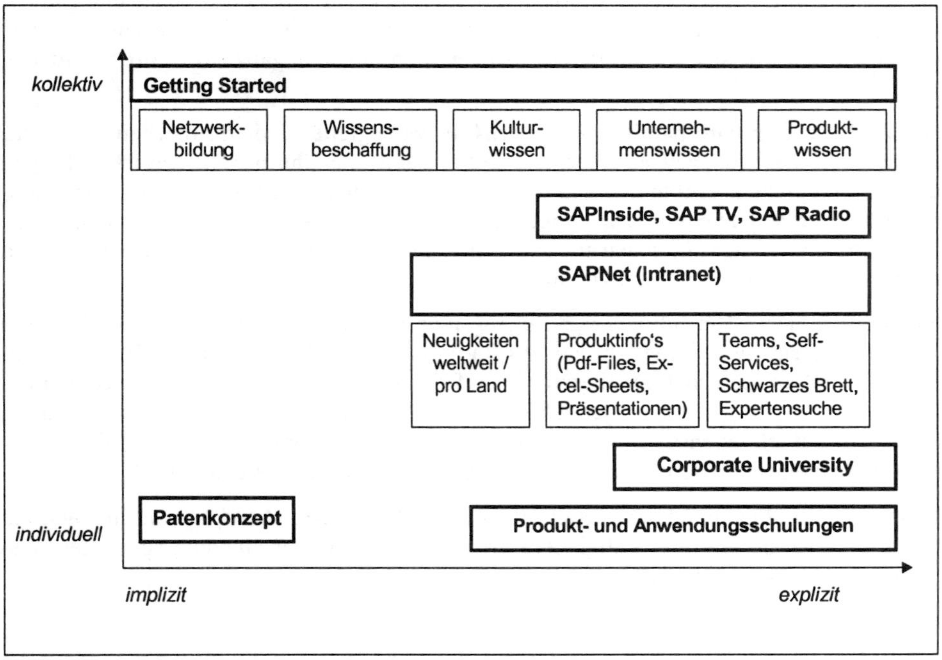

Abbildung 38: Wissenssozialisation für Neueinsteiger (© SAP AG)

Im Jahr 1998 wurde erstmals für Mitarbeiter im Service und Support das sogenannte *Getting Started Programm (GS)* eingeführt, das für jeden neuen Mitarbeiter als Einführungsveranstaltung verpflichtend ist. Die Besonderheit des GS ist, dass hier hierarchieübergreifend offene Kommunikation angeregt wird, die im Verlauf des ca. 3-wöchigen Programms zur Bildung eines persönlichen Netzwerkes führt, das in der Regel über die gesamte Zeit der Firmenzughörigkeit bestehen bleibt. Wer später im Verlauf seines Arbeitslebens eine Information benötigt, weiß, dass er jeden ehemaligen GS-Kollegen anrufen kann (im übrigen auch jeden anderen SAP Kollegen) und alles getan wird, die richtigen Informationen schnell zu beschaffen oder wiederum andere Experten zu nennen. Schon in der Einführungsveranstaltung und in tätigkeitsbezogenen Informations-Programmen für neue Mitarbeiter (wie z. B. das STEP-Programm für Berater) wird immer wieder auf die Wichtigkeit eines solchen Netzwerks hingewiesen! Dieses Wissen über Wissensbeschaffungsmechanismen ist entscheidend für das persönliche Vorankommen im Unternehmen. Zusätzlich werden im GS auch andere kulturelle Zusammenhänge (wie zum Beispiel das gemeinsame Mittagessen oder die Nutzung der Kaffeeecke für den Wissenstransfer) sowie stärker formalisiertes explizites Wissen in Form von Fakten über das Unternehmen und Produktinformationen vorgestellt.

Dieses Netzwerk bildet sich mit der Zeit durch die Teilnahme an weiteren offiziellen internen Schulungsmaßnahmen oder durch inoffizielle private Kontakte immer weiter aus. Ich bin mittlerweile der Meinung, dass ein gut funktionierendes Kollegen-Netzwerk ein unverzichtbarer Baustein im internen Prozess der Informationsbeschaffung und -weitergabe ist! Man vergisst leider viel zu leicht, dass ein Mitarbeiter bei einem Unternehmenswechsel dieses Netzwerk erst wieder mühsam und ganz von vorne aufbauen muss!

Das GS-Programm wird parallel vom *Patenkonzept* begleitet. Jedem Mitarbeiter wird für die Dauer seiner Probezeit ein Pate zur Seite gestellt, der ihn neben fachlichen Fragen auch bei alltäglichen Problemen wie der Wohnungssuche, dem Einleben in einem fremden Ort und einer ungewohnten Umgebung unterstützt. Weiterhin macht er den neuen Mitarbeiter mit seinen Kollegen und auch mit dem eigenen GS-Netzwerk bekannt und erhöht somit die Zahl der Kontakte im Unternehmen weiter.

Neben der weiteren Vermittlung von Zugangsmöglichkeiten zu Wissen (das SAP-interne Intranet, eine eigene Zeitung, ein eigenes Radio und Fernsehen) werden individuelle zugeschnittene Schulungen im weiteren Verlauf der Zugehörigkeit zum Unternehmen zunehmen – am Anfang treten sie jedoch hinter die Vermittlung von implizitem Wissen zurück. Dies betrifft ebenso die Weiterbildung an der Corporate University, die in der Regel erst zu einem späteren Zeitpunkt der Firmenzughörigkeit relevant wird.

Ob und wie diese erste Wissenssozialisation in der SAP ausreichend ist, soll im nächsten Abschnitt anhand konkreter Tätigkeiten im Vertrieb sowie der Nutzung spezieller Wissensinstrumente konkretisiert werden.

4.5.5 Wissensvermittlung im Vertrieb – Instrumente, Erfolgskriterien und Barrieren

Nach einer etwa dreijährigen Beschäftigung bei der SAP AG in Walldorf als Vertriebsberater (Presales Consultant) lassen sich die Ausstattung der persönlichen Wissensbasis und die Entwicklungsschritte zur heutigen Situation nachvollziehen.

Für eine Tätigkeit im Vertrieb (und natürlich auch in anderen Bereichen) ist es wichtig, die richtigen, vollständigen, aktuellen und vor allem neuen Informationen zur richtigen Zeit am richtigen Ort zu haben und sie als personalisiertes Wissen dem Kunden zugänglich machen zu können. Dies ist nur aufgrund des hervorragenden internen Netzwerkes möglich. In der folgenden *Abbildung 39* zeigt sich, das Wissensmanagement daher immer *Networking* bedeutet.

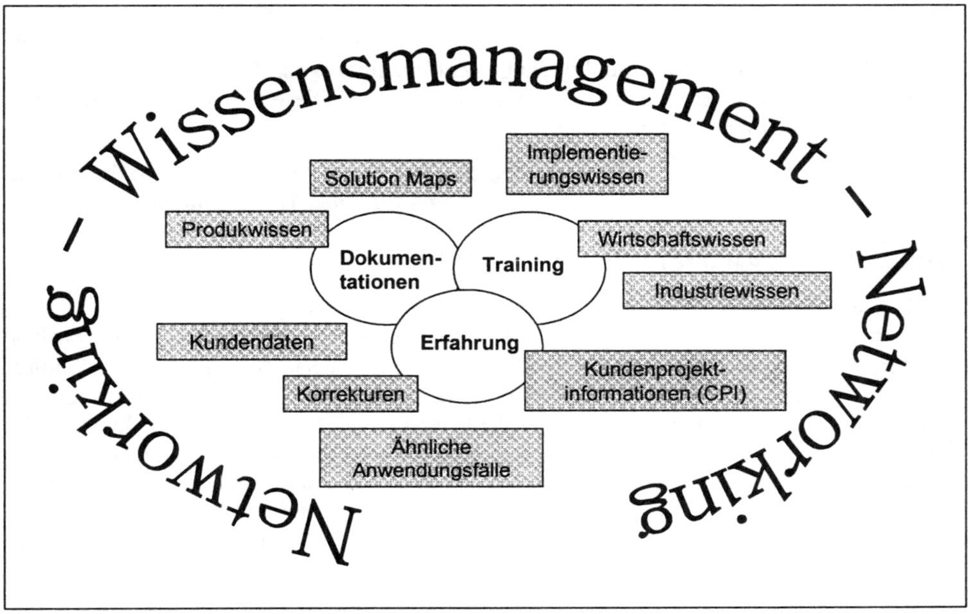

Abbildung 39: Wissensmanagement im Spannungsfeld zwischen Dokumentation, Erfahrung und Training (© SAP AG)

Eingebettet in kontinuierliche Kommunikation und Kontaktaufbau werden im wesentlichen die drei Formen der Dokumentation, des Trainings und der Erfahrung als Bestandteile der Informationsbeschaffung und des Wissensmanagements angesehen. Wie welches Wissen im Vertrieb eingesetzt wird, soll am Beispiel einer Kundenberatung unter Wissensmanagementaspekten verdeutlicht werden.

Wissensidentifikation und –aufbereitung vor einem Kundentermin

Eingeleitet wird die Vorbereitung für einen Kundentermin durch ein Gespräch mit dem für den Kunden zuständigen Vertriebs-beauftragten. Hierbei werden erste Informationen zum Kunden und seinen Geschäftsprozessen erörtert. In der Regel rufe ich im Anschluss vor dem Termin den Ansprechpartner beim jeweiligen Kunden an und kläre die Inhalte des gemeinsamen Treffens und die gegenwärtige Situation beim Kunden ab. Bei neuen Kunden ist dies umso wichtiger, da meistens noch nicht auf vorhandene Informationen zum Kunden zurückgegriffen werden kann. Bei Bestandskunden existiert in der Regel bereits ein recht breiter Informationspool im internen Kundensysteme (Kundenstammdaten, Kundenprojektinformationen), der Aufschluss über die bisherigen Aktivitäten und die bestehende Systemlandschaft gibt.

Hilfreich ist in jedem Fall ein Besuch der Internet-Seiten des Kunden, wo meist recht detailliert das jeweilige Kerngeschäft und Unternehmensinformationen des Kunden beschrieben sind. Diese Informationen werden fortlaufend während des ganzen Jahres eingeholt bzw. vermittelt. Beim Kundentermin selbst sollte immer das aktuelle Wissen verfügbar sein. Je nach Tiefe der gewünschten Produktpräsentation wird ggf. ein Kollege aus der Beratung oder dem Produktmanagement hinzugezogen, der entweder im Vorfeld offene Fragen klärt oder auch beim Termin anwesend ist. Diese Unterlagen werden auch per Mailverteiler immer aktuell weitergegeben

Der Kunde seinerseits hat einen permanenten Zugriff auf einen Service-Marktplatz sowie ein Help-Portal und kann dies als Vorbereitung für einen Termin nutzen.

Wissensvermittlung während eines Kundentermines

Im direkten Kundengespräch wird natürlich auch Wissen vermittelt.
Meistens wird gemeinsam mit den anwesenden Personen geklärt, wie der Wissenstand bei den Mitarbeitern auf Kundenseite ist. Man muss den Kunden immer dort abholen, wo er steht, denn nur so schafft man eine gemeinsame Wissensbasis! Davon ausgehend werden die im Vorfeld besprochenen Inhalte erläutert, Demonstrationen durchgeführt und im Dialog Lösungsmöglichkeiten sowie das potenzielle weitere Vorgehen besprochen. Durch die neue Portal-Technologie der SAP hätte ich rein technisch sogar die Möglichkeit, über einen sog. „Thin Client“ (z. B. ein Browser) auf den eigenen Arbeitsplatz zuzugreifen und weitere Informationen abzurufen. Dies unterbleibt aber in den allermeisten Fällen.

Natürlich kommt es vor, dass eine bestimmte gewünschte Funktionalität bzw. Produktanforderung nicht oder zum gegenwärtigen Zeitpunkt nicht im Standardprogramm verfügbar ist. In diesem Falle wird geprüft, auch wieder in Zusammenarbeit mit der Beratung oder Entwicklung, ob und mit welchem Aufwand eine kundenindividuelle Lösung realisiert werden kann. Hier wird auch ein Anstoß für eine eventuelle Weiterentwicklung von Wissen/Produkten gegeben. Eine wichtige Unterstützungsfunktion bei einem Kundenbesuch leistet IDES = Internet Demonstration and Evaluation System. Die von der IDES-Abteilung entwickelten Demo-Szenarien sind für mich ein wichtiges und hilfreiches Instrument, um in Kundensituationen den Nutzen der Software aufzuzeigen. Hier kann man durch Eingeben von quasi realen Problemen sehr gut demonstrieren, welche Funktionen und Leistungspotentiale die SAP Software besitzt. Diese Systeme stehen in vereinfachter Form auch Kunden kostenfrei zur Verfügung, um mit der Soft-ware vor dem Kauf experimentieren zu können.

Wissensaufbereitung nach einem Kundentermin

Nach einem Kundentermin beginnt eine weitere klassische Wissensmanagementaufgabe. In der Regel protokolliere ich vor und nach einem Kundentermin getroffene Absprachen oder wichtige Inhalte in einem Mail, das ich an den Ansprechpartner des Kunden und den zuständigen Vertriebsbeauftragten weiterleite. Auf diese Weise werden wichtige Punkte für den weiteren Vertriebsvorgang festgehalten und können nicht verloren gehen. Bei diesen Informationen handelt es sich um ganz spezifische Inhalte zu diesem speziellen Termin, die in der Regel nur dem Vertriebsbeauftragten zugänglich sind. Außerdem kommt es bei einem Kundentermin natürlich auch manchmal vor, dass man an die Grenzen des eigenen Wissens stößt. In einem solchen Fall versuche ich nicht, jede Frage um jeden Preis zu beantworten, sondern gestehe die vorhandene Wissenslücke ein und schlage vor, die Antwort umgehend im Anschluss an den Termin nachzureichen. Diese ehrliche Vorgehensweise wird im allgemeinen von den Kunden honoriert und akzeptiert. Intern dient sie als eigenständig durchgeführte Maßnahme zur Verfestigung und Erweiterung meiner individuellen Wissensbasis.

Nach der Darstellung dieses typischen Ablaufs eines Kundenberatungsgespräches sollen einige Instrumente des Wissensmanagements noch näher beschrieben werden.

Solution Maps als Instrument des Wissensmanagements

Solution Maps stellen eine komplexe Aufbereitungsform von Softwarelösungen für spezielle Branchen dar. Auf verschiedenen Ebenen werden bestehende und geplante Funktionalitäten sowie die Einbindung von externen Partnern erläutert. Ich selbst verwende keine Solution Maps oder Scenario Maps, da ich sie für zu komplex im direkten und zeitlich begrenzten Gespräch halte. In Kundengesprächen versuche ich heraus zu filtern, wo aus Kundensicht der dringendste Handlungsbedarf liegt und informiere dann gezielt über die Produktmöglichkeiten in diesem Bereich. Für Kunden können diese Karten aber durchaus ein gutes Informationstool sein, um sich einen ersten Überblick über die angebotenen Lösungen zu verschaffen und für eine Diskussion vorbereitet zu sein. So dienen Solution Maps auch als sehr gutes Marketinginstrument.

Das SAPNet als Instrument des Wissensmanagements

Das SAP-Intranet (SAPNet) stellt ein hervorragendes Medium dar, um aktuelle Informationen zu SAP internen Themen, Produkten, Partnern und Wettbewerbern zu finden. Hinterlegt sind die verschiedensten Formen von Dokumenten (Word-Dokumente, PowerPoint-Präsentationen, PdF-Dokumente, etc.). Durch den klar strukturierten Aufbau und die Verwendung von Aliasen wird das Finden von Informationen erleichtert. Durch die Personalisierungsmöglichkeiten kann man sich Verweise auf häufig benötigte Seiten individuell zusammenstellen. Die Informationen sind klassifiziert in solche, die nur intern verwendet werden dürfen und solche, die auch Kunden zugänglich gemacht werden können. Die folgende *Abbildung 40* zeigt einen Screenshot einer personalisierten SAP-Net-Seite .

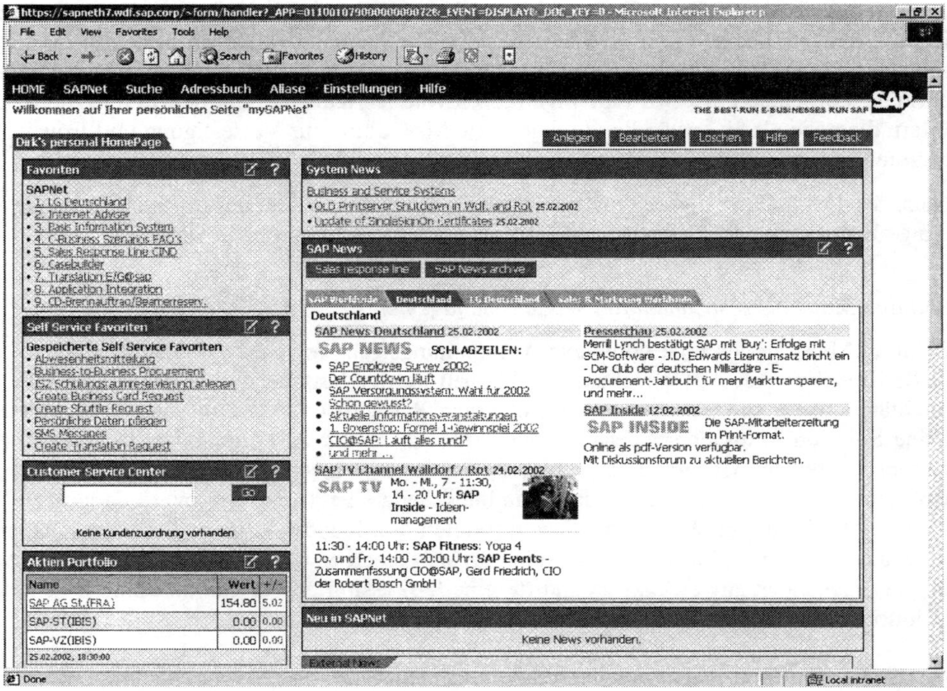

Abbildung 40: Screenshot der personalisierten SAPNet-Startseite (© SAP AG)

Der SAP Service Marketplace als Instrument des Wissensmanagements

Der SAP Service Marketplace ist aus dem vormals extern zugänglichen Teil des SAPNet entstanden, das als Extranet der Kommunikation zwischen SAP und Kunden bzw. Partnern diente. Er schafft die Voraussetzungen für eine überbetriebliche Kommunikation innerhalb der gesamten SAP-Welt und bietet Zugriff auf Serviceleistungen von Beratung über Training bis hin zur Kooperation in einem personalisierten Umfeld. SAP-Kunden haben außerdem direkt von ihrem Arbeitsplatz aus Zugang zu Supportfunktionen, die auf dem Marktplatz angeboten werden.

Aus Sicht des Wissensmanagements leistet der SAP Service Marketplace mehrere wichtige Funktionen. Zum einen stellt er die gemeinsame Wissenbasis für Kunden und Mitarbeiter dar, von der aus weitere spezielle Wissenskomponenten entwickelt werden können. Die Vorteile liegen hierbei in der Vielfalt der Kundeninformationen, angefangen von Informationen zu den Produkten der SAP AG über Schulungsangebote, Service- und Supportinformationen und nicht zuletzt in einem Veranstaltungskalender und Hinweisen zu Softwarepartnern.

Kundenprojektinformationen als Instrument des Wissensmanagements

Das Customer Project Information-Programm (CPI) wurde ins Leben gerufen, um ein besseres Wissen und eine damit verknüpfte erhöhte Wertschöpfung bei Kundenprojekten zu erzielen, die nicht durch die SAP-Beratung abgewickelt werden. Je zahlreicher und je aktueller die Informationen sind, die von Kunden zum Projektverlauf gemacht werden können, umso besser kann man im Fall von Unregelmäßigkeiten den Kunden durch Service-, Support- oder Beratungsleistungen unterstützen, um das Einführungsprojekt zu einem erfolgreichen Abschluss zu bringen.

Zusammenfassend lassen sich die bisher genannten Instrumente entlang verschiedener Dimensionen klassifizieren. Zum einen wird nach Zugriffsmöglichkeiten durch unterschiedliche Nutzergruppen, zum anderen nach dem Spezialisierungsgrad der aufbereiteten Informationen unterschieden. Bisher nicht beschrieben wurden Methoden der Visualisierung und des Transfers von Wissen, die sich auf den bekannten Softwareprogrammen aufbauen (Power Point Graphiken, Pdf-Files etc.). Sie können im Prinzip, je nach Anwendungsfall, in jedem der vier Quadranten lokalisiert werden. Ein Beispiel sind persönliche Notizen, die in Form von Dokumenten oder Folien visualisiert und gespeichert werden. Ein anderes Beispiel ist etwa die Firmenpräsentation, die allgemeine Informationen für eine breite Öffentlichkeit zur Verfügung stellt. Ebenfalls nicht ausführlicher wurde das SAPNet R/3 Frontend erläutert. Es dient als spezielles Instrument für Kunden, um Fehlermeldungen aufzugeben bzw. Hinweise und Service Packs zu den jeweiligen R/3-Releases selbst zu eruieren (= spezielle und externe Informationen).

Wenn man die Instrumente in das folgende Portfolio einordnet, ergibt sich folgendes Bild:

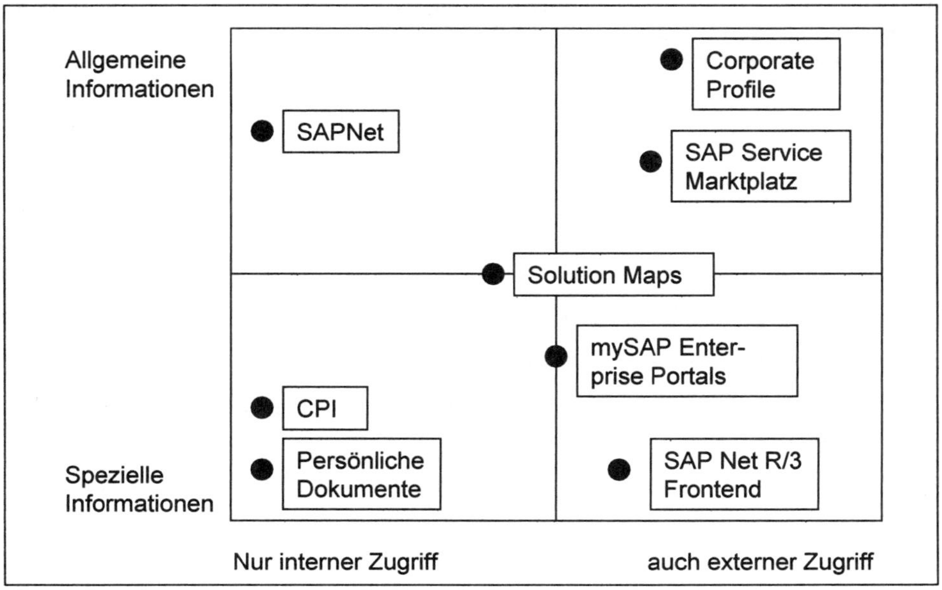

Abbildung 41: Einordnung von Wissensmanagementinstrumenten (© SAP AG)

4.5.6 Lessons learned und Ausblick

Die zunehmende Beschäftigung mit Wissensmanagement in der SAP stellt für mich eine sinnvolle und nützliche Entwicklung dar. Für mich als Vertriebsmitarbeiter ergeben sich große Vorteile durch ein systematisches Wissensmanagement, weil auf diese Weise gewährleistet ist, den Kunden stets aktuell mit den für ihn wichtigsten Informationen versorgen zu können. Je vielfältiger das Angebot eines Unternehmens ist, umso mehr Fragen ergeben sich auf Kundenseite. Hier gilt es, die Kunden schnell und kompetent zu unterstützen und das in die SAP gesetzte Vertrauen zu rechtfertigen.

Die größte Herausforderung in der Entwicklung des Themas Wissensmanagement sehe ich in der Umwandlung von individuellem in allgemein verfügbares Wissen. Durch die Vielzahl von Informationen wird auch die Verwaltung und Auffindbarkeit derselben eine immer größere Rolle spielen. Gleichzeitig sollte man versuchen, Informationen zielgerichtet zu verteilen und eine „information overload“ zu vermeiden Informationen, die nicht automatisch verteilt werden, sind auch bei SAP nach wie vor eine Holschuld desjenigen, der die Informationen braucht.

Ein abschließendes Beispiel, das meine persönliche Einschätzung des Themas illustriert, ist die folgende Situation: Als vor kurzem bei einer Neukonfiguration meines Rechners mein komplettes Mailverzeichnis aus Versehen gelöscht wurde, war ich zunächst angesichts des Verlustes meiner zahlreichen E-Mails geschockt. Nach einer unruhigen Nacht stellte ich jedoch am nächsten Morgen realistisch fest, dass ich die überwiegende Mehrheit der aufbewahrten E-Mails wahrscheinlich nie wieder gelesen hätte. Durch diese realistische Betrachtungsweise konnte ich also befreit die aktuellen Aufgaben angehen, immer in der sicheren Gewissheit, bald wieder eine große Sammlung an „wichtigen“ Mails zu erhalten. Man tut also meiner Meinung nach in der heutigen Zeit gut daran, zu überlegen, welche Informationen wirklich würdig sind, in langfristiges Wissen übernommen zu werden. Und nur damit sollte man sich dann intensiv befassen.

Literatur

Help-Portal für Kunden: [http://help.sap.com]

Firmenprofil 2002: [http:// www.sap-ag.de/germany/about sap/index.html]

Service-Marktplatz: [http://service-sap.com]

Teufel, T./Röhricht, J./Willems, P. (1999): SAP R/3 – Prozessanalyse mit Knowledge Maps. München.

4.6 Erfahrungsbericht 4: Wissensvernetzung und -dynamik bei der SMC

von Martina Wichmann

4.6.1 Kurze Firmendarstellung (Firmenprofil)

Mit klarer Ausrichtung auf die operative Umsetzung positioniert sich die Sales Marketing Company – SMC - zwischen den klassischen Beratungsgesellschaften und den nachgelagerten Dienstleistern. Die Geschäftsphilosophie von SMC lautet, gezielte Strategien basierend auf Marktwissen und praktischer Erfahrung zu liefern und den Kunden bei der Realisierung im Markt zu unterstützen, zunehmend in Form von externem Projektmanagement und in Management-auf-Zeit-Funktionen. Das Ziel ist es, in allen Bereichen der Marktentwicklung und der Marktbearbeitung nachweisbare Erfolge für die Kunden zu schaffen.

Die Gründung der Gesellschaft erfolgte 1997, zunächst mit Projekten in den Bereichen Consumer Goods und Neue Medien. Der zweite Bereich mit den Themenfeldern Telekommunikation und Digital-TV ist seit 1999 überdurchschnittlich gewachsen und zum Hauptumsatzträger geworden. SMC ist Bestandteil einer Holding, der MSF-Gruppe, und liefert zusammen mit MRC – Market Research Consulting - und CMC – Customer Management Consulting - ein ganzheitliches Paket aus Marketing, vertriebs- und kundenorientierten Konzepten sowie ergänzend deren Umsetzung.

Die beiden folgenden *Abbildungen 42 und 43* stellen die Umsatzentwicklung der MSF-Gruppe sowie die Entwicklung der Mitarbeiterzahl seit 1997 dar.

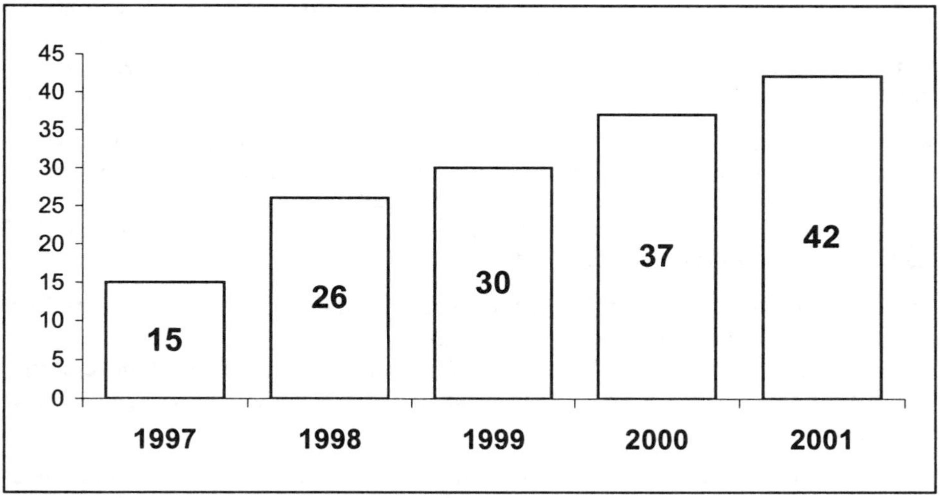

Abbildung 42: Entwicklung der Mitarbeiterzahlen

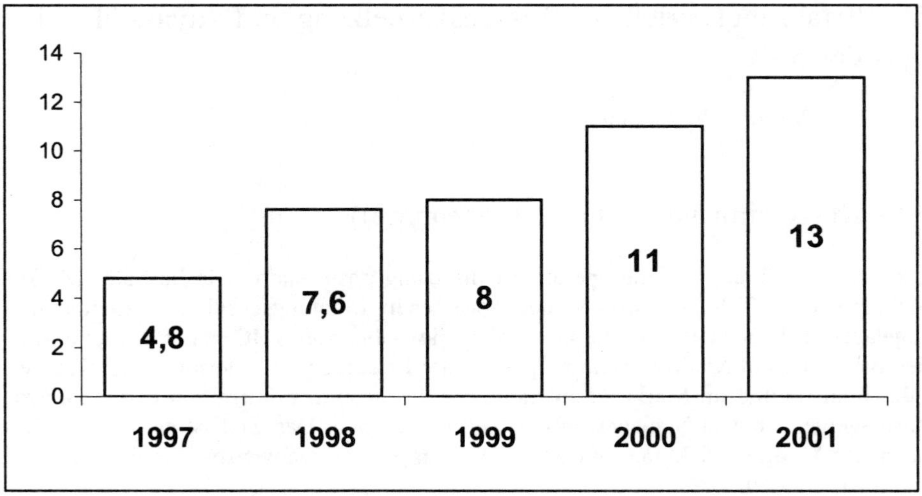

Abbildung 43: Entwicklung der Umsatzzahlen (in Mio. DM)

Hintergrund und Kontext des Wissensmanagements bei der SMC

Eine strukturierte Auseinandersetzung mit dem Themengebiet „Wissen, Wissensmanagement" wurde durch die Spezialisierung von SMC im Bereich Telekommunikation, insbesondere Breitbandkabel-Kommunikation (neben der zweiten Säule Consumer Goods), ausgelöst. Begründet war diese Spezialisierung zum einen personell, d.h. durch entsprechendes Branchenspezifisches Berater-Know how und die damit verbundenen Kontakte; einige der Mitarbeiter auf Führungs- und Consultingebene stammen aus dieser Branche. Zum anderen war der Zeitpunkt günstig für den Einsatz dieses besonderen Branchen- und Erfahrungswissens: Ende 1999 begann die Restrukturierung der deutschen Kabellandschaft durch den damaligen Besitzer der bundesweiten Verteilnetze, die Deutsche Telekom (DT).

Dem Verkaufsprozess vorangegangen war eine Regionalisierung des Netzes durch Übertragung des Eigentums auf eine Tochtergesellschaft der DT, die Kabel Deutschland, mit neun Regionalgesellschaften. Die EU-Kommission hatte zur Auflage gemacht, Investoren an den Regionalgesellschaften zu beteiligen. Für diese Investoren war das bei SMC aufgebaute Wissen von besonderem Wert:

- Das Wissen über spezifische Marktstrukturen und DT-Organisation – wichtige Voraussetzung für die Planung des cultural change.
- Produktwissen im Bereich Digital-TV und Internet, verbunden mit Implementierungserfahrung für die entsprechenden Kundenprozesse in Marketing, Vertrieb und CRM

Durch die weit auseinander liegenden Verkaufzeitpunkte für die einzelnen Regionalgesellschaften und die geografische Abgrenzung war es möglich, nacheinander für mehrere der Regionalgesellschaften in unterschiedlichsten Beteiligungsstrukturen zu arbeiten, ohne Verschwiegenheitspflichten zu tangieren. Damit kam der Verfügung über entsprechendes Wissen und der strukturierten Aufbereitung besonders hohe Bedeutung zu: Mit zunehmender Verweildauer der Investoren im Markt wuchsen auch die Ansprüche an die am Aufbau beteiligten Consultants an einen schnellen Return on Invest. Neben dem rein fachlichen Wissen hatte die Kenntnis der unterschiedlichen Mentalitäten und damit eine gewisse soziale Kompetenz bis hin zur Vermittlerrolle zunehmende Relevanz.

Fazit: Der erfolgreiche Einstieg in den „Kabelmarkt“ gründete auf der Verfügung über Kontakte und Experten; an den Initial-Erfolg anknüpfen und den USP nutzen konnten wir nur durch „gemanagtes“ Wissen, das die „kleine“ Beratungsgesellschaft SMC für „große“ Investoren wie Callahan Associates oder Liberty Media (beide Denver, USA) interessant machte. Der Umgang mit diesem spezifischen Know-how wurde damit zu einem wichtigen Existenzfaktor in der Stabilisierung des relativ jungen Unternehmens und im Wettbewerb zu den großen Strategie-Beratungen mit erheblich größeren Personal-Ressourcen.

4.6.2 Verständnis von Wissen und Lernen im Unternehmen

Jedes Beratungsprojekt hat per se zwei Aspekte, die untrennbar miteinander verbunden sind:

- Es setzt Wissen ein – die Verfügung über dieses Wissen ist der Auslöser beim Kunden –
- und bietet gleichzeitig die Chance zur Verbreiterung der Wissensbasis.

Ein strukturierter Wissenserwerb ist daher sowohl für den effizienten Einsatz von vorhandenem Wissen als auch dessen Ergänzung und permanente Aktualisierung zwingend notwendig. Bei einer Unternehmensberatung mittlerer Größenordnung wie SMC liegt der Schwerpunkt im Wissenserwerb auf drei Wegen:

- Training on the job, direkt im Projekt; Beispiel: Mitarbeit bei der Implementierung von Produktentwicklungsprozessen oder Sicherstellung von Schnittstellen im Projektmanagement,

- Spezialisierung von Mitarbeitern durch Bearbeitung von Schwerpunkt-Themen

    - kurzfristig im Rahmen eines Projektes
    - mittel- und langfristig zum Aufbau eines neuen Wissensbereiches, der anschließend als Akquisitionsbasis genutzt werden kann

Beispiele für den Arbeitsbereich Digital-TV:

- o Aufbau von strukturellem Wissen und Erfahrung bei der Planung und Beschaffung von Content und Applikationen für interaktives Fernsehen (iTV) oder Pay Per View (PPV)
- o Übersicht über Standards und Standardisierungsprozesse: Konsumentenanforderungen, Politik und Regulierung, Auswirkungen auf die Produktentwicklung

- Projekt- oder themenbegleitender Wissenstransfer durch Fachvorträge von Projektmitarbeitern – wiederum am Beispiel Digital-TV: digitales terrestrisches Fernsehen über die „normale" Hausantenne (DVB-T) als zukünftiger Wettbewerb zum Kabel in Ballungsräumen

Neben dem faktischen Wissenserwerb haben diese eher praxisorientierten Methoden signifikanten Einfluß auf

- die Motivation der Mitarbeiter
- die Erhöhung des Engagements
- gegenseitige Anerkennung und
- Verbesserung des Informationsaustausches.

Ergänzend kommt ein systematisches MethodenTrainingsprogramm ca. zweimal im Jahr zur Anwendung, um den Wissensvorsprung durch effiziente Arbeitsstrukturen (Präsentationstechniken, Zeitmanagement, Methodik des Projektmanagements etc.) abzusichern – die Priorität liegt jedoch klar auf dem Ausbau der fachlich-inhaltlichen Kompetenz.

4.6.3 Zielformulierungen für ein unternehmensweites Wissensmanagement

Verbunden mit dem Aufbau von Wissensmanagement innerhalb von SMC ist das Ziel, nicht nur – kurzfristig gesehen – Kundenprojekte abzuwickeln, sondern – mittel- und langfristig gesehen - die Konsolidierung existierender Geschäftsfelder sowie Schaffung einer soliden Grundlage für weitere Expansion und Akquisition und das Erreichen von Synergie-Effekten mit den Schwestergesellschaften innerhalb der MSF-Gruppe.

Konsolidierung existierender Geschäftsfelder:

Voraussetzung für die erfolgreiche Etablierung in Märkten ist eine ständige Aktualisierung des „Wissens-Stammes" und die Anpassung an neue Aufgabenstellungen. Der alleinige Besitz von Wissen ist damit nicht der kriegsentscheidende Faktor im Wettbewerb, sondern Zugang und Dynamisierung. Wichtige Impulse hierbei kommen von externen Experten, die vorhandenes Wissen in Spezialfragen temporär ergänzen können. SMC hat in den vergangenen drei Jahren ein Netzwerk an externen Beratern aufgebaut, die in verschiedenen Spezialbereichen Wissen zuliefern und damit den Wert der Projektarbeit für den Kunden erhöhen. Gleichzeitig vermeidet man so das Risiko, „totes“ Wissen aufzubauen, da die Attraktivität der externen Partner für SMC der Aktualität und Attraktivität ihres eigenen Wissenspools entsprechen.

Schaffung einer soliden Grundlage für weitere Expansion und Akquisition:

Die Sammlung und Strukturierung von Wissen ermöglicht eine Ausdehnung des Wirkungskreises auf angrenzende Industrie- und Dienstleistungsbereiche. Die thematische Nähe von Projektaufgaben ermöglicht einen Transfer, der für den potenziellen Kunden logisch nachvollziehbar und damit überzeugend ist. Am Beispiel der Kabelbranche könnte dies bedeuten: Ausgehend von einem Wissenspool könnte das Wissen auch nützlich sein für Zielgruppen wie

- Hersteller von Consumer Electronics-Gütern wie TV-Geräte, Digital -TV-Boxen oder Kabelmodems
- TV-Programmanbieter, Application und Internet Provider
- Wohnungs- und Immobilienwirtschaft
- Betreiber anderer Versorgungsnetze wie
  - Satellitenbetreiber
  - Energiewirtschaft im Hinblick auf Powerline Communications

Auch bei der Verfolgung dieses Unternehmensziels „Ausdehnung“ erhöhen externe Links die Erfolgsaussichten. Kompetenzfelder und Kundenkreise durch Partnering mit Beratern auf komplementären Wissensfeldern, z.B. in den Bereichen Technik, Finanzen und Controlling oder Content und Contenteinkauf.

Erreichen von Synergie-Effekten mit den Schwestergesellschaften innerhalb der MSF-Gruppe:

Ein Teil der Wertschöpfung durch Besetzung aneinander angrenzender Felder wird durch die Zusammenarbeit der Tochtergesellschaften der MSF-Gruppe realisiert. Gemäß der Spezialisierung auf den Funktionsbereich Marketing im weitesten Sinne können die Felder Marktforschung/-analyse, Marketing, Vertrieb und Customer Service angeboten werden. In allen Feldern laufen Kundenprozesse ab und bestehen Schnittstellen zu den jeweils davor- und dahinterliegenden, so dass sich die Tätigkeitsbereiche von der ersten Marktanalyse bis zur monatlichen Rechnung an den Endkunden unmittelbar ergänzen:

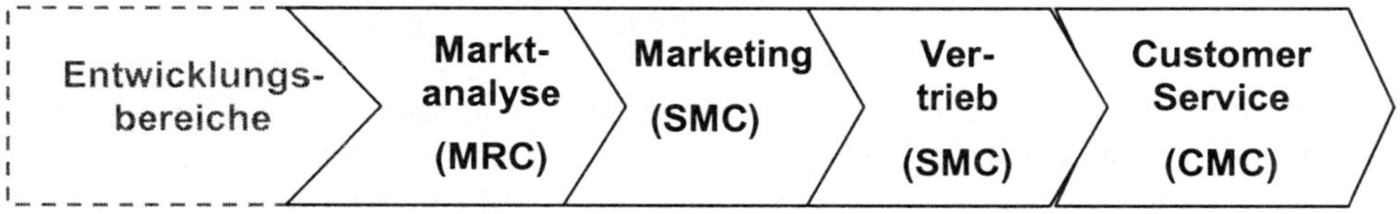

Abbildung 44: Prozesse der Kundendienstleistung

Diese synergetische Strategie in der Unternehmensentwicklung verfolgt klar das Ziel, eigene Kompetenz aufzubauen, soweit dies möglich und sinnvoll ist. Die aufeinander aufbauende Vorgehensweise hat sich in einigen Projekten bereits klar als USP herauskristallisiert.

Ergebnis einer konsequenten Verfolgung dieser drei Ziele ist:

- eine Reduktion der Abhängigkeit von bestehenden Branchen-Schwerpunkten um mindestens ein Drittel
- der Aufbau von tragfähigen Unternehmenssäulen mit gleichwertiger Bedeutung: Nachdem in der Aufbauphase der Fokus erst erwünscht war, ist aus strategischer Sicht jetzt eine Verbreiterung erforderlich. Dies schließt unmittelbar einen Aufbau neuer Wissens-Kategorien mit ein.

Fazit: Die Wissensdynamik von SMC ist das größte Asset gegenüber dem Kunden (und damit gleichzeitig eine Widerspiegelung der internen Vorteile nach außen): Zum einen ist es möglich, breite Beraterunterstützung mit entsprechender umfassender Qualifikation zu bieten; zum anderen ist die „first hand"-Erfahrung beim Aufbau eines Wissensnetzes als solches für Kunden interessant, da die SMC-Integration ins operative Geschäft den direkten Transfer ermöglicht. Wichtiges Eigeninteresse für SMC bzw. die gesamte Unternehmensgruppe ist es dabei, das richtige Mittelmaß zwischen „eigenem Wissen(saufbau)" und flexibler temporärer Hinzunahme externer Experten zu finden.

4.6.4 Ablauf von Wissensmanagementprojekten und Barrieren bei der Umsetzung

Einsatz und Ausbau des „Kabel"-spezifischen Wissens bei SMC erfolgte seit 1998 in Projekten für bundesweite Kabelnetzbetreiber (Deutsche Telekom, TeleColumbus) und Regionalgesellschaften (z.B. Kabel Berlin-Brandenburg). Dieses Know-how erwies sich als wesentliches Asset beim Eintritt der US-Investoren in den deutschen Markt; dies gilt insbesondere für ...

- die Produktentwicklung und Einführung neuer Dienste auf dem TV-Kabel wie digitale TV-Angebote oder Highspeed Internet Access
- spezifische Merkmale der deutschen Kabel-Situation wie
  - die fragmentierte Besitzstruktur der Inhouse-Netze (die sogenannte Netzebene 4) oder
  - Struktur und Regulierung der deutschen TV-Landschaft

Unter Bezug auf die jeweilige Themenstellung im Produktmanagement oder der Unternehmensentwicklung z.B. bei Callahan Associates (Kabel NRW, heute ish) oder Liberty Media (bis zur Untersagung durch das Bundeskartellamt) laufen die Projekte in der Regel in folgenden Schritten ab (*Abbildung 45):*

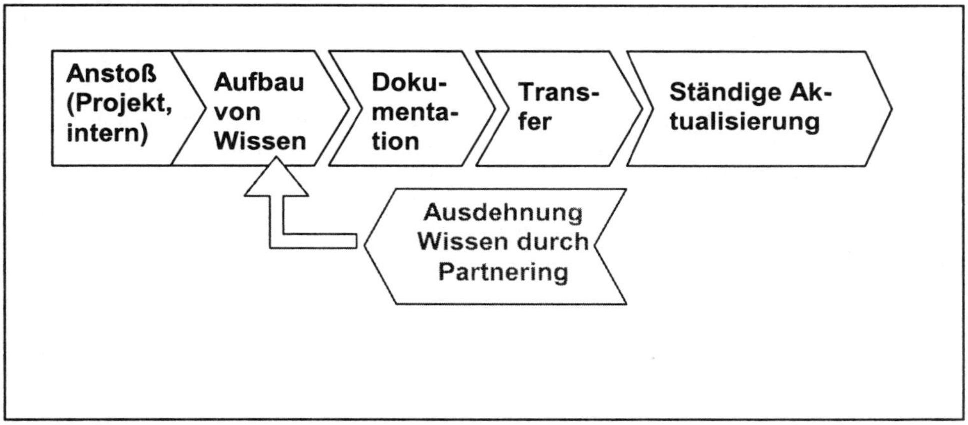

Abbildung 45: Wissensaufbau durch Partnering

- Projektauftrag durch „Inizialzündung", ausgelöst durch Nachfrage des Kunden nach spezifischem Branchenwissen wie interaktive TV-Anwendungen.
- Ergänzung der Wissensbasis gemäß kundenindividueller Anforderung - z.B. technische Voraussetzungen zur Abwicklung interaktiver Dienste - mit dem Ergebnis „Aufbau des Lösungsansatzes".
- Dokumentation: Darstellung von Ergebnissen und Lösungen als Grundlage zur operativen Umsetzung, z.B. in einer Roadmap zur Akquisition von interaktivem Content.
- Transfer: Implementierung der Prozesse und Weitergabe des Wissens an die Mitarbeiter im Unternehmen, z.B. Kontakte zu strategischen Partnern oder Schnittstellen-Wissen.
- Die ständige Aktualisierung – wie Ergänzung von Wissen über neue technische Standards oder Endgeräte – und dessen systematische Erfassung sichern die Qualifikation der Berater ab.

Der gleiche Ablauf gilt für begleitende oder anschließende Projekte, die funktionales Wissen beisteuern wie beispielsweise im Customer Relationship Management (CRM). Um das Beispiel oben zu ergänzen: Interaktive Anwendungen, z.B. Homeshopping oder Wettspiele, bieten die Chance, mit den Kunden in Kontakt zu kommen, Nutzer-Informationen zu sammeln und zur Produktoptimierung zu nutzen. Dazu müssen frühzeitig die relevanten Prozesse definiert und Schnittstellen zu Marketing und Logistik geschaffen werden, Datenbankstrukturen und Abrechnungsprozesse aufgesetzt werden.

Aufgrund der SMC-Schwerpunktsetzung starten Projekte i.d.R. in einem Marketing- oder Vertriebsbereich, z.B. in der Produktentwicklung oder im Vertrieb. Die übergreifende Sichtweise bringt allerdings nicht selten das Ergebnis, dass ein Problem z.B. im Vertriebsbereich zum Tragen kommt, ursächlich aber im Logistik- oder Marketing-Bereich liegt. Durch vernetztes, übergreifendes Wissensmanagement ist es in diesen Fällen dennoch möglich, kurzfristig zu sachgerechten Lösungen zu kommen.

Grenzen der Umsetzbarkeit werden – auch bei Kunden – häufig durch Ressourcenprobleme gesetzt; SMC versucht diese durch ein flexibles Netzwerk an externen Experten auszugleichen.

Fazit: Jedes Projekt ist ein implizites Wissensmanagementprojekt, da Wissen die Kernkompetenz der Beratung darstellt. Aktuell verfügbares Wissen sichert den Erfolg anstehender Projekte, gleichzeitig muß in den Aufbau weiterer Kompetenzgebiete investiert werden, um zukünftige Projekte zu ermöglichen. Für den Aufbau dieser Wissensmanagement-Strukturen werden bei SMC ca. 8-10% des Umsatzes bereitgestellt.

4.6.5 Lessons Learned – An welchen Problemen müssen wir im WM arbeiten

Um die gute Ausgangsposition von SMC zu untermauern, insbesondere in den Kern-Märkten, erfolgt eine Fokussierung auf zwei Wege des Wissensmanagements:

- konsequente Verfolgung der beschriebenen Strategie Aufbau → Dokumentation → Transfer → ständige Aktualisierung im Umgang mit erworbenem Wissen
- flexible temporäre Erweiterung des Netzwerks um externe Experten mit aktuellem Wissen, die in die SMC-Prozesse eingebunden sind, um den Projekterfolg und die Verbreiterung der internen Wissensbasis zu sichern. Klare, detaillierte Aufgabenstellungen garantieren eine schnelle Integration in das Projektteam der „Internen". Während der interne Bereich von SMC in den Kernmärkten breit aufgestellt ist, wird bei den temporären Partnern eine hochgradige Spezialisierung als Vorteil angesehen: Die Kombination aus beidem ermöglicht die optimale Anpassung an Kundenanforderungen.

4.6.6 Ausblick

Für die Unternehmensgruppe MSF besteht die zentrale Herausforderung darin, den erfolgreichen Einsatz von Wissen nicht nur in den einzelnen Tätigkeitsfeldern bzw. Tochtergesellschaften per se zu sichern, sondern für die Gruppe sinnvolle Synergien zu entwickeln. Der integrierte Ansatz, auf Basis von Marktinformationen adäquate Marketing- und Vertriebskonzepte zu entwickeln und deren Akzeptanz im Markt durch abgestimmte CRM-Konzepte sicherzustellen, ist unser USP. Auch in Fällen, in denen Kunden nur Teile des Portfolios abfordern, bedeutet das Wissen im Hintergrund Vorsprung durch vernetztes Denken.

4.7 Erfahrungsbericht 5: Wissensmanagement als humanorientierte Unternehmensstrategie bei Infineon Technologies

Von Berit Grasnick

4.7.1 Kurze Firmendarstellung (Firmenprofil)

Die Halbleiter Branche:

Halbleiter-Bauelemente sind die Grundlage eines wachsenden Spektrums elektronischer Produkte und Systeme. Über die Jahre haben stetige Verbesserungen bei Herstellungsverfahren und Designtechnologien zu immer kleineren, komplexeren und zuverlässigeren Bauelementen bei geringeren Kosten pro Funktionseinheit geführt. Infolge der gestiegenen Leistung sowie geringerer Größe und Kosten sind Halbleiter-Bauelemente heute im Alltag überall anzutreffen. Ihr ursprünglicher Anwendungsbereich in Verteidigungssystemen und Großrechnern hat sich auf Personalcomputer, Telekommunikationssysteme, Fahrzeuge, die Industrieautomation, Steuersysteme und Sicherheitsanwendungen erweitert.

Das Unternehmen:

Der Name Infineon ist eine Kreuzung aus dem englischen Wort „infinity“ und dem klassischen griechischen Wort äon, das für Leben oder Ewigkeit steht. Der Begriff drückt Ausdauer, Verlässlichkeit, Flexibilität, Agilität und Innovation aus und reflektiert die Unternehmensphilosophie „never stop thinking“. Infineon ist ein Innovationsführer in der internationalen Halbleiterindustrie, der ein breites Portfolio von Halbleiterprodukten und kompletten Systemlösungen für ausgewählte Anwendungsbereiche entwickelt, entwirft, fertigt und vermarktet. Die Produkte finden Anwendung in der mobilen und drahtgebundenen Kommunikation, im Computer-, Sicherheits- und Chipkartenbereich sowie in der Automobil- und Industrieelektronik. Das Produktportfolio des Unternehmens besteht aus Speicher- und Logikprodukten und umfasst integrierte Schaltkreise (integrated circuits, ICs), insbesondere Digital-, Mixed-Signal- und Analog- ICs sowie diskrete Halbleiterprodukte und Systemlösungen. Infineon wurde 1999 gegründet und führt die Halbleiteraktivitäten des Siemens-Konzerns fort. Somit ist der Konzern seit 1952 in der Halbleiterindustrie tätig. Die Infineon-Aktie ist seit dem 13. März 2000 an den Börsen in Frankfurt (Amtlicher Handel) und New York (NYSE) unter dem Symbol "IFX" notiert.

Durch die Ausrichtung auf ausgewählte Wachstumssektoren des Halbleitermarkts und hohe Aufwendungen für Forschung und Entwicklung konnte das Unternehmen in den vergangenen Jahren ein erhebliches Wachstum verzeichnen. Die Umsatzerlöse von Infineon stiegen von 2.350 Millionen Euro im Geschäftsjahr 1996 auf 7.283 Millionen Euro im Geschäftsjahr 2000. Dies stellt eine durchschnittliche jährliche Wachstumsrate von rund 33 Prozent dar. Diese Wachstumsrate liegt erheblich über dem Durchschnitt in der Halbleiterindustrie insgesamt und führte zu einer beachtlichen Erhöhung des Marktanteils von Infineon. Laut Marktstatistiken hat Infineon seine Position unter den größten Halbleiter- und Systemlieferanten weltweit von Platz 15 im Jahr 1995 auf Platz neun im Kalenderjahr 2000 verbessert. 2001 wurde mit –32% der stärkste downturn in der Geschichte der Halbleiter Industrie verzeichnet. Infineon hatte in diesem Jahr einen Umsatz von 5.670 Millionen Euro und konnte sich die Position unter den Top Ten weltweit sichern.

Partnerschaften & Kooperationen:

Als Teil seiner Unternehmensstrategie hat Infineon eine Reihe langfristiger strategischer Kooperationen mit führenden Branchenteilnehmern geschlossen, und zwar für die Herstellung sowie für die Forschung und Entwicklung sowohl hinsichtlich neuer Produkte als auch zur Weiterentwicklung der Fertigungsverfahren. Diese strategischen Kooperationen bestehen in erster Linie in den Geschäftsbereichen Speicherprodukte und drahtgebundene Kommunikation (beispielsweise IBM, Toshiba, UMC, Intel, Cisco, Nokia, Nortel Networks, NEC, Hitachi).

Kunden & Mitarbeiter:

Zu den Kunden von Infineon zählen: Acer, Alcatel, Bosch, Cisco, Compaq, Dell, Ericsson, Fujitsu, Giesecke & Devrient, Hewlett Packard, IBM, Motorola, Nokia, Schlumberger, Sun und Hauptkunde Siemens.

Das Unternehmen hat derzeit ca. 31.000 Mitarbeiter (Stand 12/01), davon sind 5.500 im Bereich F&E beschäftigt.

4.7.2 Hintergrund und Kontext des Wissensmanagements

Für ein innovatives und zukunftsorientiertes Unternehmen wie Infineon ist Wissensmanagement ein kritischer Erfolgsfaktor für seinen weiteren Werdegang. Die Bedeutung von Wissen und wie damit umgegangen wird, kann nicht genug betont werden. Fünf Punkte belegen die Wichtigkeit:

1) Der globale Wettbewerb erhöht den Leistungsdruck für Infineon

Die weitere Entwicklung der Halbleiterindustrie ist außergewöhnlich dynamisch und der Wettbewerbsdruck ist hoch. Die Schlüsselfaktoren, um Wettbewerbsvorteile aufrechtzuerhalten sind Performance, Produktivität und Innovation. Die entscheidende Rolle hierbei spielt das Wissen der Organisation, im besonderen das der Mitarbeiter.

2) Strategisch wichtiges Wissen ist global verteilt

Die Produktions- und Entwicklungsstandorte von Infineon sind weltweit verteilt. Oft sind wichtige Kompetenzen und Erfahrungen nur lokal begrenzt vorhanden. Weltweite Netzwerke aus Experten sind entscheidend, um verfügbares, strategisch wichtiges Wissen innerhalb der Organisation zu verteilen.

3) Der Entwicklungs- und Produktionsprozess für Chips ist hochkomplex und sehr wissensintensiv

Der Entwicklungs- und Produktionsprozess für Chips erfordert ein hochspezialisiertes und häufig interdisziplinäres Wissen, das nur über Jahre von Erfahrung erworben werden kann. Die Geschwindigkeit, in der neue Technologien entwickelt werden, ist immer noch steil ansteigend, was zu einer sehr kurzen Halbwertszeit des Wissens führt. Hier ist eine Erhöhung der Lernkurven unbedingt notwendig.

4) Permanente Reorganisationen unterbrechen Wissensflüsse und machen Wissen intransparent

Durch den enormen Marktdruck, dem sich Infineon ausgesetzt sieht und dem zyklischen Geschäft der Halbleiterbranche hat dies in Zeiten von Konjunkturab- und -aufschwüngen erhebliche Auswirkungen auf die Organisationsstruktur. Zusätzlich verändert sich die Organisation durch ihre Akquisitions- und Outsourcingaktivitäten. Die Folge in der permanenten Reorganisation liegt klar auf der Hand: gewachsene Wissensflüsse werden unterbrochen und brauchen u.U. Jahre, um wieder zu funktionieren, die Transparenz über das eigene Wissen ist nicht mehr gegeben etc. Ein themenorientiertes Wissenskonzept bietet hier Stabilität, um dieser Herausforderung zu begegnen.

5) Das Verwischen der Unternehmensgrenzen durch Partnerschaften und Strategische Allianzen macht genaue Vorüberlegungen notwendig

Strategische Allianzen und Joint Ventures sind notwendig, um Risiken zu minimieren und gleichzeitig Zeit- und Kostenvorteile zu erzielen. Der Wert von Wissen für Infineon wird offensichtlich in Form von Patenten für neue Produkte und Produktionsprozeduren (31.000 zum 31. Dezember 2001). Jedoch müssen Fragen wie: welches Wissen sollte geteilt werden und welches nicht - in den KM Aktivitäten berücksichtigt werden.

Die Bedeutung des Themas Wissensmanagement für Infineon wurde im Oktober 2000 durch die Schaffung einer zentralen Stabstelle für dieses Thema unterstrichen. Unter dem Dach von Intellectual Capital besteht die Abteilung Knowledge Management (inkl. dem Ideenmanagement) neben der Patentabteilung, in der rechtlich geschütztes Wissen gemanagt wird.

Die hauptsächliche Mission der KM Abteilung liegt darin, die Implementierung eines systematischen Knowledge Managements innerhalb Infineons voranzutreiben. Hierbei ergeben sich folgende Zielsetzungen für die Aktivitäten der Abteilung Wissensmanagement:

- Ein einheitliches Verständnis von KM innerhalb Infineons herstellen.
- Die KM Aktivitäten über Projekte und Programme ausweiten.
- Synergien zwischen den KM Aktivitäten sicherstellen.
- KM know how bereitstellen und transferieren (train-the-trainer), um einheitliche Vorgehensweisen bei der Implementierung von KM zu etablieren.
- Eine KM Community innerhalb Infineons aufbauen und kultivieren. Hierbei ist es notwendig, Treiber und Verantwortliche in den jeweiligen Geschäftsbereichen im

Sinne eines Multiplikatorennetzwerk zu etablieren. Dies ist vor allem im Hinblick auf die Akzeptanz des Themas in der Organisation wichtig.

- KM in die Unternehmensstrategie, -prozesse, -organisation, und –kultur integrieren und damit optimale Voraussetzungen für ein lebendiges Wissensmanagement schaffen.

4.7.3 Verständnis von Wissen und Lernen im Unternehmen

Um den eingangs genannten Herausforderungen begegnen zu können (Abschnitt1), ist es aus unserem Verständnis heraus notwendig, einen humanorientierten Ansatz zu wählen. In einem so komplexen und dynamischen Umfeld, in dem sich Infineon bewegt, sind Ansätze, die sich rein auf die Dokumentation von Wissen stützen, wenig sinnvoll. Zum einen aus Kosten-Nutzen Aspekten zum anderen, weil nur 10 % des Wissens, das in der Organisation gebraucht wird, explizierbar (dokumentierbar) ist. Im Sinne des Verständnisses von Wissen als die „Fähigkeit zum Handeln" (Peter Senge) kommt es, wie in Abschnitt 2 erwähnt, vielmehr auf die Erfahrungen und das Know-how an.

Die Herausforderung liegt deshalb unseres Erachtens darin, implizites Wissen zu teilen. Hierzu sind intensive Dialoge und gute menschliche Beziehungen notwendig. Nur so lässt sich die wichtigste Voraussetzung – Vertrauen – für einen kontinuierlichen Wissensaustausch und die Entwicklung neuen Wissens herstellen.

Was Infineon in den nächsten Jahren im Wissensmanagement vollziehen wird, ist eine Verlagerung: weg von der technikorientierten Sichtweise eines High-Tech Unternehmens, hin zu einer humanorientierteren Strategie in diesem Bereich.

4.7.4 Zielformulierungen für ein unternehmensweites Wissensmanagement

Wie lässt sich nun der besonderen Herausforderung, implizites Wissen (Erfahrungen, Know-how, etc.) global auszutauschen und neues Wissen zu entwickeln, begegnen?

Das Konzept der *Communities of Practice* gibt hierzu die Antwort. Eine Community of Practice (CoP) ist eine Gruppe von Personen, die auf Basis eines gemeinsamen Interesses an einem geschäftsrelevanten Themengebiet über die Grenzen von Organisationseinheiten hinweg Wissen austauschen und entwickeln sowie sich gegenseitig unterstützen.

Folgende Merkmale lassen sich für solche Wissensgemeinschaften beschreiben (vgl. hierzu auch Kapitel fünf des Buches):

- es handelt sich um flexible, selbst-organisierte Netzwerke,
- es findet eine pro-aktive Wissensentwicklung statt,
- Wissen, insbesondere implizites, wird sehr schnell ausgetauscht,

- durch die themenfokussierte Organisation sind sie auch bei Reorganisationen beständig,
- die Teilnahme erfolgt auf freiwilliger Basis.

Als allgemeine Zielsetzung im Wissensmanagement von Infineon kann die „Implementierung von Communities of Practice im gesamten Unternehmen“ formuliert werden. Hierbei soll folgender Nutzen realisiert werden:

- permanente Evaluierung von Verbesserungs- und Innovationspotenzia-len
- schneller Austausch von bekannten Lösungen, Erfahrungen und Wissen
- Transparenz über hoch-qualifizierte Expertisen
- höhere Lernkurven
- höheres Wissensniveau für eine größere Zielgruppe
- globales networking
- beständig zielgerichtete Entwicklung von Wissen durch Austausch
- stabile Wissensentwicklung unabhängig von Reorganisationen.

Die Communities of Practice haben damit eine Hebelwirkung für folgende geschäftskritische Themen:

- Verkürzung der Produktentwicklungszyklen
- Verbesserung der Produktivität und Qualität
- Erhöhung des Innovationspotentials
- Höhere Kundenzufriedenheit.

Darüber hinaus leisten Communities of Practice einen erheblichen Beitrag für die Kulturentwicklung des Unternehmens.

Durch eine Methodik zur Strategieentwicklung[9], die Infineon anwendet, erfolgt nicht nur die Verknüpfung der Wissensstrategie mit der Geschäftsstrategie, sondern die Zielsetzungen im Wissensmanagement werden darüber hinaus auch quantifizierbar. Bei der Anwendung dieser Methodik wird der Einfluss von Wissensgebieten auf die im Unternehmen üblichen Performance-Indikatoren[10] als auch die Wissensgebiete selbst bewertet und analysiert sowie gezielte Aktionen abgeleitet. Für uns bietet diese Methodik eine Analyse in Richtung themenorientiertes und fokussiertes Wissensmanagement, Sie integriert die drei üblichen sub-optimalen Einzelstrategien Personalisierung, Sozialisierung und Dokumentierung von Wissen und führt zu mächtigeren Lösungen, z. B. die Implementierung von Communities of Practice. Nur die Themen werden aufgegriffen, die den größten Nutzen für das Geschäft entlang der strategischen Vorgaben versprechen. Durch jährliche Reviews wird dies zu einem kontinuierlichen Prozess und der Fortschritt ist anhand der Performance-Indikatoren ablesbar.

---

9 Strategiemethodik: der Knowledge Strategy Process wurde gemeinsam von CIBIT und Siemens entwickelt. Er wird im gesamten Siemens Konzern angewendet. Kontakt bei CIBIT: rvdspek@cibit.nl; Kontakt bei Siemens: josef.hofer-alfeis@siemens.com .

10 Bei Infineon sind diese beispielsweise in der Balanced Scorecard hinterlegt.

Auf Unternehmensebene besteht eine weitere allgemeine Zielsetzung natürlich darin, ähnliche, bereits bestehende Insellösungen in ein unternehmensweites Konzept zu integrieren.

4.7.5 Ablauf von Wissensmanagementprojekten und Barrieren bei der Umsetzung

Auch vor der Institutionalisierung des Wissensmanagements als Stabstelle des Vorstandes gab es bereits in den einzelnen Geschäftsbereichen unterschiedliche Aktivitäten in Richtung Wissensmanagement: die Palette reicht hier von Wissensdatenbanken, virtuelle Bibliotheken, Yellow Pages, Informationsplattformen bis zu sogenannten „knowledge trees".

Ein sehr erfolgreiches Beispiel im Bereich der Speicherproduktion sind die sogenannten KEC Communities. KEC steht für know-how exchange. An 14 verschiedenen Standorten, arbeiten über 1000 Experten in 12 verschiedenen technologischen Einzelprozessen. Obwohl die Standorte nicht alle dieselben Chips produzieren, gibt es Ähnlichkeiten zwischen den verschiedenen Chip-Generationen. Es tauchen ähnliche Probleme und Herausforderungen auf, so dass der eine Standort von den anderen lernen kann. Deshalb wurden diese Experten 1997 in 12 (mittlerweile 14) themenspezifischen Communities of Practice zusammengeschlossen.

Die konkreten Zielsetzungen hierbei sind:

- Erhöhung der Produktivität und Optimierung des Produktionsprozesses
- Bessere Integration neuer Mitarbeiter durch die CoPs (hohe Mitarbeiter Fluktuation v.a. an den ausländischen Standorten!)
- Reduzierung der Wiederholung von Fehlern an den verschiedenen Standorten
- Bessere Koordination der Prozess-, Technologie- und Anlagen-Roadmaps
- Verbesserte Kooperation mit Lieferanten
- Schnellere Entwicklung von neuen innovativen Prozesstechnologien

Eine durchschnittliche KEC Community hat 10 bis 35 aktive und über 100 passive Mitglieder.

Durch die verschiedenen Aktivitäten in den Communities wie:

- reguläre Meetings zum Austausch und zur Abstimmung der Produktionsaktivitäten,
- Herstellen einer weltweiten Transparenz über die Wissensgebiete und Experten,
- Identifikation und Integration externen Wissens,
- Lernen aus Erfahrungen und Dokumentation expliziten Wissens,
- gemeinsame Problemlösung und Zusammenarbeit sowie
- Durchführen von Experimenten in Experten-Teams

konnte die Produktivität der Standorte erheblich gesteigert werden.

Diese success story gibt ein bereichsspezifisches Wissensmanagementkonzept wieder. Das bereits erfolgreich angewandte Konzept von Communities of Practice in den Produktionstandorten des Speicherbereiches soll nun auf die Produktionen im Logikbereich sowie die Entwicklung (5000 Entwickler weltweit), den Vertrieb etc. angepasst und übertragen werden.

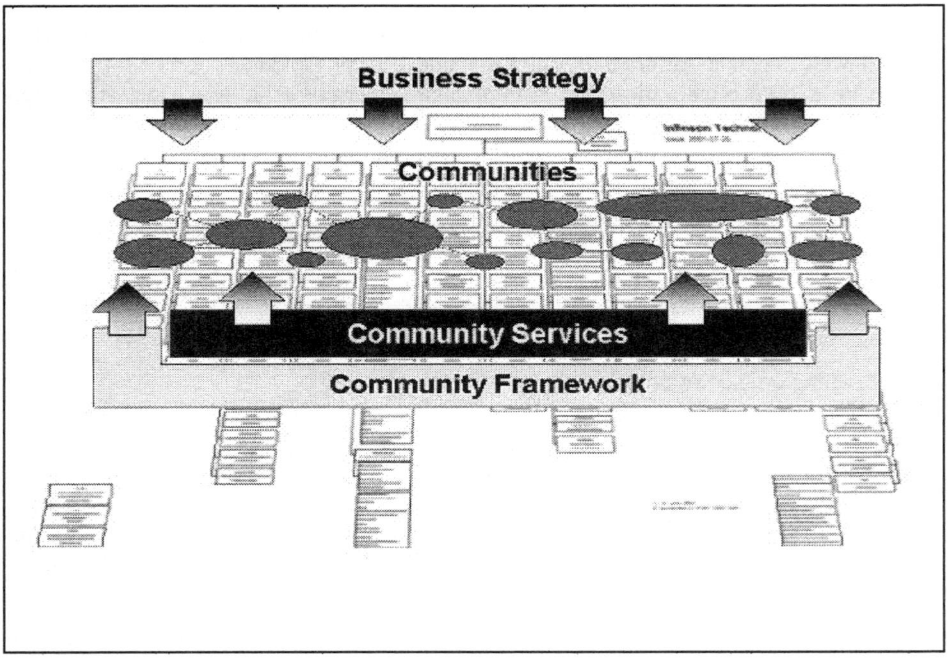

Abbildung 46: Community Konzept für Infineon

Wichtig hierbei ist v.a. auch die Förderung bereichsübergreifender Communities, um eine intensivere Vernetzung innerhalb des Unternehmens - über Bereichsgrenzen hinweg - sicherzustellen. Hierzu ist ein unternehmensweites Programm zur Einführung von Communities of Practice notwendig und geplant (top-down Ansatz). In diesem Programm spielen neben den Communities drei grosse Blöcke für die Implementierung eine Rolle: die Anbindung an die Geschäftsstrategie, ein Community Framework sowie die Bereitstellung von Community Services (vgl. *Abbildung 46).*

Die *Anbindung an die Geschäftsstrategie* erfolgt durch die eingangs erwähnte Methodik des Knowledge Strategy Processes. Als Ergebnis steht hier (im Rahmen des Communitiy Konzepts) die Identifikation derjenigen geschäftsrelevanten Wissensgebiete, in denen die Vernetzung und Verteilung von Wissen vorangetrieben werden soll und die einen hohen Einfluss auf das Geschäft (business impact) haben (beispielsweise in Schlüsselgebieten, die den Wettbewerbsvorteil Infineon sichern oder auch in strategisch relevanten Zukunftsthemen).

Das *Community Framework* unterstützt die Communities indirekt, in dem es die für Communities fördernden Rahmenbedingungen schafft. Hierzu gehören z.B. die Integration in die Geschäftsprozesse, die Integration in bestehende HR Instrumente, die Schaffung von neuen Rollen in der Organisation, Integration von Community Metriken in die Balanced Scorecard, Marketing und Kommunikation für das Thema (Promotion, Sensibilisierung).

Die *Community Services* erleichtern die (tägliche) Arbeit von Communities. Zu den Services gehören neben definierten Beratungs- und Trainingspaketen, eine IT-Plattform, die eine virtuelle Kollaboration und Kommunikation ermöglicht, sowie die Bereitstellung diverse Handbücher, Checklisten etc.

Die Implementierung des Programmes erfolgt in drei Phasen:

- Analyse & Konzeption
- Piloten & Integration
- Unternehmensweiter Roll Out

Diese 3 Phasen verlaufen immer entlang der 4 Key Action Lines:

1. Anbindung an die Geschäftsstrategie
2. Initialisierung von Communities
3. Implementierung von Community Services
4. Implementierung des Community Frameworks

Die Dauer des Programmes wird gemäss den definierten Zielsetzungen in den 4 Key Action Lines ca. 2 Jahre betragen. Danach sind selbstverständlich die Fortführung der Aktivitäten in diesem Bereich sowie ein kontinuierlicher Verbesserungsprozess geplant.

Was im übrigen nicht angestrebt wird, ist, dass alle Aktivitäten, die über dieses Programm hinaus im Bereich Wissensmanagement getätigt werden und nicht auf Communities of Practice ausgerichtet sind, zu unterbinden. Vielmehr ist ein kontinuierlicher Dialog über Bedarfe und Notwendigkeiten erforderlich. Neben einem top-down Ansatz hinaus ist es weiterhin sinnvoll Aktivitäten bottom-up zu fördern und zu unterstützen. Dies könnte die Einbindung „von unten" entstehender Communities in die Plattform sein, das ist konkret die Förderung und Moderation von Wissens- und Lernprozessen. Nur durch eine ausgewogene Mischung aus top-down- und bottom-up-Ansatz, die sich gegenseitig in konstruktiver Weise ergänzen, erreicht man einerseits die Akzeptanz im Unternehmen als auch andererseits die nötige Durchschlagkraft.

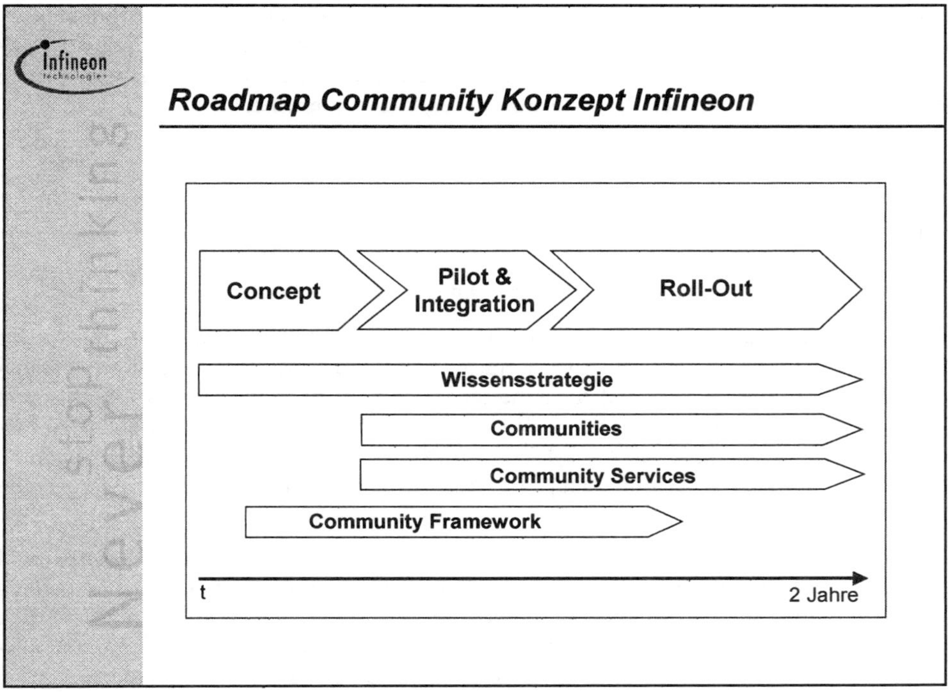

Abbildung 47: Roadmap Community Konzept Infineon

4.7.6 Lessons Learned – An welchen Problemen müssen wir im WM arbeiten

Neben den vielen Erfahrungen der letzten eineinhalb Jahre, die wir mit dem Thema bei Infineon sammeln konnten, möchte ich ein Key Learning besonders herausstellen: Anfangs wurde ein bottom-up Ansatz mit wenig bis gar keinem Budget gewählt, um erst einmal das Bewusstsein in der Organisation für die Thematik Wissensmanagement zu schaffen. In dessen Rahmen wurden bereichsweise Piloten gestartet, mit dem mittelfristigen Ziel, diese Aktivitäten dann Infineon weit zu vernetzen. Das Dilemma hierbei war, dass man zwar bei den direkten Beteiligten Akzeptanz gewinnt, nicht unbedingt aber beim Top-Management. Denn diese evolutionäre Vorgehensweise dauert einfach seine Zeit und die Ergebnisse haben – da es sich nicht um unternehmensweite Aktivitäten handelt – zunächst nicht den nötigen hohen Einfluss auf das Geschäft. Deshalb änderten wir die Strategie und kombinieren nun den bottom-up Ansatz mit dem oben beschriebenen top-down Ansatz in Form eines unternehmensweiten Programmes mit dem dafür nötigen zentralen Budget.

Neben der Notwendigkeit innerhalb unserer Organisation die erforderliche Sensibilisierung und Akzeptanz für einen humanorientierten Ansatz zu schaffen, gilt es, wie in nahezu allen Industrieunternehmen, auch bei Infineon kontinuierlich gute Strategien zu entwickeln, um gewisse Barrieren abzuschwächen. Dazu zählen kulturelle Aspekte, wie die Bereitschaft Wissen zu teilen und aufzunehmen als auch das Thema, wie man in konstruktiver Weise mit den üblichen Bereichsegoismen umgehen kann.

4.7.7 Ausblick

„Wissensmanagement bedeutet nicht, eine Datenbank zu implementieren!"

Diesen Satz habe ich bereits sehr oft von mir gegeben und werde dies erstaunlicherweise auch noch häufiger tun müssen. Auch wenn viele, die sich mit Wissensmanagement auseinandersetzen dies schon nicht mehr hören können, ist es innerhalb der Organisation wohl die größte Aufgabe das Thema Wissensmanagement begreif- und erlebbar zu machen. Häufig werden ja schon seit Jahren Instrumente des Wissensmanagements benutzt, ohne dass man sich dessen überhaupt bewusst ist. Deshalb fragen viele auch zu recht, was ist so neu?

Die Antwort hierauf ist zweigeteilt: zum einen liegt das Neue darin, sein Geschäft und sein Unternehmen aus einer anderen Perspektive, der Wissensperspektive, zu betrachten und auch dementsprechend zu handeln und zum anderen darin, fokussiert, systematisch und vor allem konsequent Aktivitäten zum Teilen, Anwenden und Entwickeln von Wissen zu ermöglichen. Möchte man dies derart umzusetzen, bedarf es einer Transformation des Unternehmens auf verschiedenen (um nicht zu sagen: allen) Ebenen, um diese Prozesse der Wissensentwicklung und –teilung gezielt für die Erreichung seiner Geschäftsstrategie einsetzen zu können.

Infineon hat sich auf den Weg gemacht. Viele Aktivitäten existieren bereits, ein unternehmensweites Programm zur Förderung der globalen Wissensvernetzung durch Communities of Practice soll in diesem Jahr noch gestartet werden. Und eines wissen wir bereits heute: We never stop thinking.

5. Wissensmanagement im Human Resource Management (HRM)

- Warum könnte sich eine funktionale Verankerung des Wissensmanagements im HRM anbieten?
- Welche Bedeutung hat implizites Wissen im HRM?
- Wie identifiziert und visualisiert man implizites Wissen?
- Wie erwirbt man implizites Wissen und welche Einflussgrößen sind beim Transfer wichtig?

5.1 Wissensmanagement und HRM – eine erfolgversprechende Verbindung?

Angesichts sich zunehmend verändernder Erwerbsformen stellen sich auch für das HRM neue Aufgaben. Pointierter ist sogar zu fragen, ob das traditionelle HRM noch geeignet ist, den Herausforderungen der Wissensgesellschaft und der wissensbasierten Arbeit angemessen zu begegnen und in Zeiten abnehmender Mitarbeiterbindung, Projekt- und Telearbeit, Freelancern und Teilzeitmitarbeitern eine wirkungsvolle Steuerungsfunktion zu übernehmen. Die Bedeutung des HRM ist entsprechend in Bezug auf den Erfüllungsgrad seiner gegenwärtigen Aufgabenstellungen zu überprüfen, ebenso wie seine Eignung für sowohl strategische als auch operative Implementierungsaufgaben eines Wissensmanagements im Unternehmen zu durchleuchten ist. Möglicherweise hat dies in der Konsequenz seine stärkere Beachtung und Aufwertung zur Folge (vgl. Feldhoff/Wiskemann 2001; Probst/Raub 1997).

Die Aufgaben des Personalmanagements haben sich in den letzten Jahrzehnten von einer reinen Verwaltungsfunktion hin zu einer strategischen Betrachtung von Humanressourcen gewandelt (vgl. für viele Ackermann/Scholz 1991; Oechsler 1994). Insbesondere seit Beginn der 80er Jahre tritt ein integratives, proaktives und strategisches Verständnis des Faktors Arbeit in Unternehmen in den Vordergrund (vgl. Staehle 1994) Schon der Begriff „Strategic Human Resource Management" weist auf die elementare Bedeutung von gut ausgebildeten Mitarbeitern für die Formulierung und Umsetzung der Unternehmensstrategie hin. Der Wandel der unternehmerischen Personalfunktion lässt sich nicht zuletzt auch an der organisatorischen Eingliederung fest machen. Vormals lediglich als Funktionalbereich im Unternehmen angesiedelt (neben Rechnungswesen, Marketing etc.), ist eine Vertretung im Vorstand heute gängig (Arbeitsdirekter, Vice President Human Resources) und drückt damit den zunehmenden Einfluss auf unternehmerische Strategie- und Strukturentscheidungen aus.

Auch die zukünftigen Aktionsfelder des Personalmanagements nehmen in ihrem quantitativen und qualitativen Umfang zu. Abgesehen von allgemeinen Trends hin zur Professionalisierung und zur Konkretisierung personalspezifischer Berufsfelder (zum Beispiel Personalberater, Trainer, Coach, Mentor u.a.) wird eine Herausforderung darin bestehen, eindeutige Akzente in und durch die Personalarbeit zu setzen und die unternehmerische Verantwortung in den Vordergrund zu rücken.

Als einen entscheidenden Akzent, neben zum Beispiel Medien- und Fusionsmanagement, Markengestaltung und Customer Relationship Management, identifiziert Scholz (2001) das Wissensmanagement. Hierbei solle es selbstverständlich primär um die Personalfrage gehen, und nicht wie breit diskutiert, um die Implementierung verschiedenster IT-Lösungen. Mitarbeiter müssten verstehen, warum es sich auszahle, aktiv am Wissensprozess teilzunehmen und Personalmanager müssten sich zunehmend als Wissensmanager verstehen. Deren Aufgabe wäre es dann, im Rahmen des organisationalen Wandels die strategische Bedeutung von Wissen im kollektiven Unterbewusstsein des Unternehmens zu verankern und zum anderen im Rahmen der individuellen Personalentwicklung direkt oder indirekt einzelne Mitarbeiter in ihrer Rolle als Wissensträger aufzubauen.

Von einer strategischen Betrachtung kommend, liefert auch die jüngste Debatte um den Kernkompetenzenansatz einen wesentlichen Impetus für eine gesteigerte Beachtung von Humanressourcen. Die Diskussion zeigt, dass organisationale Fähigkeiten, aus denen dauerhafte Wettbewerbsvorteil resultieren, zu einem nicht unbedeutenden Teil auf schwer imitierbare Kernkompetenzen zurückzuführen sind und gerade diese resultieren hauptsächlich aus der Zusammen-arbeit von Menschen, deren Kommunikation und Koordination (Prahalad/Hamel 1994; zu Knyphausen-Aufsess 1995). Menschen schließlich ermöglichen erst den Aufbau und Austausch von implizitem, schwer imitierbarem Wissen, das gerade für Innovationen wesentlich relevanter als objektives allgemein zugängliches Wissen ist.

Wenn es nun darum geht, sich mit dem untrennbar mit Personen verbundenem Wissen näher zu beschäftigen, scheint das Personalmanagement seit jeher eine Vorreiterrolle einzunehmen. Dies liegt schon in seinem speziellen Objektbereich begründet - dem Menschen, der der Ausgangspunkt und das Ziel personalwirtschaftlicher Bemühungen ist. Und klassisch sind auch die qualifikatorischen Bemühungen, deren Ziel der Aufbau von Wissen ist. Doch kann das Personalmanagement explizit Verantwortung für alle Wissensmanagementaktivitäten übernehmen? Sicherlich bearbeiten Wissensmanagement und Personalmanagement ähnliche Aufgaben, die mangels eigener Abteilungen und/oder Positionen für das Wissens-management oftmals in Personalunion durch den für das Personal zuständigen Vorstand sowie die zugeordneten Mitarbeiter erfüllt werden. Statt sich nun auf die Einrichtung neuer Stellen für Wissensmanagementaufgaben zu konzentrieren, könnte man die bisherige Funktion des Personalmanagements zur Wahrnehmung von Wissensmanagementaufgaben ausweiten und aus dem Personalbereich ausgehende Projekte stärker mit einem integrativen Auftrag versehen.

Ob dies sinnvoll sein kann, vermag erst eine genauere Überprüfung des nunmehr erweiterten Aufgabenkanons für das HRM erweisen. Die Aufgaben des HRM werden typischerweise in sogenannte Politikfelder, d.h. in diejenigen Aktivitätsbereiche, auf denen das HRM tätig wird und die es ausgestaltet, unterschieden. Die Auffassungen, was zu diesen Politikfeldern zuzuordnen ist, gehen zwar auseinander (vgl. Staehle 1994: 769), in der Regel geht man aber vom Vorliegen der Komponenten Personalbewegungen, Belohnungssysteme, Personalführung und –entwicklung aus (vgl. zum Beispiel Beer et al.1985). Zur besseren Gegenüberstellung werden Politikbereiche des WM in ähnlicher Weise dargestellt (vgl. *Abbildung 48*).

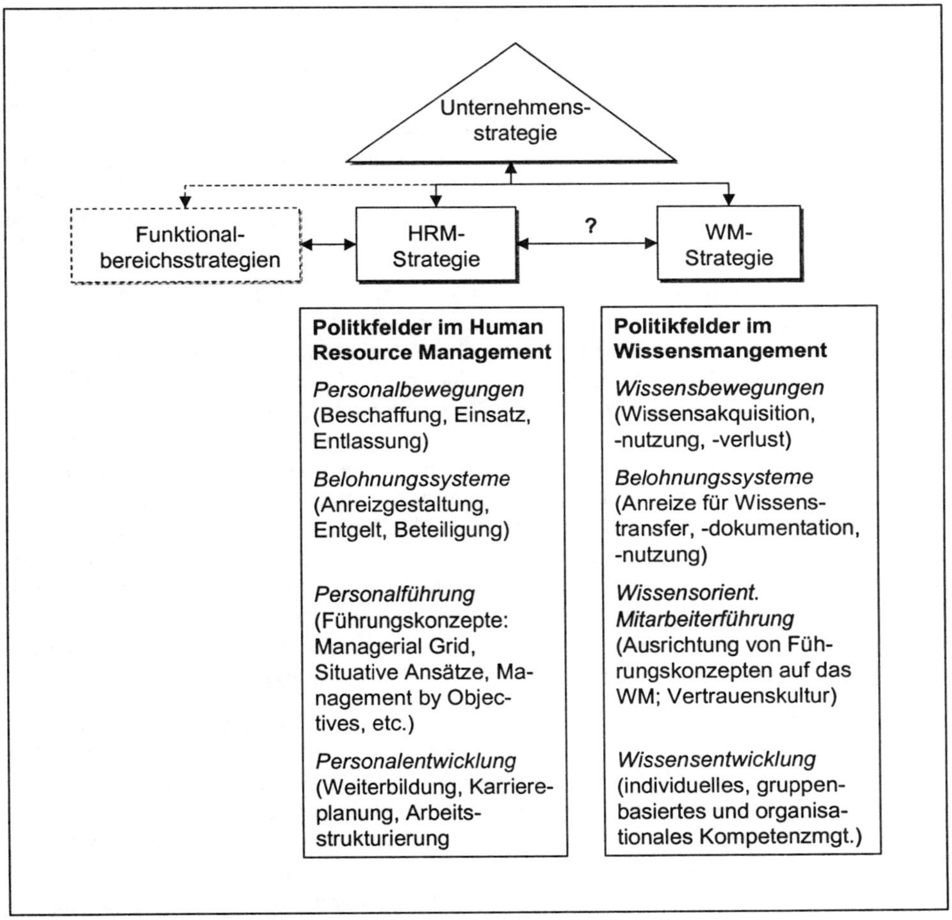

Abbildung 48: Politikfelder im HRM und WM

Personalbewegungen – Wissensbewegungen

Im personalwirtschaftlichen Politikfeld Bewegung geht es zunächst darum, die Beschaffung von Personal zu organisieren. Die richtigen Mitarbeiter müssen zur richtigen Zeit an den richtigen Platz im Unternehmen gebracht werden, um die optimale Personaldeckung zu gewährleisten. Ist das geeignete Personal im Unternehmen vorhanden, betreffen weitere Entscheidungstatbestände die Art und Weise des Personaleinsatzes sowie deren Integration in bereits vorhandene Personalstrukturen. Am Ende des personalwirtschaftlichen Bewegungskreislaufes steht die Freisetzung des Personals, die sich durch verschiedene Gestaltungsmöglichkeiten und Constraints auszeichnen kann.

Die Aufgaben, die sich im Politikfeld Wissensbewegungen stellen, sind die Akquisition von Wissen über interne und externe Quellen, die Nutzung des im Unternehmen vorhandenen Wissens sowie das Management eines kontrollierten Wissensabflusses. Analog zu den klassischen Verfahren der Personalbedarfsplanung sind hier Fähigkeitsprofile darzustellen, die mit dem langfristigen Erhalt bzw. Aufbau der unternehmerischen Kernkompetenzen abzustimmen sind. Neben der Festeinstellung von Mitarbeitern kann es aus Sicht des Wissensmanagements durchaus interessant sein, befristete Einstellungen vorzunehmen, um einzelne Wissensinseln im Unternehmen auszuweiten und die eigene Wissensentwicklung anzustoßen. Bekannt sind derartige Strategien durch den Einsatz von Beratern, deren Wissen oftmals von internen Mitarbeitern aufbereitet und für eigene Projekte weiterverwendet wird.

Neben der rein quantitativen Planung der Wissenszuflüsse ist auch deren Qualität zu beachten. Wichtig ist, einerseits für genügend Unterschiede im Wissensstand der neuen Mitarbeiter zu sorgen, andererseits aber auch genügend Gemeinsamkeiten zum bestehenden Wissenspool abzusichern, da sonst keine Integration möglich ist. Der erste Punkt wird häufig unter dem Stichwort *Diversity Management* aufgegriffen, wodurch verschiedene Ausbildungen, Nationalitäten, Meinungen, Wissensschwerpunkte und Interessen bewusst im Unternehmen gefördert werden. So hat beispielsweise die Unternehmensberatung Boston Consulting Group erst kürzlich zu einem Workshop Diversity Management aufgerufen, um den Kontakt zu unterschiedlichen an der Beratungsfirma interessierten Studenten und Doktoranden herzustellen. Sinn der Übung war es, die Basis möglicher Diskussionsansätze zu verbreitern, alternative Problemlösungen durch neue Sichtweisen zu fördern und die Generierung von neuem Wissen zu fördern. Im Idealfall wird durch die Einstellung eines neuen Mitarbeiters sowohl neues Wissen in ein Unternehmen hineingetragen als auch der interne Wissensentwicklungsprozess angestoßen.

Neben der ‚ausreichenden Unterschiedlichkeit' von Wissensträgern und -beständen ist aber auch ein Mindestmass an Übereinstimmung nötig. Die sogenannte *Absorptive Capacity* (Cohen/Levinthal 1990), also die interne Fähigkeit Wissen von außen aufzunehmen und nutzbringend zu integrieren, muss vorhanden sein. Hierfür müssen ähnliche Strukturen und Systeme gegeben sein, die die Aufnahme von Wissen erst ermöglichen. Einfache Analogien können dieses Problem verdeutlichen. Sind beispielsweise für einen Datentransfer nur Disketten- aber keine CD-ROM-Laufwerke vorhanden, ist schon das minimal notwendige Maß an Aufnahmefähigkeit nicht gegeben. Ähnlich sieht es aus, wenn eine komplexe Programmiersprache dem Wissenspool eines Unternehmens hinzugefügt werden soll, die bisherigen Mitarbeiter aber noch nicht einmal die Grundlagen des Programmierens beherrschen. Diese einfachen Beispiele lassen sich ebenso auf die verschiedensten komplexen Zusammenhänge übertragen, bei denen das Problem mangelnder Aufnahmefähigkeit multipliziert wird. Eine Integration von Expertenwissen, im Sinne einer qualifizierten Anwendung und Erweiterung bisherigen Wissens über den einzelnen neu eingestellten Mitarbeiter hinaus wird hier wenig erfolgreich sein.

Der letzte Punkt des Personalbewegungskreislaufes betrifft das Ausscheiden der Mitarbeiter und damit die Gefahr des Wissensverlustes für das Unternehmen. Diesen ungewünschten Wissensverlusten, wie sie etwa durch Pensionierungen, Fusionen und Kooperationen oder einfach durch einen Arbeitgeberwechsel des Mitarbeiters entstehen, müssen vermieden werden. Dass das Risiko von Wissensverlusten ein entscheidendes Thema für viele Konzerne ist, zeigen etwa Beispiele der Deutschen Bank in den USA, die mit dem Wechsel einiger ihrer Top-Manager wichtige Kunden und damit verbunden rund 60 Mrd. Dollar Anlagekapital verloren hat (vgl. Süddeutsche Zeitung, 9.März 2000, S. 29). Entsprechend wird die Verhandlungsmacht wechselwilliger Topmanager durch das untrennbar mit ihnen verbundene Wissen über Geschäftsbeziehungen, Kunden und deren Befindlichkeiten bestimmt. Ein Verlust dieses Wissens ist kaum ersetzbar, da es über einen längeren Zeitraum gewachsen ist und untrennbar mit einzelnen Personen verbunden ist. Um derartige „personeller Know-how-Risiken" abzumindern, bedarf es eines gezielten „wissensorientierten Fluktuationsmanagements" und als Vorgehensweise empfiehlt sich der von Knaese/Probst (2001: 36) vorgeschlagene Regelkreis zum wissensorientierten Fluktuationsmanagement mit seinen drei zentralen Fragestellungen:

- Was ist das relevante Wissen im Unternehmen und wer ist Träger dieses Know-hows (*Identifikation*)?
- Wie hoch ist das Fluktuationsrisiko dieser zentralen Wissensträger (*Risikoanalyse*)?
- Was kann getan werden, um zentrale Wissensträger länger an das Unternehmen zu binden (*Maßnahmen und Instrumente*)?

Werden die einzelne Schritte dieses Kreislaufes regelmäßig durchgeführt und entsprechende Maßnahmen, wie z.B. Motivationsanreize für Wissensteilung und –dokumentation, wissensorientierte Karrieremodelle oder etwa ein gradueller Ruhestand oder Senior Consulting Tätigkeiten nach dem Eintritt in den Ruhestand ergriffen, kann das erfolgreich in das Unternehmen hineingebrachte Wissen auch langfristig erhalten bleiben.

Belohnungssysteme im Personal- und Wissensmanagement

Im personalwirtschaftlichen Politikfeld Belohnungssysteme geht es um die Gestaltung von materiellen und nicht-materiellen Anreizen. Anreizsysteme im engeren Sinne bezeichnen die Summe aller bewusst gestalteten Arbeitsbedingungen, die primär dazu dienen, Mitarbeiter zu bestimmten Handlungen im Unternehmen zu bewegen (vgl. von Rosenstiel 1999; Becker 1990: 8). Anreizsysteme basieren in der Regel auf der Unterscheidung zwischen *extrinsischer* und *intrinsischer* Motivation sowie deren *materieller* und *immaterieller* Befriedigung. Zur Kategorie der sowohl extrinsischen Motivation als auch der materiellen Anreize gehört das Arbeitsentgelt, das mittelbar menschliche Bedürfnisse befriedigt. Extrinsische Motivation wird dabei nicht primär durch die befriedigende Arbeitsaufgabe, sondern durch deren monetäre Begleiterscheinungen erfolgen. Intrinsische Motivation dagegen wird etwas durch die Sinnhaftigkeit der Arbeit oder durch große Entscheidungsfreiräume sowie Karrieremöglichkeiten beeinflusst. Der gesamte Kanon der immateriellen Leistungsanreize zielt zu einem großen Teil auf eine derartige Bedürfniserfüllung. In *Abbildung 49* sind die Merkmale intrinsischer und extrinsischer Motivation zusammenfassend dargestellt.

Arbeitsmotive	Anreiz
Extrinsische Arbeitsmotive, wie z.B. ▪ Geld ▪ Sicherheit ▪ Geltung	Materielle Anreize, z.B. ▪ Lohn, Prämien ▪ Rente, Kredite ▪ Statussymbole
Intrinsische Motivation, wie z.B. ▪ Kontakt ▪ Leistung ▪ Macht und Einfluss ▪ Sinngebung ▪ Selbstverwirklichung	Interaktionsmöglichkeiten innerhalb der Arbeit (z.B. durch einen entsprechenden Führungsstil) ▪ Aufhebung extremer Spezialisierung (z.B. durch Job-rotation, Job-enlargement, Job-enrichment) ▪ Feedback über eigene Leistung (z.B.durch Anerkennung und Kritik) ▪ Selbstständigkeit (z.B. durch flexible Arbeitszeit, Mitsprachemöglichkeiten) ▪ Lernmöglichkeiten (durch anspruchsvolle Tätigkeiten) ▪ Aufstieg ▪ Beteiligung

Abbildung 49: Motive und Anreize
Quelle: In Anlehnung an von Rosenstiel (1999: 65)

Als am weitesten greifende Maßnahme der Gestaltung eines Belohnungssystems ist der Einbezug des Mitarbeiters in die unternehmerische Verantwortung anzusehen. Hierunter sind Aktivitäten wie die Ausgabe von Aktionoptionen bis hin zum Erwerb von Gesellschaftsanteilen zu sehen. In der Behandlung von Erfolgsfaktoren des Wissensmanagments hat sich in den letzten Jahren die Gestaltung von Anreizsystemen als wichtiges Politikfeld herauskristallisiert (vgl. Davenport/Prusak 1998: 295; Willke 1998: 134). Mitarbeiter sollen dabei durch gezielte Anreize motiviert werden, ihr Wissen zu explizieren, zu dokumentieren, weiterzuentwickeln und zu teilen. Hierfür sind Anreizvarianten, die auf externe Motivation zielen weniger geeignet als solche, die sich auf intrinsische Bedürfnisse hochqualifizierter Mitarbeiter konzentrieren.

Bei der Auswahl geeigneter Strategien und Instrumente für das Wissensmanagement ist entsprechend – in weitaus stärkerem Masse als bei einer traditionellen Anreizgestaltung – darauf zu achten, dass individuelle Anreize, Wissen zu teilen und zu entwickeln auch der unternehmerischen Zielsetzung dienen. Sicherlich kann die Entgeltgestaltung nicht als Schlüssel für ein Wissensmanagement bezeichnet werden. Erst eine Integration von Entgelt- und Anreizsystemen und Personalführungsinstrumenten in Verbindung mit einer strategischen Steuerungskomponente des Wissensmanagements wird daher sowohl für Mitarbeiter als auch für die Unternehmensführung interessant sein (Feldhoff/Wiskemann 2001: 254).

Personalführung – Wissensorientierte Mitarbeiterführung

Im personalwirtschaflichen Politikfeld Führung geht es um die direkte, personale Beeinflussung des Verhaltens der Mitarbeiter (vgl. Staehle 1994: 791). Die Personalführung soll das Fortbestehen des Unternehmens sichern und den Mitarbeitern die Möglichkeit geben, sich entsprechend ihrer Qualifikation zu entfalten. Hierfür sind nach Goossens (1981) Aufgaben der Planung und Disposition, der Auftragserteilung, der Kontrolle sowie der Pflege der Mitarbeiterbeziehungen zu bewältigen. Zur Erfüllung des gesamten Aufgabenspektrums der Personalführung stehen Hilfsmitttel in Form von abstrakten Führungstheorien, normativ orientierten Führungskonzepten sowie relativ konkreten Führungstechniken zur Verfügung (vgl. Staehle 1994: 791-818). Die wohl bekanntesten sind die Führung durch Zielvereinbarung (Management by Objectives), die auf eine interaktive Zielformulierung zwischen Mitarbeiter und Vorgesetztem abzielen sowie situative Führungstheorien, die versuchen eine Übereinstimmung zwischen bestimmten Situationen und angemessenem Führungsverhalten zu ermitteln.

Im Politikfeld der wissensorientierten Mitarbeiterführung kommen weitere Aufgabenbereiche hinzu, die nicht nur, aber besonders auch für das Funktionieren eines unternehmerischen Wissensmanage-ments wichtig sind. Hierzu zählen u.a. der Aufbau einer Wissenskultur im Unternehmen, in der es nicht mehr Ausnahme sondern Regel ist, sich mit Wissensthemen zu beschäftigen und sein eigenes Handeln an der Teilung und dem Aufbau von Wissen zu orientieren. Ein entsprechendes „Management by Knowledge Objectives" würde hier unterstützend greifen, indem in Einklang mit den Wissenszielen des Unternehmens auf individueller Ebene Qualifizierungsziele vereinbart werden (vgl. zum Beispiel Probst/Raub/Romhardt 1997: 88-90). Für die Weiterentwicklung sowohl individueller als auch kollektiver Wissensbestände wäre zudem eine kulturell geprägte Akzeptanz von Fehlern („Fehler sind erwünscht") in einem angstfreien Umfeld hilfreich. Eng mit der Kultur verbunden ist eine vertrauensorientierte Mitarbeiterführung, bei der die vermutete Gefahr von Wissens- und Machtverlusten ins Gegenteil verkehrt wird und Aktivitäten des Wissensmanagements als integraler Bestandteil individueller Erfolgs- und Entwicklungsperspektiven gelten.

Personalentwicklung - Wissensentwicklung

In einer weiten Fassung kann unter dem Begriff Personalentwick-lung die Gesamtheit an Veränderungen der beruflich relevanten persönlichen Merkmale (Kenntnisse, Erfahrungen, Fähigkeiten), die hierauf einwirkenden Maßnahmen wie Weiterbildung und gezielte Vermittlung von Erfahrungen sowie die Aktionen verstanden werden, mit denen auf die Veränderungen reagiert wird (vgl. z.B. Weber/Mayrhofer/Nienhüser 1993: 208). Bezeichnenderweise nimmt gerade die Personalentwicklung dabei eine Vermittlungsposition zwischen den Zielen des Einzelnen und denen des Unternehmens ein, da ein erweitertes Bildungsangebot zum Profit beider Seiten führt. Einerseits lässt sich eine Karrierebeschleunigung durch die verstärkte Entwicklung der individuellen Wissensbasis beobachten, andererseits wird auf unternehmerischer Seite die Wettbewerbsfähigkeit durch den Pool an zur Verfügung stehenden höher qualifizierten Mitarbeitern gesichert. Die Personalentwicklung hat in diesem Sinne einen grundlegenden Versorgungsauftrag für Mitarbeiter und für das Unternehmen, was den Faktor Wissen anbelangt. Die Wissensentwicklung wird von einigen Unternehmen auch als explizites Politikfeld anerkannt, das bereits Eingang in die Unternehmensphilosophie gefunden hat. So begreift beispielsweise die Beratungsfirma CSC Ploentzke Karriere als Kompetenzentwicklung und fordert jeden einzelnen auf, Initiative zu ergreifen und sich selbst zu entwickeln. Karriere bedeutet nicht „Großwerden durch den Aufstieg auf einer Leiter zu Lasten anderer", sondern „Großwerden durch persönliche Kompetenzentwicklung zum Nutzen anderer". In diesem Beispiel wird die enge Verzahnung einer wissensorientierten Führungs- und Vertrauenskultur mit der Wissensentwicklung deutlich. Erst dadurch wird die Grundlage für den Aufbau von Kompetenzen ermöglicht. Ebenso wie Ploentzke haben auch andere Unternehmen ihr Aufgabenspektrum für das Wissensmanagement in einen engen Zusammenhang mit einem *kompetenzorientierten Personalmanagement* gebracht. Generell lassen sich hierbei zwei Ansätze unterscheiden (vgl. Lichtenberger 2001: 134):

- Kompetenzmodelle, die individuelle Kompetenzen definieren und (z.B. Leadership oder Strategiekompetenz, interpersonelle oder interkulturelle Kompetenz), und
- Kompetenzmodelle, die die wesentlichen Prozessschritte von der Strategiedefinition über die Entwicklung eines Kompetenzmodells bis hin zum Umgang mit Kompetenzentwicklung als Unterstützung für das Linienmanagement definieren.

Im deutschsprachigen Raum dominiert besonders der erste Ansatz, der häufig als Personalinstrument bei der Erarbeitung von Fähigkeitsprofilen verwendet wird. Gleichwohl wird hier oft zu kurz gegriffen, da eine Rückkoppelung an die strategischen Unternehmensziele meist unterbleibt. Um auf die Unternehmensentwicklung Einfluss zu nehmen, empfiehlt es sich daher, strategische Ziele als Grundlage für die Ableitung von Kompetenzen anzusehen. Insbesondere in skandinavischen Ländern wird das prozessorientierte Kompetenzmodell als entscheidend für die Umsetzung der strategischen Unternehmensführung angesehen. Dem Personalmanagement obliegt dabei die Aufgabe der Unterstützung des Linienmanagements, d.h. Marketing, Einsatz, Beurteilung, Vergütung, Entwicklung sowie Freisetzung von Mitarbeitern werden immer an den für das Unternehmen als wesentlich definierten organisationalen Fähigkeiten ausgerichtet (vgl. Lichtenberger 2001: 134).

Fazit der vergleichenden Darstellung

Nach diesem kurzen Überblick lässt sich festhalten, dass die Politikfelder des Wissensmanagements breiter ausgelegt sind als ihr Pendant im HRM. Im Politikfeld *Bewegung* ist beispielsweise die externe Akquisition von Wissen über strategische Allianzen oder durch Kundennetzwerke neben internen Akquisitionsbemühungen ein wichtiger Erfolgsfaktor (vgl. auch Kapitel 4) und bedingt eine enge Zusammenarbeit mit strategischen Planungs- und Vertriebsabteilungen des Unternehmens. Im Politikfeld *Belohnungssysteme* müssen aufgrund der Besonderheiten von Wissen und den Mechanismen seiner Teilung verstärkt immaterielle Anreizsysteme entwickelt werden, deren Erfolg über die Umsetzung einer gesamtunternehmerischen Wissensstrategie entscheidet. Im Politikfeld *Führung* gilt es, ebenso auf Gesamtunternehmensebene, die kulturellen Rahmenbedingungen für das Wissensmanagement zu schaffen und auf individueller Ebene eine vertrauensorientierte Basis für die Bereitschaft des Wissenstransfers zu schaffen. Im Politikfeld *Entwicklung* schließlich werden die traditionellen Weiterbildungsmaßnahmen in Richtung eines Kompetenzmanagements ausgeweitet, das eine optimale Zielübereinstimmung zwischen unternehmerischen und individuellen Wissenszielen anstreben sollte.

Als Fazit ergibt sich somit, dass das Personalmanagement zwar eine sehr gute Ausgangsposition für die Erfüllung von Wissensmanagementaufgaben hat. Dies bedeutet aber nicht zwangsläufig, dass eine entsprechende Wissensmanagementabteilung hier „aufgehängt" werden müsste; eine Überforderung wäre nicht ausgeschlossen. Aufgrund der Interdisziplinarität des Themas und seiner immensen strategischen Bedeutung wäre eine Querschnittsfunktion sinnvoll, und wollte das Personalmanagement dieser gerecht werden, müsste es sein gesamtes Denken und Handeln auf Integration und Kooperation ausrichten, um einem begrenzten bereichsspezifischen Denken keine Nahrung geben.

5.2 Die Bedeutung des impliziten Wissens und seine Herausforderungen

Nachdem nun die Aufgabenbereiche des Wissensmanagements identifiziert wurden, sollen die speziell aus der impliziten Eigenschaft des Wissens resultierenden Herausforderungen näher beschrieben werden. Hierbei steht wesentlich der Mensch mit seiner individuellen Intelligenz, seinen Lernprozessen und Beziehungsnetzwerken im Vordergrund.

Betrachtet man die bisherige Forschung zum Wissensmanagement und die Bedeutung, die dem immateriellen Wissen zugeschrieben wird und setzt sie ins Verhältnis zu vorliegenden tiefergehenden Beschreibungen und Analysen, so wird man in den allermeisten Fällen vom Ergebnis enttäuscht sein. Dies betrifft sowohl fehlende konzeptionelle als auch empirische Arbeiten. Das folgende Zitat reflektiert stellvertretend für viele Autoren den gegenwärtigen Stand der Forschung (Schwaninger 2000: 17): „[A]ussagen und Empfehlungen zum Thema implizites Wissen [sind] vielfältig, aber oft wenig substantiell.... Es verdichtet sich der Eindruck... einer weitgehenden Konzeptlosigkeit sowie weit verbreiteter Theoriearmut. Wo gründliche theoretische Arbeit geleistet wird, steckt diese noch in den ‚Kinderschuhen' und sie ist oft bruchstückhaft."

Anknüpfend an die Beschreibung des impliziten Wissens in Kapitel drei, sollen hier seine Eigenschaften noch deutlicher dargestellt werden, um ein Verständnis für die Schwierigkeiten des Managements zu schaffen. Bisher wurde implizites Wissen mit Bezug auf Polany (1995) mit der Aussage charakterisiert „that we can know more than we can tell". Schwaninger (2000: 4) stellt eine weiterführende Definition vor, nach der „implizites Wissen ... in der Fähigkeit [besteht], Distinktionen und Selektionen weitgehend intuitiv, laufend zu treffen sowie diese in praktische Handlungen umzusetzen". Implizites Wissen ermöglicht dauernde Prozesse des Unterscheidens und der Auswahl in sich laufend ändernden Konstellationen sowie angesichts multipler Situationsfaktoren, die so komplex sind, dass sie sich einer expliziten Erfassung innerhalb der notwendigen Zeit entziehen. Beispiel sind etwa das Verhalten angesichts drohender Flugzeugkatastrophen oder drohender Lebensgefahr in medizinischen Krisensituationen, in denen der handelnde Akteur kaum die Zeit hat, das dem Handeln zugrundeliegende Wissen einem (erneuten) Rationalisierungsprozess zu unterziehen. Er muss sich vielmehr darauf verlassen, dass die in der Vergangenheit vorgenommene Prüfung von Wissen jetzt anhand komplexer automatisierter Handlungsroutinen abgerufen werden kann. Man könnte hier plastisch auch von „conscious knowledge frozen into habit“ sprechen (vgl. Simon 1987).

Für eine Annäherung an das, was implizites Wissen ausmacht, sind jetzt schon eine ganze Reihe an Begriffen genannt worden. Die Vielfalt existierender Bezeichnungen spiegelt dabei die Komplexität des Bezeichnungsobjektes bzw. der Realität wider. So haben zum Beispiel Eskimos über dreißig Bezeichnungen für ‚Schnee‘, da eine derart genaue Unterscheidung für ihre spezifische Lebenssituation wichtig ist (vgl. von Krogh/Roos 1995: 95). Sollten nicht auch Manager, die sich mit den verschiedensten Phänomenen in ihrem Alltagsleben auseinandersetzen, eine ähnliche semantische Differenzierung unternehmen. Für das Wissensmanagement und inbesondere das implizite Wissen könnte dies wie folgt aussehen (vgl. Venzin 1997: 70ff.).

- *Verborgendes Wissen* (embodied): Wissen resultiert aus physischer Erfahrung und wird zum Beispiel über die Beobachtung anderer erworben.
- *Verinnerlichtes Wissen* (embrained): Wissen bezieht sich auf kognitive Fähigkeiten, die die Wiedererkennung der dem Wissen zugrundeliegenden Muster erlauben.
- *Eventwissen* (event knowledge): Wissen resultiert aus der Beschreibung von Ereignissen und Trends.
- *Eingebettetes Wissen* (embedded): Wissen ist in eine Reihe an Kontextfaktoren eingebunden und nicht objektiv vorgegeben.
- *Kodiertes Wissen* (encoded): Wissen existiert auch außerhalb der Köpfe der Mitarbeiter eines Unternehmens.
- *Prozedurales Wissen* (procedural): Wissen bezieht sich auf Prozesse und „wenn..., dann Szenarien“.

Die Schwierigkeit, die mit dem Management von implizitem Wissen verbunden ist, resultiert zum einen aus den vielfältigen Bezeichnungen, zum anderen daraus, dass es nur teilweise artikuliert werden kann. Um die Frage nach der Explizierbarkeit zu untersuchen, ist folgendes Schema nützlich (*Abbildung 50).* In einem ersten Schritt wird gefragt, ob Wissen in kodifizierter Form, beispielsweise als Dokument, Notiz, E-Mail, Verfahrensanweisung, Artikel o.ä. vorliegt. Ist dies der Fall, kann man von einem äußerst geringen Grad an Implizitheit ausgehen. Die nächste Fragestellung bezieht sich auf die Replizierbarkeit von implizitem Wissen. Hier wird gefragt, ob Wissen in einmaliger Form vorliegt oder ob es unter gleichen Bedingungen zu anderen Zeiten an anderen Orten anderen Personen zur Verfügung steht und angewendet werden kann.

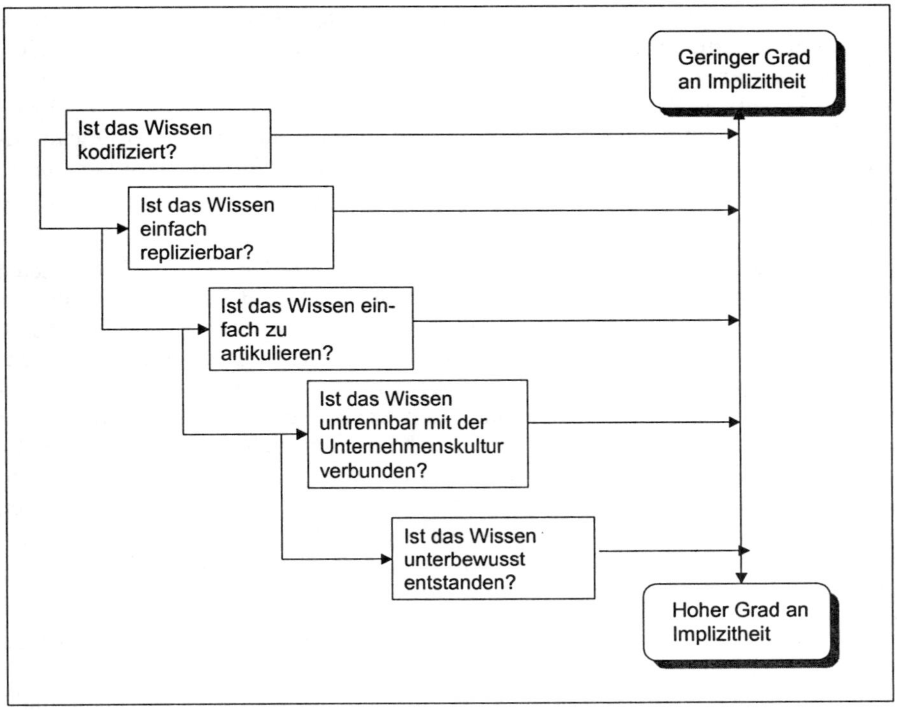

Abbildung 50: Bestimmung des Implizitheitgrades von Wissen

Quelle: Birchall/Tovstiga (1999: 10)

Im nächsten Schritt wird gefragt, ob das Wissen einfach zu artikulieren ist. Bei einem hohen Implizitheitsgrad wird dies nicht der Fall sein, da implizites Wissen zu einem großen Teil aus der physischen Präsenz von Personen besteht; deren Handlungen beinhalten Wissen und deren jahrelange Übung macht ihren Wissensbestand zu einem unschätzbaren Wert. Eine Artikulation findet nicht im Sinne einer Verbalisierung statt und zu einer Übertragung kommt es – wenn überhaupt – am ehesten in einem engen Lehrer-Schüler-Verhältnis, in dem die Schüler dadurch lernen, dass sie die Aktivitäten des Lehrers parallel nachvollziehen. Für den Wissenstransfer bedeutet dies, dass eine direkte personelle Verbindung gegeben sein muss, ein Lernen aus Dokumenten dagegen höchst unwahrscheinlich ist. Aus dieser Konstellation heraus ist es, zum Beispiel nicht nachvollziehbar, dass heutzutage das Wissen und die Erfahrung älterer Mitarbeiter leichtfertig zur Seite geschoben wird. Gerade aus einer engen Zusammenarbeit könnte man die ansonsten für das Unternehmen verlorenen Wissenskomponenten für die Zukunft retten.

In einem weiteren Schritt ist zu fragen, ob das Wissen untrennbar mit der Unternehmenskultur verbunden ist. Bei dieser Fragestellung findet ein Sprung von der individuellen auf die organisatorische Ebene statt – es geht jetzt um *kollektives* implizites Wissen. Hierunter wird das geteilte Wissen über das Ziel und den Zweck des Unternehmens gefasst. Als Beispiele wird in der Literatur neben der Unternehmenskultur, als Ergebnis gemeinsam konstruierter Wirklichkeit, immer wieder auch der Begriff „dominant logic“, als „the way managers conceptualize their business...“ (Prahalad/Bettis 1986), angeführt. Als eine Art kognitives Raster bestimmt sie die Informationsaufnahme aus der Umwelt sowie die Verbindung mit vorherrschendem Wissen. Je höher nun das in der Organisation verfügbare Wissen mit dem kulturellen Wissen der Organisation übereinstimmt, desto höher ist auch der Implizitheitsgrad und desto schwieriger ist es, dieses Wissen zu artikulieren und zu visualisieren.

Letztlich ist gemäß des Prüfschemas noch zu fragen, ob es sich bei dem betrachteten Wissen um Wissen handelt, das unterbewusst entstanden ist. In der Lern- und Entwicklungspsychologie spricht man hier vom sogenannten „implicit learning“ (Reber 1993), bei dem der Lernende nicht weiß, dass er etwas lernt oder gelernt hat. Beispiele für unbewusst erworbenes Wissen sind etwa der Spracherwerb oder bestimmte motorische Fähigkeiten. Je geringer das Bewusstsein über Lernprozesse und Wissensbestände, desto geringer ist logischerweise auch die Fähigkeit, sich hierzu zu äußern. Entsprechend müssen komplexe Prozesse des Wissenserwerbs und der Wahrnehmung betrachtet werden, um geeignete Tools für die Explizierung und Visualisierung von unbewusstem Wissen zu entwickeln. Diese Aufgabe stellt somit auch einen wichtigen Punkt in der Forschungslandschaft zum impliziten Wissen dar, die in Anlehnung an Schwaninger (2000) wie folgt beschrieben werden kann:

- *Entstehung impliziten Wissens:* Wie entsteht implizites Wissen? Was sind notwendige und hinreichende Bedingungen? Welche situativen Bedingungen bestehen für unterschiedliche Konfigurationen von Organisationen? Was sind die Ergebnisse impliziter Lernprozesse?
- *Identifikation und Darstellung von implizitem Wissen:* Welche Methoden eignen sich, um an das tief im Kopf eines Menschen verborgene Wissen heranzukommen. Wie lässt sich unbewusstes in bewusstes Wissen überführen und wie lässt es sich darstellen?
- *Konversion von Wissen:* Wie müssten reifere Modell aussehen, die an die bekannten Konversionsprozesse (Externalisierung, Internalisierung, Kombination) von Nonaka/Takeuchi (1995) anknüpfen könnten?
- *Transfer von implizitem Wissen:* Welche Barrieren existieren bei dem Transfer von implizitem Wissen? Wie sieht der Trade-off zwischen optimalen Strukturen, einerseits für die Suche und andererseits für die Übertragung von relevantem Wissen, aus?
- *Schutz impliziten Wissens:* Wie können ungewollte Wissensverluste etwa bei Fusionen und Akquisitionen verhindert werden? Wie kann implizites Wissen über das Ausscheiden eines Mitarbeiters hinaus für das Unternehmen erhalten bleiben?

Zwei der Forschungsschwerpunkte werden in den nächsten beiden Kapiteln näher betrachtet. Zum einen wird der Frage der Identifikation und Visualisierung nachgegangen, zum anderen soll die organisatorische Struktur der Community of Practice als Medium der Generierung und des Transfers impliziten Wissens näher betrachtet werden.

5.3 Identifikation und Visualisierung von implizitem Wissen

Die Identifikation von implizitem Wissen ist schwierig, da es zum einen nicht immer dem Besitzer bewusst ist *(unconscious knowledge)*, zum anderen nicht immer eine direkte Entsprechung auf der verbalen Ebene besitzt *(non-articulable knowledge)*.[11] Diese beiden Problembereiche lassen sich wie folgt als Fragen formulieren: (1) Wie kann eine Identifikation bzw. Explizierung von unbewusstem Wissen erfolgen und, (2) auf welche Weise kann eine Visualisierung von implizitem Wissen stattfinden? Widmen wir uns zunächst dem ersten Problembereich, der Identifikation von Wissen, über dessen Existenz wir nur geringes oder sogar überhaupt kein Bewusstsein haben. In der folgenden *Abbildung 51* betrifft diese Kategorie des impliziten unbewussten Wissens die Quadranten drei und vier.

	Was wir wissen	**Was wir nicht wissen**
Was wir wissen	**1. Beantwortete Fragen** Wir wissen, was wir wissen	**2. Unbeantwortete Fragen** Wir wissen, was wir nicht wissen
Was wir nicht wissen	**3. Ungefragte Antworten** Wir wissen nicht, was wir wissen	**4. Ungefragte Fragen** Wir wissen nicht, was wir nicht wissen

Abbildung 51: Wissen und Nicht-Wissen

Während es sich im Quadranten eins um Wissen handelt, über dessen Existenz wir sehr gut Bescheid wissen (zum Beispiel Datenbanken, Archive, Intranet, Dokumente, Notizen), finden wir im Quadranten zwei ein Metawissen über diejenigen Wissensbestände, die uns derzeit nicht zur Verfügung stehen. Typische Beispiele hierfür sind Wettbewerberinformationen, die wir erst recherchieren müssen, Kenntnis der günstigsten Lieferanten, die wir erst aus einer Analyse erhalten oder das Wissen um die eigene Stellung im Markt, die wir durch ein Benchmarking ermitteln könnten. In beiden Quadranten ist uns völlig bewusst, was wir wissen bzw. nicht wissen und wie wir fehlende Wissensbestände ergänzen können. Bei den hier besonders interessierenden Quadranten drei und vier liegt der Fall völlig anders.

Quadrant drei bezeichnet eine Situation, in der wir nicht wissen, was wir wissen. Beispiele hierfür sind etwa das in der Organisation lokal vorhandene Wissen, über das wir nicht informiert sind oder implizites Wissen, dass in unseren Handlungen zur Anwen-

[11] Ob die Explizierung von implizitem Wissen immer wünschenswert ist, ist fraglich. So argumentiert Reber (1993), dass eine Explizierung von Wissen auch zu einer schlechteren Leistung führen kann.

dung kommt, ohne dass wir davon Kenntnis haben. Diese Situation des Nicht-Wissens wird durch Laing (zitiert nach Golemann 1985: 24) beschrieben: „The range of what we think and do is limited by what we fail to notice, and because we fail to notice that we fail to notice there is little we can do to change until we notice how failing to notice shapes our thoughts and deeds". Dass wir über dieses Wissen nicht Bescheid wissen, mag verschiedene Gründe haben. Ein Fall ist der eines Konfliktes zwischen dem Selbstkonzept, das wir von uns haben und demWissen, das eine andere Person von uns hat. Diese ‚Selbsttäuschung' geht dabei soweit, dass das konträre Wissen aus unserem Bewusstsein verdrängt wird, wir es schlicht nicht kennen. Dieses Phänomen basiert u.a. auf Festinger's (1957) Dissonanztheorie, nach der ein Mensch versucht, inkonsistente kognitive Elemente zu ignorieren. Das Nicht-Wissen, in weniger deutlichen Fällen die fehlende Explikation, ist eine häufig gewählte Strategie zur Vermeidung entstehender Konflikte.

Ein anderer Fall, der aus der Psychologie bekannt ist, sind Traumata aufgrund bestimmter Ereignisse oder Erfahrungen, die dazu führen, dass Wissen „vergessen" wird. Man erinnert sich nicht daran, dass man Wissen besitzt, da mit der Rückbesinnung zu große Schmerzen verbunden sind, die man lieber vermeidet. Für denjenigen, der Zugang zu diesem Wissen haben möchte, stellt sich die Frage, ob man diese schlafenden Schemata zum Erwachen bringen kann und sollte. Mögliche Ansätze ergeben sich hier dadurch, dass man Personen in eine „reflexive Praxis" (Schön 1983) einbindet, in der die eigene (professionelle) Praxis analysiert und durchdacht wird. Von der betroffenen Person wird dabei verlangt, dass sie sich in die Position eines externen Beobachters versetzt, die eigenen Handlungen beobachtet und versucht, zugrundeliegende verborgene Wissensbestände zu identifizieren.

Andere Methoden setzen an der Funktionsweise des menschlichen Gehirns an, dessen Zentren in unterschiedlicher Form kognitive Funktionen unterstützen. Während die linke Gehirnhälfte stärker mit der sprachlichen und analytischen Verarbeitung assoziiert zu sein scheint, ist die rechte Hemisphäre stärker mit wahrnehmungsgebundenen und räumlichen Funktionen beschäftigt (vgl. Anderson 1995). Für das Bewusstmachen von unbewusstem Wissen bedeutet dies, dass eine Visualisierung oft einen einfacheren Zugang zur ersten Explikation darstellen kann, als dies je durch verbale Hilfsmittel erreicht werden kann. Ein typisches Beispiel sind die nach Tony Buzan weiterentwickelten „Knowledge Maps", in denen Wissen intuitiv ohne lineare Struktur ergänzt und dargestellt werden kann und man sich im Verlauf des Konstruktionsprozesses an viele Wissenskomponenten ‚erinnert', von denen man vorher nichts zu wissen glaubte.

Neben der visuellen Hilfestellung bei der Identifizierung unbewusster Wissensbestände gibt es eine Reihe anderer Hilfsmittel, die hauptsächlich psychologischen Ursprungs sind. Zu nennen ist hier die Repertory Grid Technik (RepGrid), die von Kelly (1955) eingeführt wurde, um Personen nicht direkt zu einem Thema, sondern sie zu ihrer Meinung *über* andere Leute/Themen zu befragen. Dadurch, so die Aussage von RepGrid Vertretern, wird das Problem vermieden, dass viele Menschen sich ihres eigenen Wissens oft nicht bewusst sind und/oder es nicht selbstbezogen präzise artikulieren können. Ein anderes, auf den Ergebnissen des Forschungsprogramms Subjektive Theorien in der Psychologie (Groeben/Scheele 1988) aufbauendes Verfahren ist die sogenannte Strukturlegetechnik, womit das unbewusste Wissen einer Person hervorgeholt wird, indem eine verstehende Beschreibung von Handlungen aus der Sicht der handelnden Person selber vorgenommen wird. Der Befragte soll möglichst genau darüber berichten, welche Kognitionen, Emotionen und Motivationen für ihn in der aktuellen Handlungssituation relevant waren. Anschließend wird eine Verallgemeinerung über die konkrete Situation hinaus auf Situationen dieses Typs vorgenommen. Meist simultan zur Erhebung, werden die Faktoren, die von der befragten Person genannt werden, auf Kärtchen notiert. Im nächsten Schritt führen Forscher und Untersuchungspartner die Rekonstruktion des individuellen Wissens mit Hilfe der Legetechnik gemeinsam durch. Dabei werden die zuvor beschrifteten Kärtchen strukturiert abgelegt. Es wird ein Regelsystem vereinbart, das formale Relationen zwischen einzelnen inhaltlichen Konzepten erlaubt (graphische Struktur-Lege-Technik). Im Kern geht es darum, die inhaltlichen Konzepte und ihre Relationen untereinander zu erfassen, so dass subjektiv wahrgenommene Beziehungen und Entscheidungsabfolgen rekonstruiert werden können. In der nachfolgenden *Abbildung 52* ist ein Beispiel für die Strukturlegetechnik mit einer Anwendung in der Betriebswirtschaftslehre dargestellt.

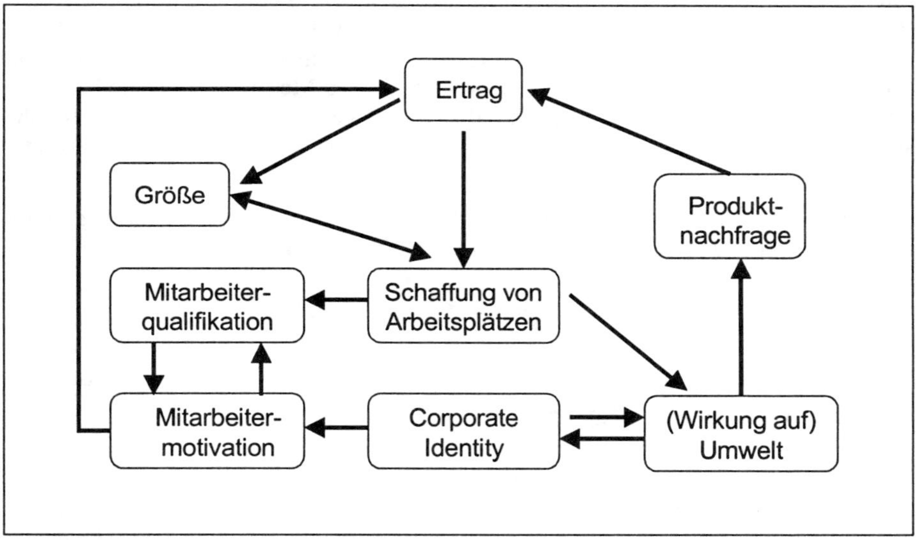

Abbildung 52: Beispiel für die Struktur-Lege-Technik
Quelle: Weber (1991: 298)

Obwohl es sich bei dieser Darstellung zunächst um relativ einfache Zusammenhänge handelt, bringt eine Explikation in dieser Weise häufig unbewusste Wissensbestände zum Vorschein und trägt zur Generierung neuen Wissens, hier beispielsweise über den Zusammenhang zwischen Ertrag und Personaleinstellung, bei.

Betrachten wir nun abschließend die Situation in Quadrant vier, der am Anfang des Kapitels dargestellten Wissensmatrix. Dort haben wir eine Konstellation, in der wir nicht wissen, was wir nicht wissen. Beispiele aus dem Alltagsleben sind etwa das Nicht-Wissen eines Skifahrers über drohende Lawinengefahr, die fehlende Kenntnis über eine überraschende Innovation eines Wettbewerbers oder Insidergeschäfte eines Top-Managers. All diese Beispiele legen nahe, dass ein entsprechendes Wissen zu einer völlig anderen Handlung geführt hätte als es vermutlich bei seinem Fehlen der Fall ist. Das Phänomen des Nicht-Wissens über nicht vorhandenes Wissen ist ein typischer Fall für die Nutzung von Kreativitätstechniken. Dort geht es darum, das Unvorstellbare zu denken, Fragen zu stellen, die nie zuvor gestellt wurden und sozusagen evolutionäre Quantensprünge in der eigenen Wissenswahrnehmung und -entwicklung vorzunehmen. So sollen ‚blinde Flecken' entdeckt und eventuell aus dem Nichtwissen resultierende Gefahren vermieden werden. Auch eine breit gestreute kontinuierliche Informationssuche über verschiedene Kanäle, zu verschiedenen Zeiten und an verschiedenen Orten kann – wie das Beispiel des Skifahrers zeigt - sehr hilfreich sein.

Neben den möglichen Hilfestellungen zur Explizierung von unbewusstem Wissen, wie sie bisher angesprochen wurden, gibt eine Reihe an Tools, mit denen sich die Visualisierung sowohl von explizitem als auch von implizitem Wissen gestalten lässt. Mehrere Studien haben gezeigt, dass eine bildhafte Darstellung besser im Gedächtnis bleibt als eine ausschließlich verbale. Die verbale Merkfähigkeit lässt sich sogar durch eine Verknüpfung mit bildlichen Ausdrücken immens steigern (vgl. Anderson 1996: 103) und kann die individuelle und organisationale Gedächtnisleistungen entscheidend erhöhen. Ziel einer graphischen Darstellung ist die Erzielung eines Mehrwertes gegenüber einer ausschließlich textlichen Darstellung. Für die Visualisierung gibt es unterschiedliche Hilfsmittel, deren Ziel in der Überwindung von Grenzen besteht, wie sie durch die verbale Darstellung gegeben sind.

Zu einigen Tools wird in Kapitel sieben eine nähere Vorgehensbeschreibung angeführt. Dort finden sich auch spezielle Literaturhinweise zur Durchführung.

5.4. Wissensgemeinschaften – Orte des Erwerbs und Transfers von implizitem Wissen

Der Erwerb und Transfer von Wissen schließt sich unmittelbar an die Identifikation von Wissen an. Wissenserwerb kennzeichnet alle Möglichkeiten, die individuelle Wissensbasis zu erweitern und Wissenstransfer kann als Diffusionsprozess gekennzeichnet werden, in dessen Verlauf das individuelle Wissen für die Organisation zugänglich gemacht wird und dessen Ablauf von den beteiligten Personen sowie den organisationalen Prozessen und Routinen geprägt ist (vgl. Szulanski 1996: 28). In der letzten Zeit hat sich innerhalb der Forschung zum Wissensmanagement die Frage nach der Erschließung und Vernetzung von Mitarbeiterwissen zu einem zentralen Thema herauskristallisiert. Mit dem Konzept der *Communities of Practice oder CoP* (oftmals übersetzt als Praxis- oder Wissensgemeinschaften) wird besonders berücksichtigt, dass Wissen oftmals implizit ist und dass sich aufgrund dieser Tatsache spezielle Herausforderungen für den Erwerb stellen. CoPs stellen nach weitläufiger Meinung insbesondere auf Sozialisationsprozesse ab, die der natürlichen menschlichen Entwicklung entlehnt sind und somit dem impliziten Wissen einen passenden Lernprozess zuordnen.

Die grundsätzliche Idee der CoPs ist, dass sich Menschen mit ähnlichen Wissens- und Arbeitsgebieten zusammenfinden und voneinander lernen. Dies geschieht ohne hierarchische oder funktionale Beschränkungen; Communities sind für jeden offen.

	Was ist der Zweck?	**Wer gehört dazu?**	**Was hält die Gruppen zusammen?**	**Wie lange bestehen die Gruppen?**
Community of Practice	Die Fähigkeiten der Mitglieder entwickeln; Wissen entwickeln und austauschen	Mitglieder finden nach eigenem Ermessen zusammen	Begeisterung und Engagement und Identifikation mit der Gruppenexpertise	So lange es ein Interesse an ihrem Bestehen gibt
Informelles Netzwerk	Geschäftsinformationen sammeln und weiterleiten	Freunde und geschäftliche Bekannte	Wechselseitige Bedürfnisse	So lange wie die Beteiligten Grund haben in Kontakt zu bleiben
Projektteam	Die Bewältigung einer speziellen Aufgabe	Vom Management ernannte Mitarbeiter	Projektziele	Bis zum Abschluss des Projektes
Funktions - / Geschäftseinheit	Produkte bzw. Dienstleistungen bereitstellen	Jeder, der einem Gruppenleiter unterstellt ist	Arbeitserfordernisse	Bis zur nächsten Reorganisation

Abbildung 53: Vergleich zwischen verschiedenen Gruppen
Quelle: Wenger/Snyder (2000: 142)

Durch die Teilnahme von Personen ganz unterschiedlicher Herkunft und unterschiedlicher Ebenen soll ein unbürokratischer Zugriff auf Hilfestellungen und Spezialwissen ermöglicht werden. Der Schwerpunkt der Aktivitäten liegt auf Informations- und Wissensaustausch, also indirekt auf der Entstehung von Wissen (Wenger 1999). Grundsätzlich komplementieren CoPs dabei andere organisatorische Strukturen durch ihre informelle Sicht auf die Organisation, sie haben aber nicht den Anspruch, diese zu ersetzen.

In *Abbildung 53* sind CoPs im Vergleich zu anderen Gruppen dargestellt. Deutlich ist hier noch einmal zu sehen, dass es keine Zugangsbeschränkungen gibt und das Eigeninitiative das bestimmende Entwicklungsprinzip darstellt. Die Idee sogenannter CoPs hat verschiedene Ursprünge. Im betriebswirtschaftlichen Umfeld wurde das Konzept Anfang der 80er Jahre am Xerox PARC von John Seeley Brown eingeführt. Dieser definierte CoPs als „peers in the execution of real work, held together by a common sense of purpose and a real need to know what each other knows" (Brown/Dugoid 1998: 95). Als heute weitgehend verwendete Definition gilt die von (Wenger/Snyder 2000: 139): „In brief, [communities of practice] are groups of people informally bound together by shared experience and a passion for joint enterprise…" Die Betonung dieser Definition liegt auf dem Gedanken der Freiwilligkeit und des persönlichen Interesses. Die durch Eigeninitiative vorangetriebene Bildung der Gemeinschaft lässt dabei eine größere Motivation erwarten als vom Management vorgeschriebene Strukturen.

CoPs selbst können verschiedene Ausprägungen haben. So ist eine Bildung auch über Organisationsgrenzen hinweg denkbar, wie zum Beispiel ein Treffen der CEOs zu Business Roundtables. Auch Geschäftspartner oder Kunden können mit eingebunden werden, wenn eine informelle Beziehung für die beiderseitigen Interessen sinnvoll erscheinen. Borowsky (2000: 11) bringt es auf den Punkt: „Die organisatorische Ausprägung einer Community of Practice kann variieren von der Beschränkung auf eine leicht abgrenzbare Unternehmenseinheit wie einer Abteilung bis hin zu einem unternehmensübergreifenden Netzwerk." Vom Umfang her hat eine Community in der Regel 10-100 oder mehr Mitglieder.

Das Ziel von CoPs ähnelt dem von anderen informellen Strukturen im Unternehmen, ist aber häufig nur sehr indirekt feststellbar. Der Nutzen ist, ebenso wie bei anderen Instrumenten des Wissensmanagement schwierig zu quantifizieren. Übereinstimmend werden aber die indirekten Nutzenpotentiale festgehalten (vgl. z.B. Wenger/Snyder 2000; Schmidt 2000): Durch verbesserte Kommunikation wird eine höhere Wissenstransparenz erzielt und die Kenntnis, wer im Unternehmen welches Wissen hat, wird erweitert; die soziale Ebene der Zusammenarbeit wird verbessert, Probleme können schneller beseitigt, wertvolle Erfahrungen eines Bereiches können besser übertragen (Best-Practice-Sharing) und Lernkurven können beschleunigt werden. Auch kann die Durchsetzung strategischer Ziele beabsichtigt werden, wie das Beispiel der Weltbank zeigt (siehe nächste Seite).

Betrachtet man nun die Wissensprozesse näher, die sich in einer CoP abspielen, so lassen sich diese anhand einer zeitlichen Unterteilung darstellen (vgl. von Krogh/Köhne 1998; Szulanski 1996). In der Initiierungsphase werden die Entscheidungen für den Wissenstransfer getroffen und eine Bedarfsanalyse vorgenommen (Ermittlung von Wissenslücken). Wissen sowie Transfermöglichkeiten werden identifiziert sowie erste Beurteilungen vorgenommen. Szulanski beschreibt diesen Prozess wie folgt: „A transfer beginns when both a need and the knowledge to meet that need coexist within the organization, possibly undiscovered. The discovery of the need may trigger a search for potential solutions, a search that leads to the discovery of superior knowledge" (Szulanski 1996: 28). Da eine CoP stark auf informellen Beziehungen beruht, besteht eine gute Möglichkeit der Wissensidentifikation durch enge persönliche Kontakte. Mit zunehmender Größe ist es auch wahrscheinlich, dass sich der Wissensbedarf innerhalb der CoP oder innerhalb des Unternehmens decken lässt.

Communities-of Practice in der Weltbank

CoPs sind das Herz und die Seele der Wissensmanagementstrategie der Weltbank. Einige CoPs gibt es bereits seit Jahren, allerdings waren sie eher klein und fragmentiert. Das hat sich jetzt geändert, da die Weltbank die Etablierung eines Wissensmanagements als Schlüsselfaktor auf dem Weg zu einer ‚Wissensbank' erkannt hat. Ziel ist es, qualitativ hochwertige Informationen und Wissen über ökonomische Entwicklungen bereitzustellen. Die Entscheidung der Bank, CoPs zu subventionieren hat zum Beispiel zu einem signifikanten Anstieg an unternehmensweiten Communities – mittlerweile sind es über hundert - und zu einer intensiveren Teilnahme geführt. Da die Bank ihre Bereitschaft Geld zu verleihen mit Informationsversorgung ergänzt, können die CoPs zunehmend zur strategischen Orientierung beitragen.

Quelle: Wenger/Snyder (2001:140)

Im anschließenden Beginn der Implementierung, also dem tatsächlichen Beginn von Wissensflüssen, finden iterative Austauschprozesse statt, die nur selten an einzelne Wissensträger oder – inhalte gebunden sind. Es kommt zu einer beständigen Anpassung von Best Practices und einem kontinuierlichen Lernen aus Erfahrung. Häufig werden in dieser Phase, oft auch unbewusst, Geschichten als Medium des Wissenstransfers genutzt, da durch sie persönliche Erfahrungen besser mit eingebunden und ein dialogorientierter Austausch gefördert werden kann.

Im nachfolgenden Ramp-up werden gezielt Probleme berücksichtigt, die sich durch die Aufnahme neuen Wissens ergeben können und die das Ergebnis des Transferprozesses noch in Frage stellen könnten. Parallel zu dieser Phase werden Integrationsmaßnahmen eingeleitet, um das transferierte Wissen in die Wissensbasis des neuen Trägers einzubinden.

In einem solchen Transfermodell werden die einzelnen Phasen analytisch nachvollziehbar dargestellt. Man sollte aber nicht vergessen, dass eine CoP eine sehr hohe Dynamik beinhaltet und Wissenstransferprozesse nur in den seltensten Fällen parallel ablaufen – dies ist zugleich eine Chance! Henschel (2001: 199) spricht prägnant von einem Wissensfluss als einer sich drehenden Scheibe, die alle Teilprozesse miteinander verbindet und zugleich die soziale Interaktion zwischen Wissensempfängern und Wissenslieferanten bezeichnet. Beide Rollen können im Verlauf des Prozesses verschwimmen und oftmals lassen sich die jeweiligen Randbedingungen nicht überschneidungsfrei identifizieren.

Initiierung	Implementierung	Ramp-up	Integration
Entscheidungsvorbereitung für den Wissenstransfer	Einleitung von Ressourcenflüssen	Identifikation und Lösung unerwarteter Probleme	Routinisierung des transferierten Wissens
Wissensbedarfsanalyse	Anpassung und Veränderung von Best Practices	Anpassung der Posttransfer Erwartungen	Institutionalisierung zu „objektivem Wissen"
Wissensbestandsanalyse	Aufbau von transferspezifischen sozialen Kontakten	Verbesserung des Nutzungsgrades neuen Wissens	Dokumentation gemeinsamer Erfahrungen
Wissens-identifikation	Erfahrungsbasierte Problemevaluation und –beseitigung	Kontrolle des Ramp-up Windows	
Wissensbeurteilung („how good is good")	Massnahmen gegen Transferwiderstände einleiten		
Identifikation vonTransfer-möglichkeiten			

Abbildung 54: Phasen und Aufgaben im Wissenstransferprozess
Quelle: In Anlehnung an Szulanski (1996)

Für eine erfolgreiche Gestaltung der Wissenstransferprozesse ist es daher notwendig, verschiedene Einflussfaktoren zu kennen, so etwa die Motivation und die Offenheit der am Transfer beteiligten Personen, ein minimales Vertrauen, eine den Transfer fördernde Organisationskultur, sowie ein auf Austausch gerichtetes Interaktionsverhalten zwischen CoP-Mitgliedern, zu berücksichtigen. Weiterhin sollte die Reichhaltigkeit und Bandbreite des Interaktionskanals, die Struktur der Wissensbasis des Empfängers sowie die Diversität der CoP-Mitglieder beachtet werden (vgl. Henschel 2001: 214-221). Wenngleich CoPs immer wieder als informelle Gemeinschaften gekennzeichnet werden, sollte man die Unterstützungsfunktion durch das Management nicht zu gering einschätzen. Eine direkte Hilfestellung bei der Durchführung des Wissenstransfers durch sogenannte „Knowledge Activists" kann sogar sehr sinnvoll sein (vgl. von Krogh/Köhne 1998: 244). Schon entsprechende Äußerungen oder moralische Unterstützungsfunktionen können einen nicht zu unterschätzenden Einfluss auf die Motivation zur weiteren Entwicklung einer CoP nehmen. Grundsätzlich ist die Aufgabe des Managements jedoch in der Bereitstellung von Rahmenbedingungen, nicht aber in einem Einbezug in operative Wissensaktivitäten zu sehen.

5.5 Erfahrungsbericht 6: Wissensmanagement ist professionelle Kommunikation

Wie NLP, Coaching und Graves-Diagnostik beim Wissensmanagement eingesetzt wird.

Von Karl Nielsen

Wissensmanagement funktioniert nur, wenn es als professionelle Kommunikation von Visionsmanagement, KommunikationsTraining, TeamEntwicklung und Coaching begleitet wird. Human-Ressource-Management-Methoden aus den Bereichen: NLP als klassisches Kommunikationstraining, Coaching als Unterstützung für Führungskräfte und Teams, Graves-Diagnostik als Managementinstrument und zur Teamentwicklung (www.NLP-Nielsen.de/graves.htm), Open Space als Startveranstaltung von Wissensmanagement, sowie Guerrilla-Marketing (www.Guer-rilla.de) als kreativer Umgang mit Kunden, bieten dafür vielfältige Unterstützung.

Wissensmanagement ist professionell intensivierte Kommunikation. Es geht dabei um den Austausch (die Kommunikation) darüber, was die zentralen Fragestellungen sind, zu denen Wissen gesammelt werden soll, darum wie etwas gut funktioniert und wie es möglich ist, das allen leicht zugänglich zu machen. Begeistertes miteinander und voneinander lernen steht dabei im Mittelpunkt. Die Computertechnik sollte ein Unterstützungsinstrument für den Menschen sein. Aktuell wird viel zu oft anders herum gedacht. Oft steht am Beginn von Wissensmanagement die Anschaffung teurer Computer Hard- und Software. Dann kommt die Frage, wie man die Mitarbeiter an diese Maschinen gewöhnen kann. Sinnvoll ist es anders herum. Zuerst kommt die menschliche Kommunikation darüber, was erreicht werden soll und wie es erreichbar ist und dann können Computer dabei die Arbeit erleichtern. Betriebliche Veränderungen durch Wissensmanagement in der Form von professionell verbesserter Kommunikation über Best Practice führen zu großer Arbeitserleichterung. Es hilft, den Menschen effektiver (mit besseren Ergebnissen), effizienter (mit geringerem Aufwand) und humanitärer (mit höherer Arbeitszufriedenheit) die Ziele innerhalb der Firmenvision umzusetzen. Als Anpassung des Menschen an die Computertechnologie verkümmert Wissensmanagement zur unsinnigen Sammlung von Trivialitäten über die jeder in der Firma Witze macht. Erfolgreiches Wissensmanagement braucht deshalb begleitend Visionsmanagement mit gelebter Corporate Identity (CI) und Kommunikationstraining mit kooperativer Teamentwicklung. Nur so können sich die Veränderungsprozesse, die Wissensmanagement mit sich bringt, positiv auswirken. Führungskräfte nutzen in den letzten Jahren verstärkt Coaching, um diese Herausforderungen des Managens von Veränderungsprozessen (Change-Management) zu meistern. Dafür gibt es inzwischen auch schon die ersten Coaches, die sich darauf spezialisiert haben: die *Wissensmanagement-Coaches.*

Ich berichte hier von einem Projekt in einer Firma, das mit einer Zukunftswerkstatt 1994 begonnen hat, dann in ein 3-jähriges Projekt zur Lernenden Organisation mündete und dessen Ergebnis professionelles kommunikatives Wissensmanagement in der Firma ist.

Dieses Firmenprojekt hat sich gleichzeitig auf die von meinem Institut angebotene Kommunikationsausbildungen ausgewirkt. Es führte zur Integration von Wissensmanagement in unsere Ausbildungen und zum Angebot einer Ausbildung zum Wissensmanagement-Coach. Dieser Coach ist mit insgesamt rund 100 Ausbildungstagen im Zeitraum von 4 Jahren für die Unterstützung der kommunikativen Herausforderungen von Führungskräften bei der Einführung, Umsetzung und Begleitung von Wissensmanagementprojekten bestens geeignet. Durch seine Erfahrungen als NLP-Trainer und als Coach, mit den Arbeitsschwerpunkten Einzelcoaching, Teamcoaching, Teamentwicklung, Wissensmanagement und Kommunikationstraining ist er der geeignete Spezialist für dieses Gebiet. Mit der interventionsorientierten Entwicklungstheorie von Firmen und Menschen (Graves-Diagnostik) und den ziel- und ressourcenorientierten Kommunikationstechniken des NLP bestehen durch seine Unterstützung die besten Voraussetzungen für erfolgreiches, innovatives Wissensmanagement.

1. Ausgangssituation

Die Firma: Die Firma, über die ich beispielhaft berichte, ist ein privater Anbieter von Berufsausbildungen an 6 Standorten in Deutschland mit zusätzlicher zentraler Weiterbildungsabteilung, mit insgesamt etwa 200 Mitarbeitern (teilweise auf Honorarbasis) und rund 1500 Kunden im Jahr.

Der Trainer: Ich bin als Diplom-Soziologe, Diplom-Psychologe, Lehrcoach, NLP-Lehrtrainer, Organisationsentwickler und KommunikationsTrainer der Leiter der Trainingsfirma: *"NLP-& Coaching-Institut Berlin" (www.NLP-Nielsen.de).* Seit 1986 biete ich im Netzwerk mit anderen Trainern Firmenangebote an wie: KommunikationsTraining, Lernende Organisation, Graves-Training, Coaching, etc. und freie Angebote wie: NLP-Ausbildungen, Coaching, Coach-Ausbildungen, etc. Zu meinen "Mitarbeitern" (www.nlp-nielsen.de/profile.htm) gehört ein Netzwerk von 24 Kommunikationstrainern (Honorarbasis), vom DelphinStrategienTrainer bis zum Guerrilla-Marketing-Spezialisten.

Als wir 1986 das erste NLP-Institut in Berlin gründeten, lag der Schwerpunkt in den NLP-Ausbildungen. Erst angesichts der gesellschaftlichen Entwicklung unserer Wissensgesellschaft (eher Informationsflutgesellschaft) in den letzten Jahren entstand vermehrt die Nachfrage nach Teamentwicklung und Coaching in Firmen. Die Herausforderungen in vielen Firmen veränderten sich in diesem Zeitraum. Es zeigte sich, dass die Firmen den höchsten Gewinn machen, die auf die Kundeninteressen am schnellsten und besten eingehen. Dazu bedarf es einer hohen Flexibilität der Mitarbeiter bei der beständigen Optimierung von Arbeitsprozessen, schneller Kommunikationswege für die Erkenntnis von Veränderungen der Kundenwünsche und der Bereitschaft, das in der Firma vorhandene Wissen im Sinne von Best Practice optimal zu nutzen. Die dafür nötigen Fähigkeiten und Einstellungen werden den Firmenmitarbeitern bei ihren Ausbildungen nicht vermittelt. Durch KommunikationsTraining und Coaching können sie das jetzt nachholen. Da kontinuierliche Veränderungen bei vielen Mitarbeitern Unsicherheit und Unzufriedenheit auslösen, brauchen sie für diese Herausforderung ein auf sie abgestimmtes kompetentes Training. Nur so lässt sich die Innere Kündigung bei den Mitarbeitern vermeiden und ein erfolgversprechendes kommunikatives miteinander Umgehen mit den Zielen: Kontinuierlicher VerbesserungsProzesse (KVP) im Sinne von Best Practice, Identifikation mit der Firmenphilosophie als Corporate Identity (CI) bei gleichzeitiger hoher Arbeitszufriedenheit und Mitarbeitergesundheit erreichen.

Durch diese Veränderungen in den Arbeitsanforderungen in Firmen entsteht ein erhöhter Bedarf an gelungener Kommunikation zwischen den Mitarbeitern, zwischen den verschiedenen Hierarchieebenen der Firma und zwischen den Kunden und den Mitarbeitern. Und es besteht ein Bedarf an speziellen Trainings- und Prozessbegleitern dafür. In unseren NLP- und Coaching-Ausbildungen, die im wesentlichen eine Erhöhung kommunikativer Flexibilität durch das Training professioneller sozialer und kommunikativer Kompetenz beinhalten, spiegelt sich diese Veränderung der Kundeninteressen wider. Wir fördern die Kommunikation der Kursteilnehmer auch durch die Nutzung von kursinternen Diskussionsforen im Internet, integrieren Erfolgsteams und Wissensmanagement in die Ausbildungen und wenden in der Trainerausbildung Open Space und Coaching für die Förderung von Ausbildungsprojekten an. Die Ausbildung zum *Wissensmanagement-Coach* ist unsere aktuellste Antwort auf die veränderten Erwartungen unserer Kunden.

Der *Auftrag:* Ich wurde 1994 eingeladen als KommunikationsTrainer eine Zukunftswerkstatt in der Firma durchzuführen. Teilnehmer des Trainings waren: die 12 örtlichen Bereichsleiter und ihre Stellvertreter, die Leitung der Weiterbildung und ihre Stellvertretung, das Controlling und die Direktion und ihre Stellvertretung. Insgesamt also 17 Menschen aus 3-5 Hierarchieebenen: Direktion, Controlling, Bereichsleitung und Stellvertretung. Ziel dieser 3 Tage war die Entwicklung einer Corporate Identity für die Firma über die Klärung, was bisher hätte besser laufen können, was zukünftig wie laufen soll und wer welche Erfahrungen mit wichtigen Firmenthemen im Sinne von Best Practice (Wissensmanagement) anderen in der Firma zur Verfügung stellen kann. Der Methode Zukunftswerkstatt entsprechend war am 3. Tag die Aufteilung in: Was macht wer, wie genau, bis wann, mit wem, mit welchem Oberziel?

Als ich ein Jahr später wieder als KommunikationsTrainer zur Nachbereitung der im letzten Workshop selbst gesetzten Ziele der Teilnehmer eingeladen wurde, zeigte sich, dass der Betriebsalltag nur die Umsetzung eines kleinen Teils der Ziele ermöglicht hat. Wir überprüften die damals gesetzten Ziele und vereinbarten, dass wir 1 Jahr später wieder zusammenkommen und die Erfolge auswerten würden. Nach einem weiteren Jahr kamen die Teilnehmer zu der Erkenntnis, dass nur eine kontinuierliche Begleitung die Umsetzung ihrer Ziele im Rahmen von Corporate Identity, Teamentwicklung und Wissensmanagement ermöglicht. Gemeinsam entschieden sie sich nach meinem 3. Workshop bei ihnen, für eine kontinuierliche Arbeit an ihrer Kommunikation untereinander mit den Zielen:

- Erarbeitung der Corporate Identity,
- Förderung der Teamentwicklung
- Austausch über Best Practice (Wissensmanagement) bei den herausfordernden Firmenaufgaben.

2. Überblick über Planung, Inhalte und Methoden

Nach der Zukunftswerkstatt vor 2 Jahren und den 3 Tagen zu DelphinStrategien vor einem Jahr, führte ich dann in Organisationsentwicklung zur Lernenden Organisation mit integriertem NLP-Business-Practitioner ein. Nach den ersten 3 Tagen: "Bestandsaufnahme, Ziele und Ressourcen", entschieden sich die 17 Teilnehmer für das gesamte Trainingspaket mit Techniken für die Entwicklung professioneller, sozialer und kommunikativer Kompetenz.

2.1. Techniken zur Entwicklung professioneller kommunikativer Kompetenz

Es gibt eine ganze Reihe an angewandten Techniken wie z.B. Techniken aus Mindells Prozessmoderation (Eisberg), Anker, Meta-Modell-Fragetechnik, Disney-Strategie etc. Diese Techniken jetzt im einzelnen zu erläutern, würde an dieser Stelle zu weit führen. Vielmehr sollen hier einige etwas breiter angelegte Methoden angeführt werden. Wichtig für das Wissensmanagement im Sinne von Best Practice ist es, sich dann darüber auszutauschen, wer mit welchen Herausforderungen wie umgeht und welche Erfahrungen zu optimalen Umgangsweisen bestehen oder noch zu erarbeiten wären. Diese Erfahrungen bestimmen dann wesentlich die Auswahl der Technik. Inhaltlich gehörten zum Wissensmanagement in jedem Fall das Wissen um erfolgreiche, gelungene Kundenbeziehungen, das Wissen um angstfreie Kommunikation im Sinne von "Fehler sind erlaubt" und das spezielle Führungskräftewissen für effektives Konfliktmanagement. Nachfolgend sind einige erläuternde Beispiele angeführt:

Methoden für stärkere Kundenorientierung sind dabei z.B.:

- Wahrnehmungsschulung: Damit Sie die Hinweise, die Ihnen Ihr Gesprächspartner über die Art wie er etwas gut verstehen kann gibt, bewusst erkennen.
- Training in Körpersprache: Damit Sie sich durch Ihre Körpersprache gezielt auf Ihren Gesprächspartner einstellen können und Offenheit, Zuwendung und Verständnis signalisieren.
- Gezielte Frage- & Vermittlungstechniken: Damit Sie so nachfragen können, dass Sie genau wissen, was Ihr Gesprächspartner mit dem meint, was er sagt und genau darauf eingehen können.

Methoden für bessere Kommunikation sind dabei z.B.:

- Ressourcevolles Zustandsmanagement: Lernen Sie Methoden, mit denen Sie sich in die innere Haltung bringen, in der Sie die Herausforderungen des Lebens genießen können.
- Permanente Integration von Feedback: Nutzen Sie das Feedback, das Sie auf unterschiedlichen Ebenen permanent geschenkt bekommen, zur Überprüfung von Kommunikationsbarrieren, Lösungsmöglichkeiten und zur Richtungskontrolle.
- Werte und Überzeugungen berücksichtigen: Überprüfen Sie Ihre Ziele darauf, wie sie zu Ihren Werten und Überzeugungen passen.

Methoden für effektiveres Konfliktmanagement sind dabei z.B.:

- Klare Zielvorstellung: Das Bild Ihrer inneren Vorstellung vom Ziel ist entscheidend für Ihre Motivation und Ihre Klarheit in Verhandlungssituationen. Überprüfen Sie Ihre Ziele, indem Sie sie in angemessene Etappenziele einteilen, die Beziehung zu übergeordneten Zielen klären und unerwünschte Nebeneffekte rechtzeitig erkennen.

- Unterschied zwischen Verhalten und Absicht: Verbinden Sie sich bei einem "störenden" Verhalten mit der positiven Absicht, die dahintersteht, und finden Sie neue Wege für die Verwirklichung dieser Absicht.
- Flexibilität im Denken, Fühlen und Verhalten: Verändern Sie Ihr Denken, Fühlen und Verhalten solange, bis Sie Reaktionen bekommen, die in die Richtung des von Ihnen erwünschten Verhandlungsziels gehen.

Diese Methoden enthalten sowohl die Standardinhalte einer NLP-Practitionerausbildung (klassisches KommunikationsTraining) als auch konkrete Techniken zur Umsetzung der 5 Disziplinen der Lernenden Organisation (klassische Organisationsentwicklung).

Die 5 Disziplinen sind:

- *Personal Mastery / Persönliche Entwicklung* bedeutet, sich grundlegende Fähigkeiten für mehr Kundenorientierung, bessere Kommunikation und effektiveres Konfliktmanagement anzueignen. Es bedeutet Weiterentwicklung in Selbstmanagement und kommunikativer Kompetenz.

- *Mentale Modelle* bedeutet, sich mit befähigenden und behindernden inneren Einstellungen und Überzeugungen auseinanderzusetzen und sie bei Bedarf flexibel zu verändern. Vor 500 Jahren war die Erde noch eine Scheibe. Heute ist das einzige was stört der Kunde.

- *Gemeinsame Visionen* bedeutet, sich die Zeit zu nehmen, gemeinsam kraftvolle Ziele und Visionen zu entwickeln, die motivierend wirken und auch in ökonomisch schweren Phasen eine positive Orientierung darstellen.

- *Team-Lernen / Teamentwicklung* bedeutet, sich bewusst für den Synergieeffekt gemeinsamen Denkens und Handelns zu entscheiden. Ein Ganzes ist viel mehr als die Summe seiner Teile und eine völlig neue Qualität.

- *Systemdenken* bedeutet, permanentes Feedback in den Arbeitsprozess zu integrieren, die Folgen von Entscheidungen im Voraus so genau wie möglich zu untersuchen und seine Flexibilität andauernd weiterzuentwickeln.

2.2 Graves Diagnostik für die Art des Einsatzes solcher Techniken

Damit der Trainer weiß, wie er solche Techniken bei Mitarbeitern im Teamcoaching oder bei Führungskräften im Einzel-Coaching optimal einsetzt, benötigt er ein Diagnostiksystem, das ihm hilft zu erkennen, wie jemand etwas am leichtesten versteht, welchen Werten er folgt und wie seine Motivation aktivierbar ist. Nach der Darstellung dieses Diagnostikinstruments nach Graves unter 2.2 werde ich das an den Beispielen unter 3 aufzeigen und auch beim Wissensmanagement-Coach unter 5 darauf eingehen.

Clare W. Graves war als amerikanischer Psychologieprofessor ein Zeitgenosse von Abraham Maslow. Er akzeptierte nicht den Endpunkt der Maslowschen Pyramide als Endpunkt der menschlichen Entwicklung.

Das Graves-Modell besagt, dass sich, als Reaktion auf bestimmte menschliche Existenzbedingungen, bestimmte Wertesysteme entwickelt haben. Diese Wertesysteme sind einerseits psychische Versuche, auf bestimmte geschichtliche Existenzbedingungen angemessen zu reagieren und andererseits entwickeln sie sich antithetisch als Gegenbewegung zu dem jeweils herrschenden Wertesystem. Im Graves-Modell werden 8 Entwicklungsstufen beschrieben. Auf jeder Stufe gibt es eine positive gesunde Ausprägung und wenn der natürliche Entwicklungsprozess aufgehalten wird, auch negative problematische Ausprägungen. Zudem gibt es auf jeder Stufe a) Menschen, die gerade sehnsüchtig in diese Stufe hineinwachsen möchten und in diesem Werteset die Lösung dringender aktueller Probleme sehen, b) Menschen, die in diesem Wertesystem die darin herrschenden Vorstellungen repräsentieren und ihre Vorteile daraus ziehen und c) Menschen, die gerade dabei sind aus diesem System herauszuwachsen und eher die Begrenzungen des Systems wahrnehmen. Einzelne Menschen durchleben diese Wertesets, die gleichzeitig Filter für ihre Wahrnehmung darstellen und bestimmend sind für die Art der Lösungen, die sie für Probleme bevorzugen. In Firmen haben sich durch die Firmenphilosophie und die bisherige Entwicklung der Firma solche Wertesets bewusst und unbewusst etabliert. Es gibt bürokratische Firmen (Gravesstufe 4), bei denen es ganz viele Vorschriften gibt und erfolgsorientierte Firmen (Gravesstufe 5), bei denen nur der Erfolg zählt und gemeinschaftsorientierte Firmen (Gravesstufe 6), bei denen die gegenseitige Rücksichtsnahme wichtiger ist als Vorschriften oder Erfolg. Je nach Entwicklungsstand der Firma wird Wissensmanagement anders verstanden und die Motivation der Mitarbeiter sieht auf unterschiedlichen Gravesstufen völlig anders aus.

Bei der Motivation für Wissensmanagement kommt es darauf an, die Mitarbeiter bei dem Wertesystem abzuholen, das sie pflegen und Schritt für Schritt darauf aufzubauen. Wenn man Wissensmanagement bei "Bürokraten" (Gravesstufe 4) einführen will, muss man die Struktur und Vereinbarungen und Regeln von Wissensmanagement hervorheben. Bei "Erfolgsmenschen" (Gravesstufe 5) kommt es darauf an, die Ergebnisse und Erfolge, die man damit erreichen kann, hervorzuheben. Bei den "Gemeinschaftsmenschen" (Gravesstufe 6) ist es wichtig die gemeinschaftsfördernde Wirkung von Wissensmanagement ins Zentrum der Argumentation zu setzen.

Eine überarbeitete Zusammenfassung dieser Stufen auf den Grundlagen von Claire W. Graves, Don Beck & Chris Cowan, sowie Ken Wilber findet sich im Folgenden:

Auf der 1. Stufe (beige: archaisch-instinktiv) reagieren die Sammler und Jäger auf ihre Existenzbedingungen mit Interessen, die sich ums Überleben drehen. Nahrung, Wasser, Wärme, Sex und Sicherheit haben Vorrang. Wenn sich auf dieser Existenzebene Horden oder Banden bilden, dann ist der Überlebenskampf im Zentrum des Zusammenschlusses. Die Gruppenbindungen sind hier sehr locker.

- Diese Art des Seins kommt in frühen menschlichen Gesellschaften vor, bei Neugeborenen, senilen Alten, Alzheimer Patienten im Spätstadium, verwirrten Obdachlosen, Hungernden Massen und Explosionsschockopfern.
- Wissensmanagement und Best-Practice: wahlloses Sammeln aller Informationen, Daten, Fakten und Unterlagen.

- Ken Wilber: Etwa 0,1% der erwachsenen Bevölkerung, 0% Macht

Auf der 2. Stufe (purpur: magisch) bilden sich im nächsten Entwicklungsstadium Gruppen, die in den Naturgewalten göttliche Kräfte sehen, die es zu besänftigen gilt. Opfer werden in ritualisierter Form nötig, um den Zorn der Götter zu besänftigen. Magische kollektive Riten werden durch einen Medizinmann angeleitet. Hier sind jetzt ganz andere Werte aktiv. Die Gruppe hat die Macht über den Einzelnen. Bedingungslose Unterordnung wird erwartet.

- Vorkommen: Glaube an Voodoo-ähnliche Verfluchungen, Blutschwüre, Familienrituale, Aberglaube; verbreitet in der Dritten Welt, in Gangs und organisierten „Stämmen".
- Wissensmanagement und Best-Practice: Austausch magischer Sprüche, gegenseitiges Vorlesen des Horoskopes, heimliche Verfluchungen, Aberglaube und Hoffnung auf Wunder, zufällige Ereignisse werden als Hinweise darauf gedeutet, was man tun soll.
- Ken Wilber: Etwa 10% der erwachsenen Bevölkerung, 1% Macht

Auf der 3. Stufe (rot: Helden, Egomanen, Einzelkämpfer) entwickelt sich der Held heraus, der die Gruppenzwänge der Stufe davor als zu einschränkend erfahren hat. Er lebt impulsiv, selbstzentriert und strebt nach Unabhängigkeit. Das entspricht dem Zeitalter der Straßenräuber, Ritter und „lonesome" Cowboys (Lucky Luke). Jeder traut nur sich selbst und ist auf seinen Vorteil bedacht. Sofortige Bedürfnisbefriedigung, Charisma, Power und Bewunderung sind wesentlich. Körperliche Gewalt und Selbstjustiz sind anerkannt.

- Vorkommen: rebellierende Jugend, feudale Königreiche, epische Heroen, James Bond Bösewicht, Anführer von Gangs (Rocker, Neonazis), Glücksritter, New-Age Narzissmus, wilde Rockstars, Attila der Hunnenkönig, Militärdiktaturen, Bossing, Mobbing und Korruption.
- Wissensmanagement und Best-Practice: Sammeln von Informationen, wie man andere ausschalten kann, wie man sich rücksichtslos durchsetzt und wo die Schwächen der Gegner liegen.
- Ken Wilber: Etwa 20% der erwachsenen Bevölkerung, 5% Macht

Auf der 4. Stufe (blau: Bürokratie, Gesetze, Regeln) entsteht die Erkenntnis, dass gegen die Gefahren solcher Straßenräuber und Ritter nur Gesetze und Regeln helfen. Diese Entwicklung führt über Königshäuser und Höfe, an denen es höfisch/höflich nach strenger Etikette zugeht und die wilden impulsiven Emotionen einer höfischen/höflichen Zähmung unterworfen werden (siehe Norbert Elias: Der Prozess der Zivilisation) bis hin zu den Revolutionen, die im Namen von Gleichheit, Brüderlichkeit und Freiheit die gesellschaftliche Gewaltenteilung durch Verfassungen absichern. Dazu ist eine riesige Bürokratie nötig, mit der alles geregelt und in Gesetzen festgehalten wird. Typisch sind Titel, Frustrationstoleranz, Moral, Unflexibilität, Versprechen auf spätere Belohnung im Himmel, eiserne Disziplin, Loyalität und Gnade.

- Vorkommen: Bürokratie, Parlamentarismus, Kommunismus, religiöser Fundamentalismus (z.B. Christentum und Islam), Pfadfinder, Patriotismus, Psychoanalyse als Zähmung des wilden ES, Verwaltungen, Organisationen
- Wissensmanagement und Best-Practice: Alle Abläufe werden normiert, kontrolliert und alles wird zertifiziert (ISO 9000), Stellenbeschreibungen werden ausgearbeitet, Hierarchien festgelegt und Zuständigkeiten geregelt.
- Ken Wilber: Etwa 40% der erwachsenen Bevölkerung, 30% Macht

Auf der 5. Stufe (orange: Kapitalismus, Gewinner, Erfolg) hat sich der Kapitalismus entwickelt. Für den Kapitalisten zählt nur das Ergebnis, der Gewinn, der Erfolg. Strafen für Gesetzesübertretung sind in der Kalkulation schon mit berücksichtigt. Ziel ist die Anhäufung von Geld. Der freie Markt regelt alles. Fortschritt ist nur durch Wettbewerb denkbar. Jeder kann alles erreichen: vom Tellerwäscher zum Präsident von Amerika. Auf dieser Stufe werden Gewinner und Verlierer systematisch produziert. Management bei Zielvereinbarungen mit finanziellem Belohnungssystem ist beliebt.

- Vorkommen: Notensystem in unseren Schulen, Verhaltenstherapie, Olympiade, Wall Street, Marktwirtschaft, aufstrebende Mittelklasse auf der ganzen Welt, Kosmetikindustrie, Modeindustrie, Materialismus
- Wissensmanagement und Best-Practice: Die Vorgesetzten sind daran interessiert das Wissen ihrer Mitarbeiter für ihre Zwecke herauszufinden. Der Chef führt eine Kartei über seine Mitarbeiter (Wissenslandkarten), in die er z.B. einträgt, wer wen bei der Konkurrenz oder bei einer bewilligenden Behörde wie genau kennt. Benchmarking ist die Sammlung des Wissens, wie die Konkurrenz etwas macht. Wissensmanagement läuft nur mit finanziellen Anreizsystemen.
- Ken Wilber: Etwa 30% der erwachsenen Bevölkerung, 50% Macht

Auf der 6. Stufe (grün: Gemeinschaft) ist die Geldorientierung den Menschen zu wenig. Sie reagieren auf die kapitalistische Entfremdung mit Werten die in der Gemeinsamkeit liegen. Alles wird breit diskutiert. Störungen haben Vorrang. Alle sitzen im Kreis. Nur wenn sich alle einig sind und keiner mehr Bedenken hat, kann man aktiv werden und den gemeinsam beschlossenen Konsens gemeinsam umsetzen. Wenn man will, kann man die Sinnsuche der 68'er Bewegung, der Frauenbewegung, der Anti-Vietnambewegung und der Hippiebewegung damit in Verbindung bringen. Es liegt der Mangel des Gemeinschaftsgefühls zugrunde. Gefühle und Fürsorge treten an die Stelle von kalter Rationalität; liebevolles Sorgen für die Erde und das Leben sind wichtige Werte. Clare Graves sagt: „Dieses System sieht die Welt relativistisch. Das Denken zeigt eine radikale, fast schon zwanghafte Tendenz, alles von einem relativistischen, subjektiven Bezugsrahmen her zu betrachten." Im Extremfall werden hier selbst kriminelle Täter relativistisch subjektiv voller Mitleid "verstanden".

- Vorkommen: Rogerianische Gesprächspsychotherapie, humanistische Psychologie, Befreiungstheologie, Weltkonzil der Kirchen, Greenpeace, Menschenrechtsfragen

- Wissensmanagement und Best-Practice: Jeder ist bereit, sein Wissen den anderen zur Verfügung zu stellen, um dafür soziale Anerkennung zu genießen. Teamorientiert soll jeder gleichen Zugang zu dem gesamten Wissen erhalten.
- Ken Wilber: Etwa 10% der erwachsenen Bevölkerung, 15% Macht

Als 7. Stufe (gelb: Flexibilität, delphinisch) entwickeln Menschen jetzt die Sehnsucht nach Höchstleistungen und Grenzerfahrungen. Der Delphin und das Delphindenken stehen symbolisch dafür. Wie lassen sich bestehende Einengungen so überwinden, dass alle Beteiligten einen Gewinn davon haben? Wie ist es möglich Dinge elegant, effizient und effektiv zu erreichen. Wie lässt sich dabei gleichzeitig der Kitzel des bisher Unerreichbaren erleben? Unterschiede und Pluralitäten lassen sich in voneinander abhängigen, natürlichen Strömen integrieren. Egalitarismus wird ergänzt durch natürliche Rangordnungen und Qualitäten. Wissen und Kompetenz tritt an die Stelle von Macht, Status oder Gruppensensitivität. Systemisch denkend können sich die Menschen auf dieser Stufe flexibel auf allen vorhergehenden Stufen bewegen: In Notfallsituationen können sie den roten Kraftantrieb aktivieren; als Antwort auf das Chaos nutzen sie vielleicht die blaue Ordnung; bei der Suche nach Arbeit hilft ihnen vielleicht ihr oranger Zielerreichungsantrieb; in Liebesbeziehungen und mit Freunden aktivieren sie grüne Beziehungsfähigkeiten. Typisch für die ersten 6 Stufen ist, dass jede Stufe davon ausgeht, dass ihre Werte die richtigen sind. Erst ab der 7. Stufe steht die systemische Sicht der Zusammengehörigkeit des gesamten Systems in einer Art erleuchteter Erkenntnis. Die 7. Stufe stellt einen qualitativen Sprung in der Entwicklung der Menschheit dar von Mangelmotivation zu Seinsmotivation (Maslow, Fromm).

- Vorkommen: Sowohl Chefs aus der 5. Stufe, die erfolgreich Ziele umgesetzt haben und sich dann irgendwann fundamental die Frage nach dem Sinn des Lebens stellen, als auch sensitive teamorientierte Gemeinschaftsmenschen können den Sprung zu dieser Stufe schaffen. Selbst wenn sie unter größeren Belastungen oft wieder auf frühere Stufen regredieren, bleibt ihnen die Seinsmotivation ein Herzenswunsch und sie werden bei der nächstbesten Gelegenheit wieder die 7. Stufe leben. Selbstorganisierte Netzwerke kooperierender Unternehmer (z.B. NLP-Trainer, Wissensmanagement-Coaches), die flexibel bei ausgewählten Projekten zusammenarbeiten.
- Wissensmanagement und Best-Practice: Flexibilität ist hier das Zauberwort. Wissen wird auf dieser Stufe gesammelt über elegante, effektive, effiziente, systemisch-ökologische Lösungen, die frühere begrenzende Sichtweisen überwinden. Wissen zu teilen bedeutet seinen Standpunkt zu erweitern. Veränderung macht Freude und die Grundlage besteht in der Seinsmotivation außergewöhnliche Leistungen aus Spaß an der Herausforderung zu erbringen.
- Ken Wilber: Etwa 1% der erwachsenen Bevölkerung, 5% Macht

In der letzten beschriebenen 8. Stufe (türkis: holistisch) geht es den Menschen um globales Denken: Weltfrieden, Beenden des Welthungers, gleiche Rechte für alle Menschen, schonende Nutzung der Weltressourcen, Verständnis für die Welt als Lebewesen (Gaia) sind hier die neuen Werte. Mit dieser Stufe wird der Dalai Lama in Verbindung gebracht, sowie Fairtrade und Bodyshop. Vielleicht kann man auch die Lebenseinstellungen von Budda, Jesus und Gandhi dieser Stufe zuordnen.

- Wissensmanagement und Best-Practice: Über diese Stufe gibt es noch zu wenig praktische Erfahrungen. Ganz pragmatisch reicht es aktuell aus, diese 8. Stufe gemeinsam mit der 7. Stufe zu behandeln.
- Ken Wilber: Etwa 0,1% der erwachsenen Bevölkerung, 1% Macht

3. Ausschnitte aus dem Training, bzw. Teamcoaching

In der beschriebenen Firma haben die teilnehmenden Mitarbeiter alle unter 2.1 aufgeführten Techniken gelernt. Ich habe die jeweilige Technik erklärt, mit einem Teilnehmer vorgeführt, die Teilnehmer haben die Technik in kleinen Gruppen auf ihre Arbeitssituation angewendet und wir haben die Erfahrungen damit sowohl sofort danach als auch beim nächsten Treffen reflektiert. Als Beispiel möchte ich die Anwendung der NLP-Disney-Technik im Firmentraining beschreiben. Sie kann sowohl von einer einzelnen Person angewendet werden als auch von einem Team.

3.1 Die NLP-Technik: „Disney Strategie" als Beispiel

Walt Disney wurde von Robert Dilts (dem aktuell bekanntesten Vertreter von NLP) modelliert, um seine erstaunlichen Fähigkeiten herauszufinden, mit denen er seine Firma und Projekte zum Erfolg geführt hat. Dazu hatte er die drei zentralen mentalen Prozesse Träumer, Realist und Kritiker bei der Projektplanung getrennt. Robert Dilts beschreibt in seinem Buch "Zukunftstechniken" die Idee hinter der Technik folgendermaßen: "Ein häufig auftretendes Problem in Teambesprechungen ist, dass der Träumer etwas vorschlägt, auf das der Kritiker sofort negativ reagiert, weil er es für unmöglich hält. Darauf wiederum reagiert der Träumer mit Widerstand und beginnt, seine Position zu verteidigen. Dies missfällt dann dem Kritiker, und es entsteht ein endloser Kreislauf von Argumenten. Zuletzt stellt der Realist fest, dass die Zeit abgelaufen ist und man an die Arbeit zurückkehren muss. Alles endet in einem chaotischen Durcheinander von gegensätzlichen Positionen. Der Zyklus schreitet nicht voran, weil sich Träumer und Kritiker ständig gegenseitig unterbrechen. In einer erfolgreichen Gruppe unterstützen sich die Mitglieder gegenseitig mit ihren jeweiligen Stärken. Der Träumer produziert eine Reihe von Ideen, aus denen der Realist einen Prototyp fertigt, den der Kritiker bewertet, und so weiter." ... "Sie erinnern sich, dass Disney für die Rollen von Träumer, Realist und Kritiker jeweils unterschiedliche Räume besaß. Im Studio des Träumers hingen Bilder, Zeichnungen und inspirierende Zitate an den Wänden. Der Raum war bunt und chaotisch; Kritik war nicht gestattet, nur Träume! In der Abteilung des Realisten saßen die Animationszeichner mit ihren Zeichentischen und allen möglichen modernen Hilfsmittel, die sie zur Realisierung der Träume benötigten. Die Tische waren in einem großen Atelier so arrangiert, dass sich alle Zeichner gegenseitig sehen und miteinander sprechen konnten. Disneys Kritikerraum war eine kleine Kammer unter einer Treppe, wo er sich die gezeichneten Entwürfe anschaute und beurteilte. Der Raum war sehr eng und heiß, so dass ihn alle den "Schwitzkasten" nannten."

Bei der Anwendung der Technik werden die drei Orte für den Träumer, den Realisten und den Kritiker zuerst systematisch aufgebaut und das Verhältnis der Orte zueinander von einem 4. Metaort aus thematisiert. Erst dann beginnt die Arbeit mit dem konkreten ausgewählten Projekt über die unterschiedlichen Orte in der Reihenfolge Träumer, Handelnder und Kritiker mit Reflektion vom Metaraum aus. Nach einiger Zeit entwickelt sich eine dynamische Diskussion aus den unterschiedlichen Positionen, die solange geführt wird, bis eine gegenseitige Unterstützung aller drei Positionen sichtbar wird. Wichtig ist dabei, dass es sich nicht um einen konsensualen Kompromiss handelt, dem alle 3 vernünftig zustimmen und danach dann typischerweise keiner mehr Lust an der Umsetzung hat, sondern um eine Integration mit Synergieeffekt.

3.2 Die Art der Motivation dieser speziellen Firmenmitarbeiter im Vergleich zu Firmen auf anderen Gravesstufen

Meine Einschätzung der Firma und ihrer Mitarbeiter lag auf der Gravesstufe 6. Damit war die erfolgversprechendste Ansprechmöglichkeit der Gruppe das Thema Gemeinschaft und feinfühlige Rücksichtsnahme aufeinander. Deshalb führte ich die Disneystrategie mit den Hinweisen ein, dass es sich um eine Technik handelt, die den Synergieeffekt in einem Menschen oder in einer Gruppe in den Vordergrund stellt. Es geht darum, unterschiedliche Sichtweisen eines Projektes zu integrieren, sodass alle beteiligten Menschen und ihre unterschiedlichen Meinungen würdevoll berücksichtigt werden. Außerdem legte ich bei der Einführung meinen Schwerpunkt auf Argumente wie spielerisch und kreativ, was dem Werteset der 6. Stufe entspricht. Nonverbal achte ich bei einer 6-er Gruppe darauf, immer die ganze Gruppe im Blick zu haben und auf Fragen oder Störungen sofort einzugehen. Hier haben Störungen Vorrang. Auch meine Gestik wendet sich vorwiegend an die ganze Gruppe. Damit stelle ich sicher, dass die Aufmerksamkeit der Teilnehmer relativ hoch bleibt und stelle ein optimales Lernklima für diese Gruppe mit diesem Werteset her.

Wäre aus dem bisherigen Kontakt für mich ersichtlich, dass der Schwerpunkt der Gruppe auf der Gravesstufe 5 liegt, dann würde ich meine Einführung diesem Werteset anpassen. Ich würde von Erfolgen reden, von Zielen und von Motivation. Auch meine nonverbale Art würde ich diesem Inhalt anpassen. Ich würde mit mehr Motivation reden und mich darauf einstellen Führungsqualitäten in der Form von Durchsetzungskraft zu zeigen. Hier haben Störungen keinen Vorrang. Die Ziele und der Erfolg stehen im Mittelpunkt. Gruppen auf der Ebene 5 brauchen einen Trainer, der ihnen sagt wo es langgeht und der sich durchsetzt, damit sie optimal bereit sind von ihm zu lernen. Die Disney-Strategie beschreibe ich hier als eine Technik mit der Motivation erzeugt wird, Kräfte in die richtige Richtung gebündelt werden und große Erfolge mit dieser Technik erzielbar sind.

Wäre aus dem bisherigen Kontakt für mich ersichtlich, dass der Schwerpunkt der Gruppe auf der Gravesstufe 4 liegt, dann würde die Disney-Strategie als bewährte Technik beschreiben, mit einer Abfolge, bei der es wichtig ist, dass jeder Schritt auf den davor liegenden aufbaut. Ich würde die ausgeteilten Unterlagen dazu mit der Gruppe Schritt für Schritt durchgehen und hervorheben, dass diese Technik dabei hilft, Dinge wirklich gut deutsch ordentlich zu machen, im Sinne von "Made in Germany". Nonverbal würde ich darauf achten, dass meine Kleidung eher ordentlich seriös konservativ wirkt, würde auf ordentliche vollständige Sätze achten, meine Stimme würde ich eher ruhig geordnet klingen lassen, ich würde die Pausenzeiten und den Ablauf vorher klar angekündigt haben und zwischendurch immer wieder betonen, dass sich diese Technik bisher sehr bewährt hat bei der vernünftigen Planung, Überprüfung und Umsetzung von Projekten.

Falls zwischendurch ein Teilnehmer Fragen stellt, die in der Art wie er sie stellt auf eine andere Gravesstufe schließen lassen, dann beantworte ich solche Fragen sowohl nonverbal als auch verbal auf der von ihm angesprochenen Stufe und verhalte mich danach wieder auf der allgemeinen Gravesstufe dieser Gruppe. Dadurch habe ich meine Antwort für den Frager so verpackt, dass er sie leicht verstehen kann, habe seine Werte berücksichtigt und er ist wieder motiviert im Boot. Gehe ich nicht auf seine Stufe ein besteht die Gefahr, dass er mehrfach zurückfragt, wir viel mehr Zeit für seine Frage brauchen als nötig und er eventuell viel seiner Begeisterung und Motivation am Seminar verliert, weil er sich vom Trainer nicht richtig verstanden fühlt.

3.3 Der Verlauf im konkreten Firmenbeispiel

Zwei Seminarteilnehmer wählten das gemeinsame Projekt: "Stellenbeschreibung", bei dem sie ins Stocken gekommen waren. Im ersten Schritt aktivierten wir die 4 Disneypositionen: Träumer, Realist, Kritiker und Meta mit erfolgreichen Firmensituationen und dann reflektierten wir die Beziehung der im Raum aufgestellten Positionen zueinander. Selbstverständlich hatte die Träumerposition in dieser Firma den größten Platz. „Unsere Ideen, Hoffnungen, Erwartungen und Wünsche“ an die Firmenentwicklung zu unterschiedlichen Zeiten in der Firma sprudelten von den Beteiligten nur so heraus. Realistische Machersituationen der konkreten Umsetzung wurden ebenfalls viele gefunden. Diese waren allerdings bei weitem nicht so energetisch freudvoll dargestellt wie die Träumerposition. Und die Kritikerposition war eher ungeliebt. Deshalb bestand unsere erste Arbeit in der Würdigung der unterschiedlichen Positionen und der Herstellung angemessener kommunikativer Beziehungen zwischen diesen Positionen, die sich auch konkret in der Veränderung der räumlichen Anordnung der Positionen ausdrückte. Selbstverständlich lief dabei unterschwellig die größere Diskussion über die generelle Umgangsweise miteinander in der Firma. War Kritik untereinander im Team offen erlaubt und erwünscht oder nur heimlich so, dass der, der es erfahren sollte, nichts davon mitbekommt? Konnte Kritik positiv gewendet werden? Was ist der positiv gut nutzbare wichtige Anteil in Kritik? Und auch die Frage wie die eher kreativ planenden Mitarbeiter mit den eher aktiven Machern zusammenarbeiten.

Nach diesem Schritt auf der allgemeinen Ebene und der Erarbeitung des beispielhaften Konsenses, wie es vorbildlich als Orientierung für die Zusammenarbeit sein soll, wurde das ausgewählte Thema Stellenbeschreibung von den beiden Teilnehmern auf den unterschiedlichen Positionen dargestellt und reflektiert. Jede Idee des Träumers wurde daraufhin untersucht, ob der Realist (Macher) weiß was genau auf der Handlungsebene Schritt für Schritt zu tun wäre und vom (wohlwollenden, kompetenten) Kritiker daraufhin begutachtet, welche Folgen daraus entstehen würden und was genau noch berücksichtigt werden sollte. Das wurde dann vom Träumer wieder aufgenommen und so ergab sich eine lebhafte Diskussion mit neuen Ideen und Lösungen, die zum Schluss von allen drei Positionen unterstützt wurden. Auf der Metaebene, Position 4, wurde sichtbar, dass auch die räumliche Positionierung im Verlauf der Diskussionen einer Veränderung bedurfte. Das ist für mich als Trainer dann ein Zeichen dafür, dass sich auch die innerlichen Positionen der Haltungen zueinander verändert haben und die neuen Handlungsmöglichkeiten auf diesen Veränderungen basieren. Damit haben die beiden Seminarteilnehmer ihr konkretes Projekt Stellenbeschreibung zu ihrer Zufriedenheit wieder ins Fließen gebracht und gleichzeitig hat das ganze Seminar unterschwellig nebenbei das Thema Umgang mit Kritik und der Integration unterschiedlicher Sichtweisen bearbeitet.

Im Anschluss daran bildeten die Seminarteilnehmer kleine Gruppen zu weiteren Projekten, die sie dann so wie in der oben beschriebenen Demonstration durchführten. Nachdem alle Gruppen damit fertig waren besprachen wir die Ergebnisse sowohl hinsichtlich der bearbeiteten Projekte als auch der verwendeten Technik. Bei diesen Übungen entstehen Synergieeffekte durch die integrative Zusammenarbeit des inneren Träumers, Realisten und Kritikers. Es wurde unter den Seminarteilnehmern auf anschauliche Weise deutlich, wer an welchen Projekten arbeitet und mit welchen Herausforderungen er es dabei zu tun hat. Speziell bei einem Projekt, bei dem es um Teamentwicklung ging, in einem Team, für das die Führungskraft in ihrem Aufgabenbereich zuständig ist, entfaltete sich nach der Übung viel Diskussion mit den anderen Seminarteilnehmern. Diese kannten vergleichbare Formen des Themas aus ihrem eigenen Aufgabenbereich. So konnten sie Anregungen geben, womit sie dabei schon erfolgreiche Erfahrungen gesammelt hatten oder was sie ausprobiert hatten und was bei ihnen funktionierte und was nicht funktioniert. Es muss ja nicht jeder das Rad neu erfinden.

Durch dieses Vorgehen fand im Seminar eine Bündelung von Lernprozessen statt. Durch den Austausch an Erfahrungen fand Wissensmanagement im Sinne von Best Practice statt, die einzelne Führungskraft bekam eine Unterstützung bei einem Projekt an dem sie arbeitet, die Seminarteilnehmer lernten den Aufgabenbereich der jeweils anderen Führungskräfte besser kennen, durch den Inhalt der Technik erweiterten die Führungskräfte ihre psychosoziale kommunikative Kompetenz und die Führungskräfte entwickelten auf eine kreative Art ganz nebenbei ihre Form des Umgangs miteinander weiter, sodass der Austausch von Wissen in Zukunft leichter möglich ist.

Mit der Technik: "Disney-Strategie", lassen sich neue Projekte, Visionen, Ideen oder Wünsche mit den dazu gehörenden Umsetzungsstrategien erfolgversprechend entwickeln. Obwohl im Bereich professioneller kommunikativer Kompetenz viele Methoden existieren für die Entfaltung erfolgreicher Kommunikation, werden diese Methoden im Businessbereich noch viel zu wenig berücksichtigt. Führungskräfte stehen dann oft mit ihren innovativen Projekten alleine, weil ihnen soziale und kommunikative Kompetenz im Umgang mit sich selbst und anderen fehlt.

4. Was haben wir aus dem Training gelernt?

Beeinflusst durch das Training hat sich in der Firma einiges verändert. Statt der geplanten gemeinsamen Entwicklung der Corporate Identity, die nur ansatzweise stattfand, hat sich ein erfolgreicher Wissensmanagementprozess ergeben. Die Führungskräfte nutzen inzwischen Intranet und Telefonaustausch bei sensiblen Herausforderungen im Arbeitsalltag, sie nutzen den kommunikativen effektiven Austausch in den Teambesprechungen auf Bereichsleiterebene, den sie in den Trainings entwickelt haben, Stellenbeschreibung sind eingeführt und ein Wandel von Misstrauen gegeneinander zur kooperativen Zusammenarbeit miteinander hat stattgefunden.

Als Ergebnis des Trainings in der Firma haben wir zusammengefasst, dass für umfassende Veränderungen in einer Firma trainingsbegleitend eine Steuerungsgruppe mit Team-Coaching eine gute Unterstützung darstellt, Einzel-Coaching für die oberste Leitungsebene hilfreich ist, Corporate Identity von der obersten Leitungsebene vorgegeben werden muss und die darunter stehende Führungsebene einen Umsetzungsspielraum dafür braucht und dass es ganz wichtig ist, dass die oberste Führungsebene deutlich kommuniziert, dass Fehler und daraus lernen erlaubt sind und verantwortungsvolles Experimentieren erwünscht ist, weil: Aus Fehlern wird man klug (drum ist einer nicht genug).

5. Folgen für die Angebote am NLP- & Coaching-Institut Berlin

Als Antwort auf die veränderten Erwartungen unserer Kunden und als Ergebnis unserer Erfahrungen mit solchen Firmenprojekten, haben wir:

- Wissensmanagement in unsere Ausbildungen integriert, indem wir z.B. jedem Ausbildungskurs ein geschütztes internes Diskussionsboard zur Verfügung stellen und Kursteilnehmer dabei unterstützen, darin Foren zu moderieren.
- alle unser NLP-Ausbildungen mit Coachingaufbauausbildungen ergänzt, weil die Methoden, die in den einzelnen NLP-Ausbildungen vermittelt werden, optimal für Coaching einsetzbar sind. So, wie wir an unserem NLP- & Coaching-Institut NLP vermitteln, lernen die Teilnehmer auch, wie sie diese NLP-Techniken für Selbstmanagement, Coaching, Therapie, Pädagogik, eigene Seminare und/oder Organisationsentwicklung einsetzen können.
- das Thema Wissensmanagement in unsere kombinierte Ausbildung zum NLP-Trainer und Coach/Business-Coach integriert und starten diese Ausbildung mit der Open-Space-Technik, durch die sichtbar wird, welche Themen für die Gruppe von großer Bedeutung sind, wer dazu welches Wissen hat und wer mit wem an diesem Thema arbeiten möchte. Für die Umsetzung dieser Projekte beginnen wir in dieser Ausbildung mit kollegialem Coaching gleich am ersten Ausbildungswochenende. Open Space bietet sich grundsätzlich als Methode an, mitarbeiterorientiert relevantes Wissen zu definieren und zu erfassen und dabei gleichzeitig Teamgeist, Vertrauenskultur und gemeinsame Visionen entstehen zu lassen. Dabei wird auch die Bereitschaft, Wissen weiterzugeben, gefördert. Die Mitarbeiter machen in diesem Prozess transparent, was ihnen in der Entwicklung der Arbeit am Herzen liegt, wofür sie bereit sind, sich einzusetzen und Verantwortung zu übernehmen und die Dokumentation macht das für alle sichtbar und längerfristig nutzbar.
- die Ausbildung zum Wissensmanagement-Coach entwickelt, die auf alle vorhergehenden Ausbildungen aufbaut (NLP-Practitioner, Coach, NLP-Master, NLP-Trainer & Coach/Business-Coach) und sie voraussetzen. Ein Wissensmanagement-Coach begleitet bei uns auch mindestens 2 Ausbildungsstufen und ist dabei auch dafür zuständig, den Austausch der Teilnehmer untereinander anzuregen und zu fördern. Er

kann Führungskräfte durch Einzelcoaching und Teams durch Teamcoaching bei den vielfältigen kommunikativen Herausforderungen erfolgreicher Anwendung von Wissensmanagement kompetent unterstützen.

Literatur & Webadressen

Beck, Don Edward / Cowan, Christopher C. (1996): "Spiral Dynamics - Mastering Values, Leadership and Change", Blackwell-Verlag. www.spiraldynamics.net

Dilts, Robert B.: "NLP-Enzyklopädie", www.nlpu.com

Dilts, Robert B. (1997): "Kommunikation in Gruppen & Teams - Angewandtes NLP", Junfermann.

Dilts, Robert B. / Bonissone, Gino (1999): "Zukunftstechniken zur Leistungssteigerung und für das Management von Veränderungen", Junfermann.

Elias, Norbert (1939, 2000): "Über den Prozeß der Zivilisation I & II. Soziogenetische und psychogenetische Untersuchungen", suhrkamp taschenbuch wissenschaft 2000.

Jäger, Roland (2001): "Praxisbuch Coaching – Erfolg durch Business-Coaching", GABAL-Verlag.

Kline, Peter / Saunders, Bernard (1996): "10 Schritten zur Lernenden Organisation", Junfermann.

Levinson, Jay Conrad (2000): "Die 100 besten Guerrilla Marketing Ideen", Campus Fachbuch.

Lynch, Dudley (1996): "DelphinDenken", Rudolf Haufe Verlag, Webseite: www.braintechnologies.com/graves.htm

Maaß, Evelyne /Ritschl, Karsten (1997): "Coaching mit NLP -Erfolgreich coachen in Beruf und Alltag -Ein Übungsbuch", Junfermann, Webseite: www.nlp-spectrum.de

Maaß, Evelyne / Nielsen, Karl: "Ein neuer Impuls im NLP-Feld - Kooperation statt Konkurrenz", Zeitschrift MultiMind, August 2001, S. 15 - 17, www.nlp-nielsen.de/coachartikel.htm

Mindell, Arnold (1997): "Der Weg durch den Sturm", Vianova,

Nielsen, Karl: Webseite zu Claire W. Graves, www.NLP-Nielsen.de/graves.htm

Nielsen, Karl: "Ein NLP-Trainer sollte coachen können - Bericht über eine neue Art der NLP-Trainer-Ausbildung", Artikel in der Zeitschrift MultiMind 6/2000, S. 15 ff., www.nlp-nielsen.de/ coachartikel.htm

Nielsen, Karl: "Kooperationsnetzwerk in der Berliner NLP-Trainer- und Coachausbildung - Mit Mitbewerbern kooperieren", Trainer-Kontakt-Brief Nr. 35, vom Juni 2001, S. 33, www.nlp-nielsen.de/coachartikel.htm

Owen, Petra / Owen Anthony James: Guerrilla-Marketing-Group, www.guerrilla.de

Owen, Harrison (1997):"Open Space Technology", Verlag Berrett-Koehler, San Francisco

Rauen, Christopher (1999): "Coaching", Verlag für Angewandte Psychologie

Schmidt-Tanger, Martina (1998): "Veränderungscoaching", Junfermann

Senge, Peter M. u.a. (1996): "Das Fieldbook zur Fünften Disziplin", Klett

Wilber, Ken (2002): "Boomeritis, A Novel That Will Change Your Life", Shambhala Publications

Wilber, Ken: "On Critics, Integral Institute, My Recent Writing, and Other Matters of Little Consequence: A Shambhala Interview with Ken Wilber", bei: http://wilber.shambhala.com, ins deutsche übersetzt bei: www.worldofkenwilber.com

6. Wissensmanagement in der Informationstechnologie

- Inwieweit stellt die Informationstechnologie einen „enabling factor“ für das Wissensmanagement dar?
- Wie hängen Wissen, Informationen, Daten und Zeichen zusammen?
- Welchen Beitrag liefert das Organisationale Gedächtnis zur Wissensspeicherung?
- Wie kann die Wissensteilung und -generierung durch Groupware unterstützt werden?
- Welche Funktion haben Wissensportale?

6.1 Zum Verhältnis von Wissensmanagement und Informationstechnologie

Wissensmanagement und Informatik sind Themen, die in enger Verbindung miteinander stehen. Eine Literaturabfrage in ABI-Inform zwischen 1993 und 1998 zeigt zum Beispiel, dass bei mehr als 50 Prozent der abgefragten Kategorien eine Verbindung zwischen Information Technology, Information Systems und Wissensmagement bestanden hat (vgl. Scarbrough/Swan 2001). Der Informationstechnologie wird gemeinhin eine wichtige Rolle als "Enabler" für das Wissensmanagement zugeschrieben.

Für die Informatik ergibt sich durch die Bedeutungszunahme des Wissensmanagements im Gegenzug eine neue Dimension der betrieblichen Daten-, Informations- und Know-how Verwaltung, in die nun explizit strategische Komponenten aufgenommen werden (vgl. dazu auch die Diskussion zum Zusammenhang zwischen HRM und Wissensmanagement in Kapitel 5). Doch es ist bei weitem nicht nur die Verwaltung von Wissen, die der Informatik weiteres Interesse verspricht. Schließlich kann die Informationstechnologie eine Vielzahl von Funktionalitäten unterstützen, und beispielsweise ein organisatorisches Gedächtnis für unterschiedlich formalisiertes Wissen bereitstellen, ebenso wie sie eine Unterstützung von *knowledge workern* bei ihrer täglichen Arbeit sowie eine Erleichterung des Wissenstransfers über Raum- und Zeitgrenzen hinweg leisten kann. Weiterhin bedarf es auch eines geeigneten Zugriffs auf strukturiertes und unstruk-turiertes Wissen. Im Idealfall lässt sich dabei eine Kombination mit Verfahren der Entscheidungsunterstützung konzipieren und einrichten. Und schließlich müssen die genannten Wissenslösungen auch in die betrieblichen Abläufe integriert werden.

Die hohe Bedeutung der Informationstechnologie für das Wissensmanagement wurde auch durch eine Untersuchung des Fraunhofer Instituts belegt, die in einer Befragung von 140 Unternehmen, eine Drittplazierung der Informationstechnologie auf einer Bedeutungsskala ermitteln konnte *(Abbildung 55).*

Faktoren	Anzahl der Nennungen (in Prozent)
Unternehmensphilosophie	44
Verbindung von Geschäfts- mit Wissensabläufen	24
Informationstechnologie	23
Mitarbeitermotivation und –qualifikation	18
Förderung durch das Top-Management	18
Erfolgsdruck	11
Klare Zieldefinition	7
Training und Weiterbildung	6
Belohnungen	4
Integration von externem Wissen	3

Abbildung 55: Anzahl der Nennungen der Faktoren, die Wissensmanagement zum Erfolg führen (N=140)

Quelle: Fraunhofer Institut, IPK Berlin (1998)

Gleichwohl darf die Bedeutung der Technik auch nicht überschätzt werden, wie es auch bisher in mehreren Erfahrungsberichten angeklungen ist. Auch in der Fraunhofer-Studie zeigt sich (ungeachtet der geringen Stichprobe), dass die Unternehmensphilosophie an erster und sowohl Mitarbeitermotivation und –qualifikation sowie die Förderung des Top-Managements an dritter Stelle deutlich auf den Einfluss von Humanfaktoren hinweisen. In einem plastischen Beispiel wird anhand der Erfahrungen des Schriftstellers Henry Thoreau verdeutlicht, dass letztlich Inhalte und Personen entscheidend für den Erfolg des Wissenstransfers sind:

> Henry Thoreau wrote about how he was sitting there on Walden Pond watching chipmunks when one of his neighbours came running and said that the telegraph had just come to Concord from Texas. The neighbour asked Thoreau, „Aren't you exited?" And Thoreau answered, „Well, what happens if we don't have anything to say to Texas?"
>
> Quelle: Prusak (1996:8)

Um die Bedeutung der Informationstechnologie weiter einschätzen zu können, ist eine Differenzierung zwischen Wissen, Daten, Zeichnen und Informationen hilfreich. Diese hat Konsequenzen für die Unterscheidung zwischen Informations- und Wissensmanagement und führt zu grundverschiedenen Ansätzen der Projektplanung (vgl. zum Folgenden auch Rehäuser/Krcmar 1996):

Zeichen sind das kleinste vorhandene Datenelement, auf das man bei einer Programmausführung zugreifen kann. Sie bestehen aus Buchstaben, Ziffern oder Sonderzeichen und sind zunächst zusammenhanglos. In ihrer Gesamtheit stellen sie einen Zeichenvorrat dar. *Daten* bestehen aus einzelnen Zeichen bzw. Zeichenfolgen, die in engem Zusammenhang stehen, allerdings noch keinen Verwendungszweck beinhalten. *Informationen* dagegen sind zu sinnvollen Strukturen arrangierte Daten, die eine Bedeutung besitzen (vg. Davis/Botkin 1994: 165). Sie kennzeichnen objektive Inhalte, werden jedoch subjektiv wahrgenommen und verwertet (vgl. Davenport/Prusak 1998: 3f.). Ihr wichtigstes Charakterisierungsmerkmal besteht in ihrem Bezug zu einem speziellen Kontext.

Beispiel	**Begriffe**	**Charakterisierung**
Marktmechanismus des Devisenkurses	**WISSEN**	Vernetzung
Devisenkurs $1= € 0,68	**INFORMATION**	Kontext
0,68	**DATEN**	Syntax
„0“, „6“, „8“	**ZEICHEN**	Zeichenvorrat

Abbildung 56: Die Beziehungen zwischen verschiedenen Begriffsebenen

Quelle: Rehäuser/Krcmar (1996: 6)

Die Definition von *Wissen* ist, wie schon in Kapitel 3 gezeigt, wesentlich schwieriger. Wissen ist durch eine Vernetzung und Verknüpfung ganz unterschiedlicher Zusammenhänge gekennzeichnet, deren Bewertung je nach erkenntnistheoretischer Positionierung ganz unterschiedlichen Schwierigkeiten ausgesetzt (vgl. erneut Kapitel 3). Wenn wir zum Beispiel über den Satz „Der Fernsehsender Canal+ ist mit UFA fusioniert“ reden, so ist dies in erster Linie eine Information. Aber diese Information transformiert sich in unterschiedliches Wissen je nach dem, wer der Empfänger der Information ist. Für einen Mitarbeiter mag es bedeuten, dass er nun ganz andere Arbeitsbedingungen haben wird, ein Journalist vermutet eine wichtige Story dahinter und der Aktionär wird möglicherweise eine für sein Aktiendepot gefährliche Aussage wahrnehmen. Genau diese unterschiedlichen Anwendungskontexte bedingen die Schwierigkeit einer einheitlichen Definition von Wissen. In Abbildung *Abbildung 56* sind die Zusammenhänge dargestellt.

Aufbauend auf der Unterscheidung dieser Begriffsebenen, beschäftigt sich *Informationsmanagement* primär mit der Frage, wie im Rahmen der Wertschöpfungsprozesse, die „richtige Information zum richtigen Zeitpunkt in der richtigen Menge in der erforderlichen Qualität am richtigen Ort“ zur Verfügung gestellt werden kann. Das Wissensmanagement geht dagegen weit über diese Konzeption weit hinaus und betrachtet Informationsmanagement lediglich als einen kleinen Teilbereich:

Wissensmanagement und Informationsmanagement

Wissen ist im Gegensatz zu Information, die in elektronischer Form vom Individuum unabhängig bearbeitet und gespeichert werden kann, ein komplexes Gefüge, das mit subjektiven Erfahrungen, Zusammenhängen und unausgesprochenem Wissen des Individuums verknüpft wird und daher oftmals nur schwer als klar strukturiertes Faktenwissen schriftlich wiederzugeben ist. Neben den informationsverarbeitenden Komponenten, die u.a. den Wissensfluss, also die Verteilung und Speicherung darstellbaren Wissens, sicherstellen, muss Wissensmanagement für die Erschließung, Weiterentwicklung und Aktualisierung der im Individuum verborgenen Wissensbestände sorgen.

Quelle: Geissler (1998:5f.)

Folgt man der Trennung zwischen Wissensmanagement und Informationsmanagement weiter, so ist zu prüfen, inwieweit das Informationsmanagement einzelne Teilprozesse des Wissensmanagements sinnvoll unterstützen kann. Einige mögliche Ansatzpunkte sind in der nachfolgenden Aufzählung angeführt.

- *Wissensgenerierung und Transfer:* Der Beitrag von Groupwaretechnologien.
- *Wissensstrukturierung und Wissensspeicherung:* Organisationales Gedächtnis
- *Wissenszugang und Personalisierung:* Der Einsatz von Knowledge Portals für einen allgemeinen Zugriff auf kontinuierlich aktualisierte Wissensbestände.

Diese exemplarischen Beispiele erheben natürlich keinen Anspruch auf Vollständigkeit, sie sollen aber sowohl die Problematik als auch die Chancen der IT als „knowledge-enabling factor“ hinreichend beleuchten, um Informationstechnologien kritisch zu reflektieren und nutzbringend anzuwenden. Im Rahmen des Einsatzes einzelner Werkzeuge wird es in jedem Fall erforderlich sein, die unterschiedlichen, mit den Prozessphasen des Wissensmanagements verbundenen Aufgaben näher zu beleuchten, an denen sich Auswahl und Architektur orientieren muss. Dies kann u.a. durch Workshops zu Beginn eines Wissensmanagementprojektes geschehen.

6.2 Wissensgenerierung und –transfer: Der Einsatz von Groupwaretechnologien

Wissens wird durch die Kommunikation zwischen Menschen generiert! Diese grundlegende Aussage beinhaltet, dass ein Verständnis darüber, wie Menschen in Unternehmen kommunizieren, das zentrale Element des Wissensmanagements ist. Die Voraussetzung für effektive Zusammenarbeit liegt zunächst in einer nicht-technischen Größe – einem gemeinsam geteilten Referenzrahmen, d.h. einem Verständnis über Ziele, Zwecke, Strukturen, Kategorien und Abläufe der Zusammenarbeit. Oft behindern allerdings divergierende Wahrnehmungen einen erfolgreichen Kommunikationsfluss und erst deren Beseitigung auf einer personellen und interpersonellen Ebene ermöglicht den sinnvollen und gewinnbringenden Einsatz von Informationstechnologie.

Sind die Voraussetzungen geklärt, kann Informationstechnologie und insbesondere Groupware einen wichtigen Beitrag zur Unterstützung zeitlich und räumlich getrennter Arbeitsgruppen leisten. Groupware und Group Information Management umfassen das Konzept der Computer Supported Collaborative Work (CSCW) und bezeichnen ein Forschungsgebiet der Informatik, das sich einerseits mit den Potenzialen der Informations- und Kommunikationstechnik für die Unterstützung der Zusammenarbeit von Personen und Gruppen im Netz, dem Transfer und dem Teilen von Wissen, und andererseits mit den psychologischen, sozialen und organisatorischen Effekten von Groupware auseinandersetzt. Der Begriff Groupware bezeichnet aus einer technischen Sichtweise eine Kategorie von Softwarewerkzeugen, während bei der konzeptionellen Sicht da gemeinsame Arbeiten von Menschen im Vordergrund steht (vgl. Johansen/Sibbet/Benson 1991: 4f.). Beiden Sichten gemeinsam ist die Betrachtung der Kommunikations- Koordinations- und Kooperationsprozesse im Unternehmen.

Die einfachste und am häufigsten genutzte Komponente, die oftmals nicht als eigentliche Groupware aufgefasst wird, ist die E-Mail. Sie ermöglicht eine einfache Handhabung von Kommunikationsprozessen zwischen einem Sender und mehreren Empfängern, die an verschiedenen Orten arbeiten und die Nachrichten zu verschiedenen Zeiten aktiv wahrnehmen können. Durch die Verwendung sogenannter Messagingsysteme wie E-Mails oder auch Videomails ist schon eine grundsätzliche Unterscheidung zwischen Kommunikationsformen in (1) synchrone und (2) asynchrone Kommunikation impliziert (vgl. *Abbildung 57;* vgl. auch Kapitel 3.5)

- *Synchrone Kommunikation* verläuft am gleichen Ort und/oder zur gleichen Zeit zwischen Personen ab. Der Vorteil ist eine unmittelbare Rückkoppelungsmöglichkeit zur Verständigung.
- *Asynchrone Kommunikation* kann zu unterschiedlichen Zeiten und/oder zwischen unterschiedlichen Orten stattfinden. Der Vorteil ist ein Zugriff auf Informationen unabhängig von Zeit und Raum, so dass Grenzen überwunden werden und individuelle Präferenzen der Arbeitsgestaltung Berücksichtigung finden können.

<table>
<tr><th></th><th>Gleiche Zeit</th><th>Unterschiedliche Zeit</th></tr>
<tr><td>Gleicher Ort</td><td><u>Synchrone face-to-face oder Mensch-Maschine-Mensch Kommunikation</u>
Meeting-Support
• Computergestützte Sitzung
• Group Decision Support Systeme
• Präsentationssoftware</td><td><u>Asynchrone face-to-face oder Mensch-Maschine-Mensch-Kommunikation</u>
Information Sharing
• Termin-Kalender Management
• Projektmanagement Software
• Workflow Systeme</td></tr>
<tr><td>Unterschiedlicher Ort</td><td><u>Synchrone Mensch-Maschine – Mensch Kommunikation</u>
Shared Screen Zusammenarbeit
• Audio- und Videokonferenzen
• Instant Messaging
• Bildschirmzusammenarbeit (Net-Meeting)</td><td><u>Asynchrone Mensch-Maschine-Mensch- Kommunikation</u>
Information Sharing
• E-Mail, Voice-Mail, Fax
• Electronic Conferencing, Bulletin Boards
• Mehrautoren-Software
• Gruppengedächtnis
• Lotus Notes</td></tr>
</table>

Abbildung 57: Tools zur Unterstützung der Zusammenarbeit
Quelle: Gensch (1999: 42)

Neben Messaging Systemen haben inbesondere Konferenzsysteme eine hohe Bedeutung für die Kommunikation zwischen unterschiedlichen Standorten. Weitere Möglichkeiten ergeben sich durch die Nutzung Schwarzer Bretter (Bulletin Boards), auf denen Anrufer ihre Nachrichten hinterlassen, die von anderen Benutzern zu einem späteren Zeitpunkt gelesen werden können. Ähnliches wird beim Workgroup Computing geleistet, bei dem Teams auf vielerlei Weise Planungssysteme, Ressourcen und Kapazitäten koordinieren können. Zur Systematisierung unterschiedlicher Groupware-Applikationen unterscheiden Bach et al. (2000: 177) die folgenden vier Klassen:

- *Kommunikation*, z.B. elektronische Postsysteme, Videokonferenzsysteme, Bulletin-Board-Systeme für geschlossene Gruppen,

- *Gemeinsame Informationsräume,* z.B. verteilte Hypertext-Systeme, Mehrbenutzer-Datenbanken, Bulletin-Board-Systeme,
- *Workgroup Commuting,* z.B. Terminverwaltung- und –vereinbarungssysteme, Gruppeneditoren, Entscheidungs- und Sitzungsinformationssysteme,
- *Workflow Management,* d.h. Systeme zur Unterstützung von Modellierung, Simulation, Ausführung und Steuerung von Workflows.

Der Einsatz und die Ausgestaltung einzelner Groupware-komponenten hängt natürlich vom jeweiligen Unternehmen und vom geplanten Anwendungszusammenhang ab. Prinzipiell wird die Nutzung jedoch immer dann sinnvoll sein, wenn der Input von Experten, die sich an unterschiedlichen Orten befinden, gefragt ist. Ein typisches Beispiel hierfür ist das Multiprojektmanagement (vgl. auch Kapitel 3.5. zum Thema Wissen im Projektmanagement).

6.3 Speicherung und Zugriff auf Wissen – Formen des organisationalen Gedächtnisses

Wie auch bei vielen anderen Einzelthemen des Wissensmanagements, so ist auch die Entstehung der Diskussion um ein organisatorisches Gedächtnis nicht in der Betriebswirtschaftslehre sondern in einer Nachbardisziplin zu finden. Der Begriff *organisationales Gedächtnis* wurde in der Soziologie des 19. Jahrhunderts geprägt und Emile Durkheim, als einer der Hauptvertreter, ging davon aus, dass sich kollektive Erinnerung aus der Erinnerung von einzelnen Personen zusammensetzt, die Informationen durch den Austausch von Symbolen miteinander teilen (vgl. Stein 1995: 19). Erst im Zuge der Ausdifferenzierung hat man sich Gedanken über informationstechnische Systeme zur Unterstützung eines organisatorischen Gedächtnisses gemacht. *Abbildung 58* sind einige der am meisten verwendeten Begrifflichkeiten sowie deren Zusammenhänge dargestellt.

Das Konzept eines *Organizational Memory* oder *Organizational Memory Systems* wird inzwischen häufiger benutzt, wenngleich es oft auf die Funktion eines reinen Datenspeichers reduziert wird. Ganz allgemein kann ein Organisationales Gedächtnis durch seine *Prozesse bzw. Funktionen*, die bestimmte Wissensinhalte verarbeiten, anhand von *Effizienz bzw. Effektivitätszielen*, und durch seinen Aufbau beschrieben werden (vgl. Walsh/Ungson 1991; Ross/Baird 2000; Olivera 2000):

Funktionen eines Organizational Memory

Zunächst einmal finden in einem organisationalen Gedächtnis Prozesse statt, die – im Gegensatz zum menschlichen Gehirn – nicht-kognitiver Art sind (vgl. Stein 1995: 26). Mehrere Autoren haben versucht, diese Prozesse näher zu charakterisieren (vgl. dazu zum Beispiel: Habermann/Thomas/Botta 2000; Lehner 2001: 239):

- *Wissenserfassung:* Aufspüren von relevanten Wissensträgern und Dokumenten. Sowohl Explizierung als auch die neue Erfassung, etwa in Form neuer Medien, ist hier ein Thema:
    - o Gab es da nicht schon einmal einen ähnlichen Fall?
    - o Wie haben wir das bisher gemacht?
    - o Kann sich jemand noch erinnern, wie...?
    - o Hat jemand bereits Erfahrungen auf diesem Gebiet?
- *Wissensintegration:* die semantische Verknüpfung und die physische Speicherung der Wissensobjekte auf der Basis einer logisch integrierten Metastruktur.
- *Wissensverwendung:* die Suche und Navigation nach dem für die Lösung einer Problemstellung relevanten Wissen, dessen Selektion und Verteilung über Netzwerke an die beteiligten Personen sowie die Ausgabepräsentation der Wissensinhalte.

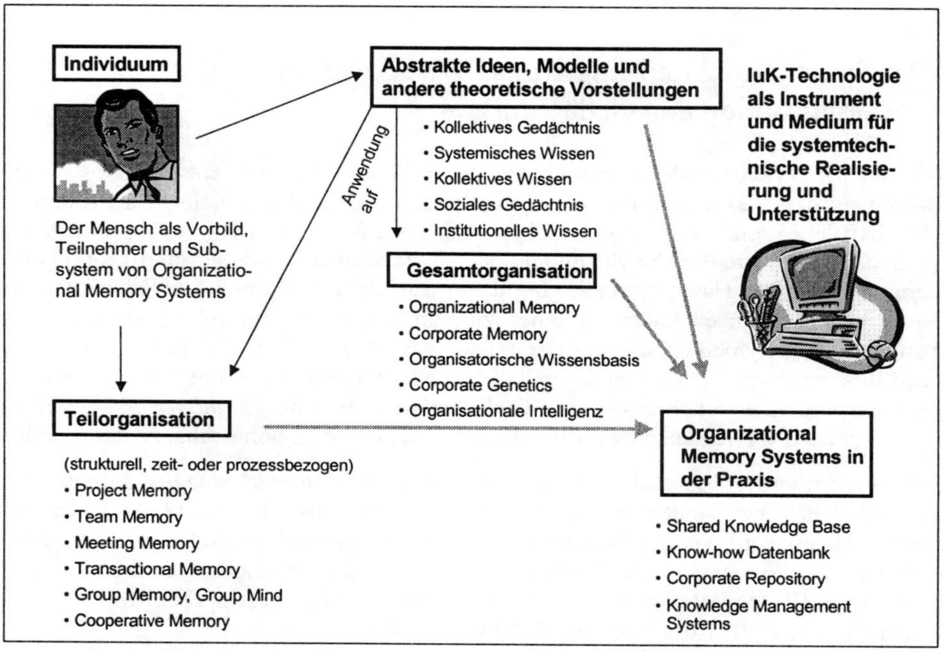

Abbildung 58: Beziehungszusammenhänge zwischen Begriffen
Quelle: In Anlehnung an Lehner (2001: 243)

Effizienz/Effektivität eines Organizational Memory

Ziel eines organisationalen Gedächtnisses – ebenso wie das eines menschlichen – ist es, Lernen zu ermöglichen und zu fördern. Ohne sich auf Erfahrungen der Vergangenheit berufen zu können, wäre dies schlicht unmöglich. Andererseits ist das organisationale Gedächtnis selbst auch Resultat einer Vielzahl von Lernprozessen, die es kontinuierlich verändern. Bei diesen Lernprozessen gilt es natürlich auch Fehlfunktionen auszuschalten, wie zum Beispiel das Löschen von Wissensinhalten (Gedächtnisverlust) oder eine Behinderung bei der Aufnahme neuer Wissensinhalte durch die fehlende Beseitigung nicht mehr benötigter Komponenten (Verlernen).

Aufbau eines Organizational Memory

Der Aufbau eines organisationalen Gedächtnisses orientiert sich an der Gruppierung sogenannter „Wissensobjekte". Am Beispiel der Wissensdomäne „Betriebswirtschaft" sind in der folgenden *Abbildung 59* einige Beispiele zu verschiedenen Wissensobjekten dargestellt.

Wissensobjekte	**Beispiele**
Wissensdomäne	Betriebswirtschaft
Wissensregion	Marketing
Wissenssektion	Kommunikationspolitik
Wissenssegment	Werbung
Wissenselement	Werbemittel
Wissensfragment	Anzeige
Wissensatom	Schriftzug

Abbildung 59: Wissensobjekte am Beispiel der Wissensdomäne „Betriebswirtschaft"

Für die Umsetzung und Unterstützung eines organisationalen Gedächtnisses gibt es verschiedene Informationstechnologien, die sowohl die Speicherung einzelner Wissensobjekte als auch eine Klassifizierung nach Art der Daten zulassen muss.

Grosse Datenbestände werden in der Regel in Datenbanken verwaltet. Daten werden dort strukturiert gespeichert und in bestimmten Formaten dem Nutzer zugänglich gemacht. Relationale oder objektorientierte Datenbanken[12] speichern Daten nach einem bestimmten Ordnungsprinzip. Zur vollständigen Speicherung aller Informationen (also auch der unstrukturierten Daten) sind traditionelle Datenbanken aber nicht ausreichend. Vgl. zur folgenden Übersicht auch Hopfenbeck/Müller/Peisl (2001: 315ff.)

12 Zur genauen Beschreibung und Unterscheidung vgl. Mertens/Griese (1993.)

Speicherung und Management strukturierter Informationen

Die Speicherung von strukturierten Informationen kann über eine strukturierte und klassifizierte Ablage in Datenbanken erfolgen. Hier ist einerseits die Nutzung traditioneller und objektorientierter Datenbanksysteme möglich, andererseits bieten sich aber auch Verfahren an, die eine erweiterte Möglichkeit der Datenaufbereitung für Entscheidungszwecke bieten. Hierzu zählen insbesondere das Data Warehouseing, sowie Data Mining und das Online Analytical Processing (OLAP):

Data Warehousing

Ein Datawarehouse kann als Wissensdatenbank des expliziten Wissens aus strukturierten Informationen bezeichnet werden. In einem Datawarehouse werden neue und historische Daten gesammelt und entscheidungsorientiert systematisch geordnet und konsolidiert. Benutzer haben die Möglichkeit, sich Auswertungen über Produkte und Kunden aufgrund einer anwenderspezifischen Struktur zu erstellen. Der Endanwender soll mit einem geeigneten Werkzeug seinen Informationsbedarf selbstständig, problemorientiert und zeitnah abdecken. Entscheidend ist dabei: Nur wenn die Daten mit klar definierten Begriffen verknüpft sind, erhalten sie eine Bedeutung für den Anwender. Anstatt mit Datenbanken, Tabellen und Spalten operieren zu müssen, stellen sich die Daten dem Endanwender in Form von anwendungsbezogenen bzw. fachabteilungsbezogenen Informationsobjekten dar (vgl. Lehmann 2000). Wichtig für das Ergebnis ist in jedem Fall die Qualität der Ausgangsdaten, die über bestimmte Filter (Währungsfilter, Jahreszahlenfilter, Organisationsfilter etc.) in das Data Warehouse gelangen und dort weiter verarbeitet werden.

Data Mining und OLAP

Data Mining und OLAP stehen in engem Zusammenhang mit Datawarehousing und beschreiben die Front-End-Instrumente zur Auswertung von Daten für die Entscheidungsfindung in Unternehmen und zur Wissensentwicklung. Im Vordergrund steht die Beantwortung der Fragen nach den Handlungsursachen von Wissens- und Geschäftsprozessen. *Data Mining* versucht, aus großen Datenbeständen weitestgehend automatisch bestimmte schweraufzufindende Muster und Auffälligkeiten zu ermitteln (vgl. Mertens/Bissantz/Hagedorn 1997).

OLAP (Online Analytical Processing) bezeichnet eine spezielle Art von Datenbanken. Im Gegensatz zu relationalen Datenbanken bieten die multidimensionalen OLAP-Datenbanken eine relativ einfache Möglichkeit, umfangreiche Datenbestände zu analysieren und zu konsolidieren. Hauptsächliches Einsatzgebiet ist in analytischen Softwarelösungen, beispielsweise in den Bereichen Personal, Vertrieb oder Logistik, in denen Erklärungen durch das Erkennen von Abhängigkeiten und Verhaltensmustern mit OLAP möglich wird. OLAP-Applikationen ermöglichen aktuelle Auswertungen von Daten nach bestimmten Abfragekriterien und Verdichtungen. Dabei steht die Analyse der Ursachen im Mittelpunkt. Die Werkzeuge greifen auf die Warehouse-Datenbank zu (vgl. Hopfenbeck/ Müller/Peisl 2001: 321). Charakteristisch für OLAP-Analysetools ist die mehrdimensionale Darstellung und Analyse von Daten, beispielsweise durch eine Anordnung betriebswirtschaftlicher Kenngrößen wie Kosten, Erlöse, Gewinn entlang unterschiedlicher Dimensionen wie etwa Produktgruppen, Länder, Funktionsbereiche. Die

Visualisierung der Daten erfolgt in sogenannten „Data Cubes", bei denen die einzelnen Dimensionen durch entsprechende Würfelseiten dargestellt werden. Durch Drehungen des Würfels können die für den einzelnen Anwender interessanten Daten in den Vordergrund gebracht und weiter analysiert werden (vgl. auch Gensch 1999: 97).

Speicherung und Management unstrukturierter Informationen

Unstrukturierte Informationen sind Informationen, die nicht in automatisierten Verfahren in der im Unternehmen zur Klassifizierung von Wissen verwendeten Form vorkommen. Die meisten in Berichten, Dokumenten und Büchern enthaltenen Informationen sind unstrukturiert. Analysen der Meta-Group 2000, nach denen 80% der in einem Unternehmen vorhandenen Informationen unstrukturiert sind, weisen auf die Bedeutung dieser Informationsform für die Entscheidungsfindung hin. Häufig wird der Bereich der unstrukturierten Informationen auch mit dem Begriff „Content Management" bezeichenet (vgl. Schmidt 2000; Hopfenbeck/Müller/Peisl 2001).Im Unterschied zum Management strukturierter Informationen, in denen verfahrens- oder workflow-gestützt Informationen aus Geschäftsprozessen gewonnen werden können, steht beim Management von unstrukturierten Informationen die Erzeugung von Meta-Informationen über die Dokumente im Vordergrund. Metainformationen sind dabei „Informationen über Informationen. Metainformationen geben Orientierungshilfen zum Umgang mit Informationen, noch bevor die Informationen selbst in Augenschein genommen werden müssen (König/Reitmayer 1999: 64).

Ein Beispiel ist ein Stadtplan, in dem der Umfang an Informationen riesig ist, doch durch die einheitliche Struktur (Quadranten) und die Nutzung von Schlagworten (Bezirke, Postleitzahlen) auf der Metaebene ist die Nutzung einfach und schnell.

Neben diesen hier nur kurz vorgestellten Verfahren existiert mittlerweile eine Vielfalt an Tools, die die Aufbereitung strukturierter und unstrukturierter Informationen ermöglicht (zum Beispiel Forecasting-Methoden, Web Reports, Scorecards, Strategic Enterprise Management), deren Darstellung den Rahmen des Buches sprengen würde. In der nachfolgenden Abbildung finden sich beispielhaft einige sehr häufig zur Unterstützung für das Wissensmanagement verwendete IT-Instrumente.

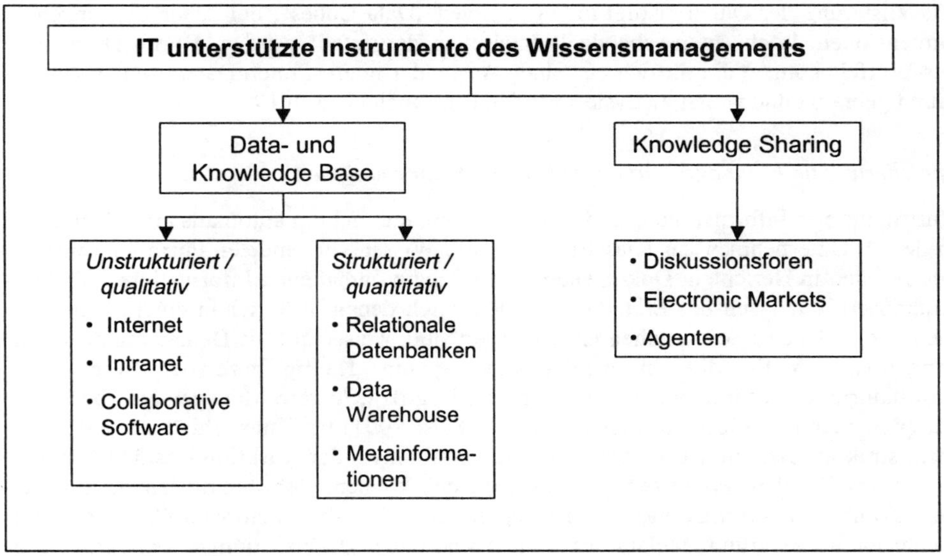

Abbildung 60: IT-Instrumente des Wissensmanagements
Quelle: In Anlehnung an Gensch (1999: 238)

6.4 Portale für den internen und externen Zugriff auf relevantes Wissen

Der letzte Teilbereich, der in diesem Buch angesprochen werden soll, ist die Nutzung von Portalen für das Wissensmanagement. Grundsätzlich kann ein Portal als die Startseite eines Inter- oder Intranetauftritts verstanden werden, die übersichtlich nach Inhalten strukturiert ist und einen schnellen Zugang zu anderen Internetseiten ermöglicht. Ein „Wissensportal" kann weiter definiert werden als die Verbindung einer Intranet-Aplikation mit den Geschäfts- und Wissensprozessen einer Organisation. Die Zielsetzung eines intelligenten Wissensportals ist es, Anwendern einen einfachen, personalisierten Zugang zu handlungsrelevantem Wissen und ein Instrument zur direkten Zusammenarbeit mit anderen Wissensträgern innerhalb und außerhalb einer Organisation sowie zum Transfer und zur Entwicklung von neuem Wissen zu bieten. Im Einzelnen umfassen die Anforderungen (vgl. Schmidt 2000; Lehner 2000):

- Direkter und schneller Zugriff auf handlungsrelevante Informationen intern und extern (Reduzierung der Suchzeiten),
- Aktualität und inhaltliche Korrektheit der Information (Qualität der Suchergebnisse),

- Wissensansichten, die individualisierten systemübergreifenden Zugang zu unterschiedlichen Quellen ermöglichen,
- Personalisierte, gefilterte Ansichten von Daten und Anwendungen,
- Einfache Funktionalität zur Schaffung projektspezifischer Arbeitsumgebungen,
- Gemeinsam nutzbare Ablage,
- Online-Wahrnehmung von Autoren, Bearbeitern und Erstellern von Inhalten,
- Chat-Funktionalität in Echtzeit,
- Push- und Pullfunktionalitäten,
- Informations- und Wissenssicherheit.

Je nach Ziel und Zweck können unterschiedliche Kategorien von Portalen unterschieden werden (vgl. Schmidt 2000; Kuppinger/Woywode 2000):

- *Allgemeine Portale* (General Purpose Portals) sind Internet-Portale, die in Bezug auf die zugrundeliegende Wissenshierarchie auf der Ebene der Daten einzuordnen sind. Die Inhalte sind ausschließlich informationsorientiert, und eine Ausrichtung auf den Wissensbedarf des einzelnen Anwenders ist stark limitiert. Beispiels sind etwa T-Online und AOL.
- *Themenbezogene Portale* (Special Interest Portals) sind Gruppen- bzw. Commununity-basierte Lösungen wie beispielsweise ebay.com oder wallstreetonline.com. Hier steht ein festgelegter Kontext im Vordergrund, der dem Anwender selektierte Informationen zu einem selbstdefinierten Interessenspektrum bietet.
- *Firmeninformations- und Wissensportale* (Enterprise Information/Knowledge Portals) umfassen einerseits Intranet-Portale mit einer internen Orientierung, andererseits werden zunehmend auch externe Anwendungen integriert. Die rein interne Ausrichtung wird bereits als Firmen-Wissensportal (Enterprise Knowledge Portal) bezeichnet, während die extern zugängliche Internet-Anwendung heute ein reines Informationsportal darstellt.
- *Personalisierte Wissensportale* (Individualized Portals) umfassen die form, in der die Pflege der eigenen Wissensparameter umgesetzt werden kann. In Abgrenzung zum Firmen-Wissensportal wird die unternehmensbezogene Perspektive durch das subjektspezifische Wissensprofil des einzelnen Anwenders ergänzt. Dabei kann auch eine Verknüpfung zu einem themenbezogenen Portal möglich sein.

Im Folgenden soll am Beispiel der Credit Suisse AG illustriert werden, wie die Entwicklung eines Enterprise Information Portals vorgenommen wurde und welchen Nutzen es für das Unternehmen darstellt (vgl. Reich 2001). Informations- und Wissensmanagement ist bei der Credit Suisse schon seit längerem ein Thema und bestand überwiegend aus einem Mix aus Schulung und Dokumentation sowie aus formellem und informellem Informationsaustausch. Eine zentrale Rolle bei der Speicherung und Verteilung von Informationen übernahm das *Dokumentenmanagement* (vgl. Reich 2001: 50). Auch heute hat dies noch eine große Bedeutung. Dies resultiert u.a. aus gesetzlichen Bestimmungen, die Unternehmen der Finanzbranche dazu verpflichten, Dokumente im Original aufzubewahren. Zur Vereinfachung bedient man sich elektronischer Kopien, die in einem elektronischen Archiv gespeichert werden.

Schritt 1: Start des Intranets

Seit 1994 entstehen innerhalb der Credit Suisse Web-Server, auf denen Homepages präsentiert werden. Die Verbreitung des Intranets wird systematisch vorangetrieben. Es entstehen Prototypen für die unternehmensweite Nutzung des Intranets, doch die betrieblichen und technischen Voraussetzungen für die Ausbreitung sind noch nicht gegeben. Es fehlt ein Credo zum Einsatz der neuen Technologie seitens der Geschäftsführung und das Potenzial des Intranets wird noch zu wenig erkannt. Erst 1997 wird eine verantwortliche Stelle für das Intranet eingerichtet. Das erste Projekt mit dem Namen *Smartnet* hat das Ziel, Verkaufs- und Beratungsinformationen für alle Mitarbeiter zur Verfügung zu stellen.

Schritt 1: Entwicklung von Smartnet

Das Intranet besteht aus zwei Teilbereichen, dem Smartnet und dem Sitenet. Smartnet möchte vor allem Frontmitarbeitern der Bank einen schnellen und verlässlichen Zugriff auf alle offiziellen Informationen ermöglichen. Diese Konzeption lässt bereits den ersten Schritt in Richtung Portal erkennen. *Smartnet* war in erster Linie als Instrument für die Beratungs- und Verkaufsunterstützung konzipiert worden. Ein wichtiges Merkmal ist, dass es nur Informationen anbietet, die innerhalb der Credit Suisse für alle offen zugänglich sind. *Sitenet* ist die allgemein zugängliche unternehmensinterne Kommunikationsplattform. Im Sitenet finden sich zum Beispiel bereichs- und projektspezifische Protokolle, Grundsatzpapiere, etc. Der Anspruch, der allerdings nicht immer eingehalten wird, ist eine unmittelbare Einpflege aller Dokumente, die ein einzelner täglich erhält. So lassen sich, im Idealfall, Doppelspurigkeiten bei Entwicklungen und Projektaktivitäten vermeiden.

Die Bilanz der beiden Intranetkomponenten ist zwei Jahre nach der Einführung positiv. Im wesentlichen konnten folgende Schwachstellen beseitigt werden:

- Medienmix aus Papier und Online-Informationen,
- Mangelnde Aktualität,
- Hoher Suchaufwand,
- Fehlende Informationsaufbereitung für verschiedene Nutzergruppen.

Schritt 3: Neuorientierung in Richtung Portal

Aufgrund steigender Spezialbedürfnisse seitens der Nutzer wurde eine Neuorientierung des Intranets erforderlich. Insbesondere wurde der Bedarf nach einfach erkennbarer und nachvollziehbarer Aktualisierung von Informationen geäußert. Vor diesem Hintergrund wurde das Projekt „Personal Entry Point“ (PEP) gestartet. Ziel des Projektes war es, ein Enterprise-Knowledge-Portal einzuführen, in dem die Möglichkeit der Personalisierung und eine weitgehende Automatisierung der Wissenspflege möglich war. Die einzelnen Ziele waren:

- Entlastung von unnötigen Such- und Verwaltungsaufgaben,
- Verminderung des Risikos, wichtige Informationen zu übersehen,
- Optimierung „Time to Market“ und „Best Service und Advice“,
- Signifikante Reduktion der unproduktiven Arbeitszeit,
- Qualitätssteigerung durch Konzentration auf Kernaufgaben,

Das vorläufige Endergebnis der Credit Suisse besteht in der Entwicklung eines Demo-Prototypen PEP. Weiterhin wird deutlich erkannt, dass es nötig ist, betriebliche Prozesse für die Aufbereitung der Inhalte organisieren und dazu ein Content-Management-System einzuführen. Ebenso sollte das Enterprise-Knowledge-Portal als Teil eines größeren Bildes verstanden werden, das sowohl E-Communication, E-Banking, Portalkonzepte und Content Management umfasst. Grundsätzlich wurde jedoch ein EKP als unerlässliches Hilfsmittel für die erfolgreiche Steuerung des Wissenstransfers angesehen.

Zur Bedeutung von Portalen konnte dieses Beispiel einen ersten Einstieg leisten. Grundsätzlich sind jedoch die Anforderungen hoch und dieses Kapitel soll daher mit dem folgenden Ausblick beschlossen werden: „Ein gutes System wird aber nicht nur Wissen erfassen und verteilen, sondern auch aus der Benutzung heraus lernen und zum Beispiel bei häufig nachgefragten, aber fehlenden Wissensblöcken die Alarmglocke läuten oder vorhandenes Wissen anhand der Benutzung klassifizieren und weiterentwickeln.“ (von Rotz 1999: 65).

6.6 Erfahrungsbericht 7: Strategien für die Implementierung IT-basierter KM-Lösungen: Minimal Invasive Systeme bei der Dresdner Bank AG

Von Dr. Damir Ćavar & Richard Kauppert

Dresdner Bank AG, IS-STA, Research & Innovations

6.6.1 Problematik des Knowledge Management

Kaum ein Bereich polarisiert in der letzten Zeit in dem Maße wie das Thema Knowledge Management (KM). Lösungsvorschläge erstrecken sich von organisatorischen und Corporate Culture Ansätzen bis hin zur Implementierung komplexer IT-Systeme. Alle Vorschläge versprechen, dass mit ihrer Implementierung die Wertschöpfung von Unternehmen verbessert, die Reaktionszeit und Time-to-Market verringert, der Ressourceneinsatz effizienter gestaltet und damit die Wettbewerbsfähigkeit von Unternehmen signifikant gesteigert werden kann.

Ausgangspunkt dieser Überlegungen und Ansätze ist das zentrale Problem in Unternehmen, transparenten Zugriff auf Informationen und Wissensquellen bei der Lösung betrieblicher Aufgaben zu bekommen: Welche Mitarbeiter verfügen über das entsprechende Wissen, Fachfragen zu beantworten? In welchen Dokumenten und Archiven befinden sich Informationen, die für die Lösung einer Aufgabe herangezogen werden können? Wie kann auf diese Inhalte zugegriffen werden? Wie qualifiziere ich meine Mitarbeiter hinsichtlich der erweiterten Anforderungen in einer KM-orientierten Arbeitsumgebung?

Auch ist ein stetiger Zuwachs an elektronisch verfügbaren Daten zu beobachten. Es ist heute schon abzusehen, dass die bereits existierende Informationsverarbeitung zu einem Überangebot an redundanten, sich widersprechenden, unzuverlässigen oder schlicht irrelevanten Informationen führen wird. Beispiele hierfür sind Informationssammlung über CRM-Systeme oder der Informationsaustausch über Collaboration-Tools (z.B. eMail). Es stellt sich die Frage nach Verfahren, die nicht nur relevante Informationen auffinden sondern auch verarbeiten können, idealerweise unabhängig vom Format (Bild, Text, Film, etc.), in dem die Information verfügbar ist, sowie unabhängig von Sprache.

Die Schwerpunkte der technologischen Entwicklung und Forschung in diesem Bereich migrieren von den klassischen Themen der EDV wie zum Beispiel Speichertechnologie oder Übertragungstechnologie hin zu Verfahren der Informationsverarbeitung. Treiber dieser Entwicklung sind die oben angesprochene Daten- und Informationsflut sowie erhöhte Erwartungen und Ansprüche hinsichtlich Relevanz, Zuverlässigkeit und Verfügbarkeit (Wiederauffindbarkeit) von Informationen in den Daten. Fokus dieser Verfahren sind die Wissensextraktion, -erweiterung und –verdichtung unabhängig von Sprache und Daten(format).

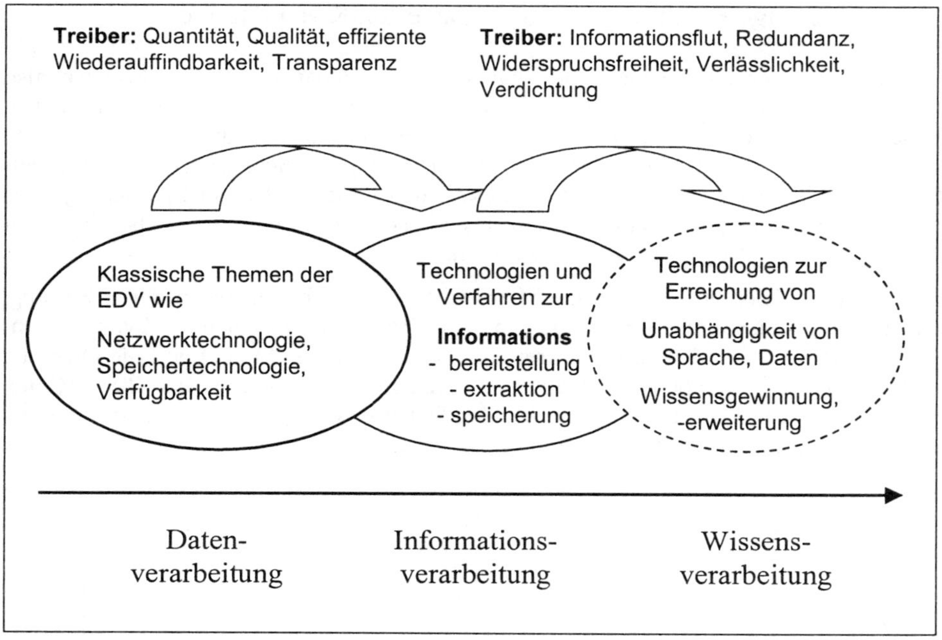

Abbildung 61: Daten, - Informations- und Wissensverarbeitung

Knowledge Management sucht in diesem Kontext nach Lösungen für folgende Problemkategorien:

- Übersicht über die Arten von Wissensquellen (Expertenwissen, Prozesswissen, Archive, Datenbanken, Bilder, etc.)
- Lokation von Wissensquellen (kontextabhängig, ortsunabhängig)
- Transparenter und kontextueller Zugang zu diesen Wissensquellen
- Definition von Steuerungs- und Verwaltungsprozesse für Wissen (Regeln und Verfahren für die Aufnahme, Speicherung, Deduktion und Löschung von Wissen und Wissensquellen)
- Austausch und Vernetzung von Wissensquellen und –trägern (auch über Unternehmensgrenzen hinweg)
- Management der Informationsvielfalt
- Qualifikation der Mitarbeiter

Im Nachfolgenden werden ausgehend von den Erfahrungen innerhalb der Dresdner Bank bei der Implementierung von Knowledge Management Werkzeugen entscheidende Erfolgskriterien abgeleitet sowie die Strategie "Minimal Invasive Systeme für die Implementierung IT-basierter KM-Lösungen" entworfen.

6.6.2 Bisherige Erfahrungen mit IT-basierten KM-Lösungen

Es zeigt sich in der unternehmerischen Praxis, dass der Bedarf an KM-Werkzeugen, also an Hilfsmitteln zur Gewinnung von, und Zugang zu Informationen über Wissensquellen, Wissensträgern oder Prozesswissen hoch ist. Beleg hierfür sind die unterschiedlichen Anstrengungen in Unternehmen, Systeme zu etablieren, die diese Informationen bereitstellen. Ziel dieser Anwendungen ist es, die initialen Barrieren bei der Etablierung eines umfassenden Wissensmanagement in einem Unternehmen zu beseitigen, also die Problemfelder im Knowledge Management zu lösen.

Das Streben in Richtung Knowledge Management ist u.a. begründet in der Erwartung, den Aufwand für das Finden, Verstehen und Anwenden von Wissen anhand von relevanten Informationen deutlich zu reduzieren und damit auch die Qualität und die Quantität der Bearbeitung betrieblicher Aufgaben zu erhöhen. So zielen Data und Text Mining Werkzeuge darauf, neue Erkenntnisse aus den Daten und Informationsbeständen zu ziehen, die ohne diese Technologien kaum zu gewinnen wären.

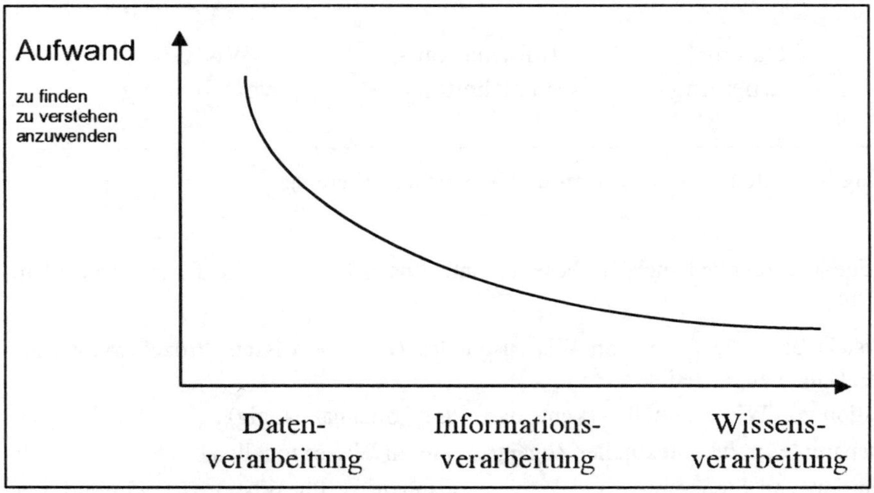

Abbildung 62: Aufwand für das Finden, Verstehen und Verarbeiten von Wissen

So überzeugend diese Konzepte und Systeme auf theoretischer Ebene sind und so gelungen ihre Umsetzung häufig auch ist, so scheitern dennoch diese Initiativen in vielen Fällen oder ihr Nutzen bleibt lediglich marginal. Beispiele hierfür sind Skillmanagement-Werkzeuge, Expertenfinder, Suchmaschinen. Es zeigt sich im betrieblichen Einsatz, dass IT-Systeme häufig aufgrund ihrer Komplexität kaum oder nur teilweise genutzt werden. Sie stellen oft unliebsame Notwendigkeiten dar. Die Ursachen sind in der Regel in folgenden Kategorien zu finden:

- Pflegeaufwand für Metainformationen
  - Fehlende Motivation zur Pflege (Es steht die zeitaufwändige Verwaltungsaufgabe gegen die Fachaufgabe).
  - Aufwand entsteht bei Anwendern, die die Informationen in das System einpflegen. Für diese Nutzer wird kein unmittelbarer Mehrwert sichtbar.
  - ggf. Notwendigkeit zur redundanten Pflege der Informationen in mehreren Systemen.
- Datenqualität der Metainformationen
  - Hohe Abhängigkeit der Annotation von der Person.
  - I.d.R. ist manuelle Annotation nicht reproduzier- und damit wiederholbar.
  - Inkonsistente Eingabe der Informationen in unterschiedlichen Systemen.
  - Keine linguistische Grundform für die Annotation.
  - Mangelnde Aktualität der Metadaten.
- Menge und Relevanz der Informationen
- Isolierte Initiativen
  - Einzelne, unvernetzte Insellösungen.
  - Fehlende KM-Strategie.

Im Ergebnis führen diese Gegebenheiten zu stark eingeschränkten Nutzen der KM-Systeme und in einer negativen Feedback-Schleife zu geringer Motivation bei der Pflege der Systeme.

Dieser negativer Feedback erweist sich als stark genug, um auch gegen organisatorische Anweisungen resistent zu sein. So ist auch die Kombination organisatorischer Anreizsysteme mit IT-basierten KM-Lösungen kein garantiertes Erfolgsmodell.

Auf der technologischen Seite wird versucht, bestimmte Schwächen zu kompensieren, meist unter Missachtung der fachlichen Problemsicht. Diese Ansätze liefern eine technologische Lösung, ohne dem Anwender den Nutzen transparent zu machen.

Es stellt sich angesichts dieser Probleme die Frage, ob der Aufwand und die Kosten anhand der fehlenden Akzeptanz und damit einer geringen Brauchbarkeit dieser Initiativen gerechtfertigt sind. Unabhängig von den bisherigen Konzepten zur besseren Organisation und Verwaltung des Wissens in Unternehmen und deren Erfolg sind die potenziell durch KM erzielbaren Vorteile unserer Ansicht nach immer noch vielversprechend. Die Unterstützung bei der Lösung fachlicher Aufgaben durch die Bereitstellung relevanter Informationen und Wissen ist die immer noch überzeugende Motivation für KM-Systeme. Damit richtet sich jedoch der Fokus auf die Frage, wie KM-Konzepte entworfen und realisiert werden müssen, um den gewünschten Erfolg bei definierten und antizipierten Kosten zu haben.

6.6.3 Lessons Learned

Ausgehend von den beobachteten Schwachstellen bisheriger KM-Initiativen muss eine Strategie für eine erfolgreiche Implementierung eines KM-Systems unserer Ansicht nach folgende Eigenschaften aufweisen.

- Neue Systeme und Komponenten sollten Mehraufwände und Folgekosten minimieren, d.h. Minimierung folgender Aufwände:
    - Schulungsaufwand
    - Pflege- und Administrationsaufwand
    - Bedienaufwand (durch höhere Benutzerfreundlichkeit)
- IT-Lösungen müssen sich in bestehende Umgebungen integrieren und zwar für den Anwender so unscheinbar wie möglich.
- IT-Lösungen müssen sich an fachlichen Problemstellungen und nicht an technologischen Trends orientieren und insbesondere im Prozess integriert sein (Contextual Knowledge Management).
- IT-Lösungen müssen abgestimmte Fähigkeiten anhand einer übergreifenden KM-Strategie haben (KM-Framework).
- KM-Systeme müssen in der Lage sein Wissen anhand von Daten und Informationen zu verarbeiten, zu extrahieren und zu generieren.
- KM-Systeme müssen das prinzipielle Nutzerverhalten von Mitarbeitern außerhalb ihrer zentralen betrieblichen Aufgaben „Last Resort – Least Effort" berücksichtigen oder aber selbst.

Neben diesen Eigenschaften sehen wir als grundlegendes Problem bisheriger KM-Ansätze die Tatsache an, dass diese KM-Lösungen immer noch Systeme zur reinen Daten- und Informationsverarbeitung sind, auch wenn sie sich häufig als wissensverarbeitende Systeme positionieren.

Von wissensverarbeitenden Systemen erwarten wir aber einen höheren Grad an Eigenintelligenz und einen echten Bezug zu Wissen. In bestehenden Lösungen werden Hilfsmittel geschaffen, bei denen sich die "intelligente Komponente" durch intelligenten Ausnutzung der kognitiven Fähigkeiten der Nutzer auszeichnet. Eine intelligente Präsentation von Sichten auf Daten sowie die Möglichkeiten diese weitgehend frei zu manipulieren und zu verknüpfen schafft jedoch keinen Mehrwert im Hinblick auf Wissensmanagement, da keine Repräsentation von Wissen geschaffen wird, die weiterverwendet werden und als Grundlage für weiterführende (automatische) Analysen dienen kann. Wissensverarbeitung und Gewinnung neuen Wissens findet im Kopf des Anwenders statt und ist damit nicht allgemein verfügbar. Dies schafft in letzter Konsequenz wieder ein Knowledge Management Problem, nämlich das neue Wissen des Anwenders verfügbar zu machen.

Unsere zentralen Erkenntnisse der letzten Jahre sind, dass Wissen immer noch in den gleichen Formen vorliegt, d.h. als Wissen der Mitarbeiter und in Daten und Dokumentenarchiven, und dass der Zugriff auf dieses Wissen weiterhin erhebliche Schwierigkeiten bereitet. Die Verlagerung des größten Teils der Daten und Dokumente in den Bereich der EDV oder IT bringt lediglich Vorteile bez. der Handhabbarkeit, der Verfügbarkeit und Archivierung.

Selbst die Modellierung und Abbildung des Wissens von Mitarbeitern mit IT-basierten Lösungen (z.B. Skillmanagement) bringt nur geringe Vorteile. Bei all diesen Ansätzen bleibt das grundlegende Problem, dass lediglich die Repräsentationsmedien sich gewandelt haben, nicht jedoch die Form der Wissenscodierung.

Der weitaus größte Teil des Wissens in unserem Unternehmen wird entweder durch sprachliche Kommunikation mit Mitarbeitern vermitteln und weitergereicht, oder er liegt in sprachlicher Form in Dokumenten vor. Natürliche Sprache ist der zentrale Code für die Repräsentation von Wissen, sei es in digitaler Form oder in Form von Schriftstücken und verbaler Kommunikation.

Natürliche Sprache ist nicht nur ein hochoptimiertes Codierverfahren für die Informations- und Wissensvermittlung, sie hat auch höchst problematische Eigenschaften. Natürliche Sprache ist, im Gegensatz zu formalen Sprachen, mehrdeutig, d.h. die Bedeutung von sprachlichen Ausdrücken ist abhängig vom Kontext, der Verwendung, unabhängigen Umständen, oder sie ist gar nicht eindeutig zu erschließen (inhärente Ambiguität). Sie liegt in zahlreichen Standards vor, also in Form von unterschiedlichen Sprachen. Ein zentrales Problem für global agierende Unternehmen ist daher auch Multilingualität.

Ausgehend von der oben gestellten Ausgangsfrage konkretisiert sich damit folgender Fragenkatalog für IT-basiertes KM:

1. Ist es möglich eine andere Form von Wissensrepräsentation zu finden, die die negativen Eigenschaften natürlicher Sprache nicht hat und sich besser für echte Wissensverarbeitung eignet?
2. Ist es möglich natürliche Sprache technisch so gut in den Griff zu bekommen, dass eine echte Wissensextraktion und –verarbeitung möglich wird?
3. Ist es möglich, diese Systeme nahtlos und transparent für den Anwender in die bestehende Systemlandschaft zu integrieren?

In den beiden folgenden Abschnitten „Minimal Invasive Systeme“ und „Sprach- und Wissensverarbeitung“ werden mögliche Antworten auf diese Fragen diskutiert und wesentliche Elemente eines KM-Frameworks herausgearbeitet.

6.6.4 Minimal Invasive Systeme

Die Kernintention von KM-Systemen ist die Unterstützung bei der Lösung fachlicher Aufgaben durch die Bereitstellung von relevanten Informationen und Wissen, sei es auf der Management- oder Sachbearbeiterebene. Aus der bisherigen Diskussion sowie dieser Forderung nach einer kontextuellen Einbindung von IT-basierten KM-Systemen ergeben sich drei Ansatzpunkte für die Gestaltung erfolgsversprechender IT-Lösungen im Knowledge Management Kontext:

- Ökonomischer Ansatz: Reduktion der Investitions- und Folgekosten, insbesondere der Pflegekosten, sowie der Ausbildungskosten der Mitarbeiter.
- Technischer Ansatz: Nahtlose und offene Integration in die bestehende IT-Landschaft.
- Fachlicher Ansatz: Wissensverarbeitung und kontextuelle Integration in die Arbeitsprozesse.
    - Kopplung: Je fachfremder der Anwendungsfokus des KM-Systems umso minimaler muss die Sichtbarkeit und der dadurch generierte Aufwand für den Anwender sein.
    - Lieferung adäquater und valider Informationen.
    - Relevanz: Bereitstellung der relevantesten Informationen im Kontext der fachlichen Aufgabe, nicht jedoch aller verfügbaren Informationen.

Systeme, die diese Gestaltungsmaximen berücksichtigen, bezeichnen wir als „Minimal Invasive Syteme“, d.h. Syteme, die sich optimal in bestehende Infrastrukturen integrieren und dem Anwender möglichst wenig, idealerweise keinen Mehraufwand am Arbeitsplatz abverlangen. Minimal invasive IT-Systeme passen sich in bestehende Umgebungen transparent für den Nutzer ein und minimieren so die Veränderung der gewohnten Arbeitsumgebung.

Unter Berücksichtigung des Nutzungsprinzips *„Last Resort – Least Effort“* erfordern minimal invasive Systeme um so weniger Interaktion und Mitarbeit vom Anwender, je weiter ihr Anwendungsfokus von den eigentlichen fachlichen Aufgaben eines Anwenders entfernt sind. Beispielsweise verletzen gängige Skillmanagement-Systeme diesen Grundsatz fundamental.

Diesen Grundsatz nicht widersprechen würde die Pflege der Inhalte eines Skillmanagement-Systems durch Mitarbeiter der Personalabteilung. Allerdings wäre dann der Mehrwert bei den entstehenden Pflegeaufwänden kritisch zu hinterfragen. Sind die jeweiligen fachspezifischen Fähigkeiten eines Mitarbeiters im Zeitablauf in der Personalabteilung bekannt? Können dort entsprechende Skillstrukturen eingerichtet und gepflegt werden? Sind diese Annahmen nicht positiv zu beantworten, liegt eine Verletzung des ökonomischen Grundsatzes vor. Daher ist zu erwarten, dass sich herkömmliche Skillmanagement-Systeme kaum in breiter Basis durchsetzen werden.

Gelungenere Beispiele für die Integration von KM-Komponenten sind in vielen CRM-Systemen realisiert, wie beispielsweise in der kontextuellen Bereitstellung von Kontaktdaten oder auch in einfachen Mailsystemen durch die automatische Vervollständigung von e-Mail Adressen aus einem zentralen Adressverzeichnis.

Die minimal invasiven Gestaltungsmaximen für IT-basierte KM-Syteme sind damit nicht nur Anhaltspunkte für die Entwicklung von Architekturen und Konzepten, sondern auch Evaluations- und Begutachtungskriterien, auf deren Basis sich Prognosen hinsichtlich der Akzeptanz und des Erfolgs von IT-basierten KM-Lösungen erstellen lassen. Werden eine oder mehrere dieser Maximen verletzt, dann ist ein Scheitern der Initiative wahrscheinlich. Minimal invasive Gestaltungsmaximen definieren damit auch ein Werkzeug zur Steuerung von Investitionsentscheidungen.

Eine weitere Konsequenz aus diesen Gestaltungsmaximen ist die Umsetzung von KM-Initiativen in Form eines Suite-Ansatzes. Beispielsweise läßt sich eine monolithische Lösungen, die den fachlichen Anforderungen aller Abteilungen gerecht wird, unserer Ansicht nach nicht finden. Daher schätzen wir die Überlebensfähigkeit von monolithischen Ansätzen im KM-Umfeld als gering ein, weil die Adaptierbarkeit an die spezifischen Prozesse und Anforderungen nicht gegeben ist. Es wird vielmehr davon ausgegangen, dass die Arbeitsweisen an die verfügbaren Funktionalitäten angepasst werden.

Auf der Basis der bisherigen Erkenntnisse sind die genannten Gestaltungsmaximen gleichwertig hinsichtlich der Erfolgsprognose. Idealerweise verletzen KM-Ansätze keine dieser Vorgaben. Je näher jedoch die Resultate von KM-Initiativen am Kerngeschäft eines Unternehmens angesiedelt sind und dort verwendet werden können, desto eher können Abweichungen von den Maximen kompensiert werden. Beispielsweise werden Unternehmensberatung einen höheren Aufwand für die Erfassung von Projektergebnissen als fachfremde Aufgabe der Projektmitarbeiter in Kauf nehmen, da dadurch ihre Beratungsleistung qualitativ verbessert wird.

6.6.5 Sprach- und Wissensverarbeitung

Die Bereitstellung von Informationen und Wissen geht von der Voraussetzung aus, dass diese Informationen und Wissen identifizierbar und zugreifbar sind. Eine Vielzahl dieser Informationen liegen in Unternehmen in Form von Akten, strukturierten als auch unstrukturierten digitalen Dokumenten oder spezifischen Informations-Repositories (z.B. Datenbanken) vor.

Zum zentralen Informationsarchiv entwickelt sich mehr und mehr das Intranet, dass durch allgemein zugängliche und gruppenspezifische Fileserver, Webserver, Document Management oder Datenbanksysteme Informationen zur Verfügung stellt. Der weitaus größte Teil dieser Informationen liegt dabei als unstrukturierte Information in Form von Office-Dokumenten, HTML-Seiten, pdf-Dokumenten oder anderen Formaten vor.

Diese Ausgangslage schafft grundlegende Probleme:

- Lokationsproblem
- Wachstumsproblem
- Datenformatproblem
- Zugriffsproblem
- Sprachproblem
    - Multilingualität
    - Extraktion von Informationen und Wissen aus Sprachquellen.

Das Lokationsproblem bezieht sich auf die Schwierigkeit, relevante Informationen in der Menge verfügbarer Dokumente und Wissensträgern in einem globalen Archiv zu finden.

Das stark wachsende Datenvolumen innerhalb und außerhalb von Unternehmen (siehe z.B. http://www.sims.berkeley.edu/research/ projects/how-much-info/) und die damit verbundene Informationsflut bezeichnen wir als Wachstumsproblem.

Unter Datenformatproblem verstehen wir das Problem, die Vielzahl existierender Datenformate für die elektronische Verarbeitung von Dokumenten in den Griff zu bekommen.

Das Zugriffsproblem korreliert teilweise mit dem Datenformatsproblem und beschreibt in diesem Kontext die Schwierigkeiten, die technischen Voraussetzungen bereitzustellen, auf bestimmte Dokumentformate und Speicherorte (Zugriffsberechtigungen, Netzwerkverbindungen) zuzugreifen. Weiterhin sind darunter die Schwierigkeiten zusammengefasst, vorhandene Infrastruktur zu bedienen.

Wie bereits angesprochen stellt das Sprachproblem weiterhin das zentrale Problem dar. Sprache ist nicht nur das Standardcodierverfahren für Wissen, sondern dient auch im Rahmen der IT dazu, das in Sprache festgehaltenes Wissen zu beschreiben und zu verarbeiten zum Beispiel durch Verschlagwortung oder Benennung von Archiven, Verzeichnissen, Dateien.

Angesichts der bereits erwähnten Problematik von Sprache und deren Eigenschaften kristallisieren sich aus IT-Sicht zwei komplementäre Herangehensweisen heraus, die bislang kaum im KM-Kontext zum Einsatz kamen:

- Ersetzen der natürlichen Sprache durch alternative Methoden der Wissenscodierung, durch beispielsweise Ontologien oder Sematic Web Technologien.
- Analyse, Extraktion und Generierung von Informationen und Wissen über die Verarbeitung natürlicher Sprache.

Um diese Technologien einordnen zu können und ihren Einsatz im KM-Umfeld zu motivieren, muss zunächst der Begriff Wissen definiert werden. Wir verstehen hier unter Wissen aggregierte und validierte Informationen, die bewertet, logisch und nachvollziehbar sind und damit als Grundlage für Entscheidungen, Handlungen und Beschlüsse herangezogen werden können. Dieses Wissen umfasst ebenfalls prozedurales Wissen, dass u.a. zur Erweiterung der Wissensbasis dient.

Damit geben uns sprach- und wissensverarbeitende Systeme eine Möglichkeit, sprachlich codiertes Wissen zu erfassen und zu erschließen. Sie dienen als Werkzeug, die Relevanz von Informationen auf der Basis des codierten Wissens zu bestimmen und zu bewerten.

Als Beispiel sei eine Integration eines Web-Services bei der Dresdner Bank erwähnt (Ćavar und Störl, 2002), die sich vollständig in die Oberfläche von Microsoft Word integriert und die erstellten, unstrukturierten Dokumente transparent für den Anwender auf der Basis von Text Mining Algorithmen automatisch annotiert (Meta-Tagging). Neben der für den Anwender ohne Aufwand erstellten Annotierung werden mit dem Werkzeug durch das Meta-Tagging die Suchergebnisse der eingesetzten Suchmaschinen signifikant verbessert.

Redundanz und Infoflut stellen im Gegensatz zur Bearbeitung durch den Menschen für sprach- und wissensverarbeitende Systeme kein Problem dar. Diese sind eher nützlich für die Extraktion valider Informationen. Durch eine Bewertung auf der Basis codierten Wissens werden Widersprüche aufgedeckt und können zum Teil sogar aufgelöst werden.
Ein Beispiel hierfür ist in der Dresdner Bank die Anwendung Knowledge-Net (k-Net, Ćavar 2002). Mit Hilfe linguistischer Analyse wird ein semantisches Netz generiert, welches es dem Nutzer ermöglicht, inhaltlich über unstrukturierte Dokumentenbestände zu navigieren und nach abstrakten Informationseinheiten (z.B. *Named Entities*) zu suchen.

6.6.6 Fazit und Ausblick

Die Technologien für Sprach- und Wissensverarbeitung machten in den letzten Jahren einen bedeutenden Entwicklungsschritt und erlangten Marktreife. Beleg hierfür ist die steigende Anzahl von Anbietern und der erfolgreiche kommerzielle Einsatz in verschiedenen Bereichen von Unternehmen unter anderem in der Dresdner Bank.
Aus unserer Sicht wird diese Technologie eine zentrale Rolle für Knowledge Management Systeme der zweiten Generation spielen. Diese Technologie ermöglicht nicht nur den Schritt von der Informations- zur Wissensverarbeitung. Sie ist auch fundamental, um die heutigen Probleme von KM-Systemen zu lösen.

Sprach- und Wissensverarbeitung ergänzen sich in idealer Weise mit den von uns definierten Gestaltungsmaximen für Knowledge Management Systeme, dem minimal invasiven Knowledge Management.

Aus ökonomischer Sicht wird zum Beispiel durch die automatisierte Pflege der Metainformationen und Extraktion von Wissen eine günstige Kosten-Nutzen Relation erzielt. Aus technischer Sicht können diese Ansätze nahtlos in die bestehenden Arbeitsumgebungen integriert werden, wie beispielsweise die Realisation des Meta-Tagging Web Services zeigt. Aus fachlicher Sicht erfüllt gerade die linguistische Analyse die Anforderungen hinsichtlich der Prinzipien „Last Resort – Least Effort" sowie die kontextbasierte Bereitstellung von Informationen und Wissen auf der Basis notwendiger und relevanter und nicht generell verfügbarer Informationen.

Als Nebeneffekt werden organisatorische Anweisungen sowie technische Hilfsmittel beispielsweise für die manuellen Verschlagwortung und Annotierung obsolet. Darüber hinaus ist eine höhere Qualität und eine Standardisierung der Verschlagwortung und Annotation realisierbar.

Dem Suite-Gedanken entspricht dabei die Umsetzung des Ansatzes in Form von Web-Services, dessen Dienste in Standard-Applikationen voll integrierbar sind und mit anderen Diensten kombiniert werden können.

Literatur

Ćavar, Damir und Uta Störl (2002): *Automatische Generierung von Metataggs für ein Intra-Semantic-Web*. Mscr. Dresdner Bank, erscheint in den Proceedings der XSW Konferenz, TU Berlin, 2002.

Ćavar, Damir (2002): Natürlichsprachliche und wissensbasierte Systeme im Finanzsektor. In: *Focus on Research 5*, Dresdner Bank AG, Frankfurt a.M.

6.7 Erfahrungsbericht 8: IT- und Wissensmanagement der Firma m2-consulting

Von Anne-Christine Asch

6.7.1 Einführung: Unternehmensdaten m2

m2 consulting ist eine mittelständische Unternehmensberatung mit 28 Mitarbeitern und einem Umsatz von 1,25 Millionen Euro in 2000. Der Schwerpunkt des Unternehmens liegt an der Schnittstelle zwischen Management- und IT-Beratung. Die Unternehmenstätigkeiten umfassen Beratungsdienstleistungen für die fachliche Analyse und methodische Unterstützung in der Software-Entwicklung, Begleitung des Software-Entwicklungsprozesses in allen Phasen von der Anforderungserstellung über die Implementierung bis zur Schlussabnahme, Entwicklung und Umsetzung von Methoden und Standards bei der Einführung von Standardsoftware sowie bei der Entwicklung von Anwendungssoftware. Die Erfahrungsschwerpunkte liegen dabei auf der Businessanalyse, dem Projektmanagement, der Qualitätssicherung und dem Controlling, dem Human Ressources Management und dem Wissensmanagement einschließlich der Dokumentation.

Eine Besonderheit ist die von m2 weiterentwickelte Methode IVV® - Independent Verification und Validation – Strategisches Anforderungs- und Abnahmemanagement, Projektcontrolling und Risikoprognostik. IVV® bietet den Auftraggebern von Softwareprojekten eine erhebliche Zahl von Vorteilen. IT-Projekte werden kontrollierbarer, sowohl in ihrem Verlauf, als auch hinsichtlich ihrer Risiken. In Zusammenarbeit mit der Businessanalyse und der Qualitätssicherung entsteht ein den Anforderungen entsprechendes, funktionales Programm. Der tatsächliche Geld- und Zeitbedarf für ein Projekt fällt geringer aus als in vergleichbaren Projekten, die time to market-Spanne wird deutlich verkürzt. In den USA hat sich das Verfahren in vielen Bereichen als Standardvorgehensweise durchgesetzt.

Im Bereich des Wissensmanagements umfassen die Leistungen die Bereitstellung eines Projektmanagements zur Implementierung einer effizienten Infrastruktur des Wissens, die Einführung benutzerfreundlichen Knowledge-Mappings und konsistenter Methoden zur Dokumentation, Archivierung und Pflege des Wissens. Die zugrunde liegende m2-Philosophie betrachtet dabei Wissensmanagement zunächst als organisatorische Aufgabe und erst in zweiter Linie als technisches Problem, zu dem Lösungen bereitgestellt werden. Besondere Aufmerksamkeit gilt dabei der professionellen Dokumentation des gesammelten Wissens, um es für weitere Projekte und neue Aufgaben nutzbar zu machen.

Für die Einführung von Wissensmanagement in Unternehmen hat m2 ein spezielles Vorgehensmodell entwickelt, durch das mit überschaubarem Mitteleinsatz wirksame Effekte erzielt werden können. Dieses sogenannte „Keimzellenmodell" erlaubt es, innerhalb kurzer Zeit messbare Arbeitsergebnisse vorzulegen und diese Ergebnisse als Basis für weitere Wissensmanagementprojekte zu verwenden.

Die spezifische m2-Beratungsqualität beruht dabei auf dem interdisziplinären Zusammenwirken von Geistes- und Sozialwissenschaftlern, Informatikern, Betriebswirten und Juristen. Intensiver interner Erfahrungsaustausch gewährleistet die Entwicklung neuer, unkonventioneller Lösungswege auf der Basis erprobter Methoden.

Um das Wissensmanagement im eigenen Unternehmen weiterzuentwickeln und um die vorhandenen Kompetenzen im Wissensmanagement zu dokumentieren, publiziert m2 die Wissensmanagement-Webseite www.community-of-knowledge.de. Diese Internet-Community ist aus dem Bestreben heraus entstanden, den Gedanken des Wissensaustausches ernst zu nehmen und diesen Austausch auch über Unternehmensgrenzen hinweg zu betreiben - jedoch thematisch auf das Wissensmanagement beschränkt. Auch der m2 eigene Vertrieb bzw. die Akquise werden durch die www.c-o-k.de unterstützt, denn durch die Community entstehen viele Kundenkontakte und –gespräche.

Parallel dazu betreibt m2 ein firmeninternes Web-Portal, das der Information und Kommunikation insbesondere der extern tätigen Kolleginnen und Kollegen untereinander dient. Auch hier gibt es, wie auf der www.c-o-k.de, ein Redaktionssystem über das Beiträge in Artikelform veröffentlicht werden können

6.7.2 Wissensmanagement in der IT

Die Informationen eines IT-Projektes können besser genutzt werden! Im Rahmen von IT-Projekten wird vielfach Wissen gewonnen, das in seinem Wert für das unternehmensweite Wissensmanagement oft nicht optimal genutzt wird. Gleichzeitig wird die Bedeutung der Methoden des Wissensmanagements für IT-Abteilungen und ihre Projekte nicht ausreichend erkannt.

Ein wesentlicher Aspekt für das Projekt- und Qualitätsmanagement in IT-Abteilungen und IT-Projekten ist das damit verbundene Wissensmanagement. Dessen explizite Pflege wird jedoch nicht selten vernachlässigt, obwohl gerade der hohe Zeitdruck sowie die häufig starke Mitarbeiterfluktuation eine optimale Organisation des Wissens erfordern würden. Auf welche Weise in einem IT- Projekt oder einer IT- Abteilung sinnvoll Wissen gesammelt und verbreitet werden kann, hängt von der Art der Aufgabenstellung und von den Standards des Unternehmens ab. Einmal kodifiziertes Wissen sollte jedoch unternehmensweit einsetzbar sein. Für den Grad der Komplexität und damit auch der Schwierigkeiten in einem IT-Projekt sind im Wesentlichen drei Faktoren ausschlaggebend:

1. Die Größe eines Projektes (Mitarbeiterzahl).
   Wie viele Mitarbeiter müssen über den Stand und den Verlauf des Projektes kommunizieren?
2. Die Laufzeit eines Projektes.
   Über welchen Zeitraum muss das Wissen bewahrt werden? Hier stellt sich insbesondere das Problem des Knowhow-Transfers bei hoher Mitarbeiterfluktuation
3. Der Gegenstand des Projektes.
   Wie komplex ist die Aufgabe des Projekts aus fachlicher und technischer Sicht?

Die Beantwortung der Frage, ob mit der zunehmenden Komplexität der Aufgabenstellung in einem Projekt oder in der Organisationseinheit nicht auch das Niveau der Methoden, mit denen das Wissen generiert, genutzt, verteilt und bewahrt wird, angehoben werden muss, ist entscheidend für das Gelingen. Nicht selten jedoch bleibt das Erfassen und Verteilen von Wissen bei einer mehr oder weniger gelungenen Dokumentation stehen.

6.7.3 Recycling des Wissens im Unternehmen

In betriebswirtschaftlich orientierten IT-Projekten werden in der Ist-Analyse die wertschöpfenden Geschäftsprozesse formal beschrieben, logische Abhängigkeiten verwaltet und Abläufe sowohl simuliert als auch analysiert. Gleichzeitig bildet diese Daten- und Prozessbeschreibung die Basis für die Soll-Konzeption.

Die Soll-Konzeption beinhaltet daher viele grundlegende Entscheidungen, die auch außerhalb des Projektes für das Funktionieren und die Zusammenhänge in einem Unternehmen von großer Bedeutung sind. Die Integration aller für einen Geschäftsprozess benötigten Informationen ist die wesentliche Voraussetzung für eine effiziente IT-Unterstützung durch sogenannte Workflow-Systeme, mit deren Hilfe eine optimale Steuerung von Arbeitsvorgängen angestrebt wird. Zudem sollen so Medienbrüche verringert und die Ausführungsqualität sowie die Vorgangstransparenz verbessert werden. Eine Modellierung der mit einem Workflow-System abzubildenden Geschäftsprozesse bietet somit das Potenzial für die Optimierung aller im Unternehmen vorhandenen Geschäftsprozesse.

Im Sinne des Wissensmanagements sind die so analysierten und beschriebenen Geschäftsprozesse und deren Optimierung aber mehr – sie sind ein bedeutender „Speicher" für die Gewinnung, Verteilung und Nutzung von wichtigem Wissen für das Unternehmen. Begleitend zu den im IT-Projekt erarbeiteten Geschäftsprozessmodellen für Teilbereiche des Unternehmens können daher – gleichsam als 'Nebenprodukt' - wichtige Erkenntnisse für das interne Wissensmanagement eines Unternehmens gewonnen werden. Ist-Analysen und die Anforderungsaufstellung als Soll-Definition gewinnen so weit über das Projekt hinaus, für das sie erstellt wurden, an Bedeutung.

Schon die „historische" Aufnahme und Aufbewahrung einer Ist-Analyse, der Abläufe und Strukturen, kann für das Wissensmanagement eines Unternehmens von erheblicher Bedeutung sein. Hier werden häufig Stärken und Schwächen eines Unternehmens in einer bestimmten Phase seiner Entwicklung beschrieben. Dies stellt eine unverzichtbare Erkenntnisquelle für die Bewältigung zukünftiger Aufgaben dar, die bei einem Verlust kaum noch zu rekonstruieren ist.

Noch interessanter sind jedoch die Erkenntnisse, die sich aus der Soll-Konzeption eines IT-Projekts ergeben. Hierbei handelt es sich nicht nur um weitreichende strategische Entscheidungen, sondern um die, gerade in einem IT-Projekt, oft gefällten Prioritäts- und Richtungsentscheidungen der mittleren Ebene. Oft werden diese aus den spezifischen Anforderungen der Situation heraus und vor dem Hintergrund einer zu diesem Zeitpunkt wichtigen Fragestellung getroffen, ohne dass formale Entscheidungswege vorhanden wären oder eingehalten würden. Diese Informationen sind deshalb von großer Wichtigkeit für ein internes Wissensmanagement, weil auch sie später kaum noch zu rekonstruieren sind. Hier spielt vor allem der lose personelle Zusammenhang in der Projektarbeit eine Rolle. Während im Bereich von statischen Unternehmenseinheiten auch das implizite Wissen durch eine Kontinuität des Personals weiter verfügbar bleibt, gibt es diese Möglichkeit bei einem Projekt kaum. Sind die Beteiligten erst einmal in alle Winde zerstreut, können diese Informationen kaum noch verfügbar gemacht werden.

6.7.4 Die Bedeutung der Vorgehensmodelle

Vorgehensmodelle dienen in der Softwareentwicklung der Komplexitätsreduzierung durch Zerlegung der Entwicklungsschritte. Ihr Ziel ist es, ein Entwicklungs- oder Einführungsergebnis so schnell und kostengünstig wie möglich zu erreichen. Dabei kann von den Projektverantwortlichen die Bedeutung der gewonnen Ergebnisse für das unternehmensweite Wissensmanagement nicht immer erkannt werden. Diese Quelle zu sichern, ist daher die Aufgabe des Wissensmanagements. Es besteht aber seitens des Projektmanagements oder der Qualitätssicherung sehr wohl eine Verantwortlichkeit, auf diese Quelle hinzuweisen und sie proaktiv zur Verfügung zu stellen.

Die Sicherung des gewonnenen Wissens sollte durch die Einhaltung von Dokumentationsstandards, sowie die Bildung eines separaten Teams, das gleichsam dem IT-Projekt „hinterher-räumt", erfolgen. Dieses Team arbeitet unabhängig vom Projektziel für das gesamte Unternehmen. Es kann Zugriff auf das Wissen der hinzugezogenen externen und internen Fachkräfte nehmen und Unklarheiten in der Dokumentation der Ergebnisse sofort ausräumen. Auf dieser Grundlage kann ein solches Wissensmanagement-Team die wichtigsten Erkenntnisse des Projekts sichern und dem Unternehmen zur Verfügung stellen.

Die analytischen und deskriptiven Aktivitäten im Rahmen eines IT-Projekts könnten daher dem Auftraggeber bzw. dem Gesamtunternehmen in viel stärkerem Maße dienen, als es heute in vielen Fällen geschieht.

Kurz gesagt: In einer Phase, in der im Unternehmen ohnehin Veränderungen anstehen, ist es naheliegend, die vorgenommene Investition so intensiv wie möglich für das Unternehmen zu nutzen. Ein Wissensmanagement-Team, das die erreichten Ergebnisse mit diesem Fokus prüft, erbringt für das Unternehmen einen erheblichen Mehrwert, da aktuelle Veränderungen und langfristige Entwicklungslinien in Übereinstimmung gebracht werden können.

6.7.5 Zum Hintergrund

Die Ausführung von Geschäftsprozessen beinhaltet in der Sprache des Wissensmanagements implizit auch die Durchführung von Wissensaktivitäten, denn Wissen entsteht in Geschäftsprozessen und wird in ihnen genutzt. Die Definition eines Prozesses als eine Gruppe von Wissensaktivitäten bedeutet, dass jede Aktivität in diesem Prozess als Wissensaktivität angesehen werden muss. Es ist damit möglich sie einem Wissenstyp wie „Wissen erwerben", „Wissen entwickeln", „Wissen verteilen", „Wissen bewahren", „Wissen nutzen" oder „Wissen bewerten" zuzuordnen.

Wissen existiert im Unternehmen in

- den Geschäftsabläufen,
- den Informationssystemen,
- der Firmenkultur,
- Dokumenten als explizites Wissen und
- den Köpfen der Mitarbeiter als implizites Wissen.

Durch diese Zuordnung wird das in den Geschäftsprozessen implizit vorhandene Wissen, strukturiert und konsistent dokumentiert. Erst die Verbindung von vorhandenen Geschäftsprozessen und ihrer Modellierung sowie ihre Optimierung durch das unternehmensinterne Wissensmanagement ermöglicht es, die Arbeitsergebnisse eines IT-Projekts für das gesamte Unternehmen zu nutzen. Dabei zwingt die hohe Detailschärfe eines IT-Projekts, Fragen zu beantworten und Entscheidungen zu treffen, die für die Gesamtentwicklung des Unternehmens von großer Bedeutung sind. Da der Aufwand dieses Prozesses für das Wissensmanagement allein kaum zu rechtfertigen ist, bieten gerade IT-Projekte, mit den durch sie bedingten Umstrukturierungsprozessen, eine einmalige Chance dieses Wissen explizit zu machen und später zu nutzen.

6.7.6 Das Keimzellenmodell von m2

Um der generellen Komplexität nicht von Projekten gerecht zu werden, hat m2 für die Einführung von Wissensmanagement in Unternehmen ein spezielles Modell entwickelt, mit dem in möglichst kurzer Zeit wirksame Effekte erzielt werden können. Dieses sogenannte „Keimzellenmodell" erlaubt es, innerhalb eines überschaubaren Zeitrahmens präsentationsfähige Arbeitsergebnisse zu erhalten, diese dem gesamten Unternehmen vorzustellen und mit dem Kick-off zu beginnen. Die zugrundeliegende Methode besteht in dem konzentrierten Einsatz der zur Verfügung stehenden Ressourcen, um in einem ausgewählten und klar definierten kritischen Bereich das Wissensmanagement schnell und nachhaltig aufzubauen.

Das Vorgehen nach dem Keimzellenmodell beruht ganz wesentlich auf der Parallelisierung von strategischen und operativen Aktivitäten. Zur Überwachung des Gesamtprozesses wird eine Strategieebene gebildet - parallel dazu wird ein konkretes Umsetzungsprojekt aufgelegt, dem später weitere folgen. Die Priorisierung der einzelnen Handlungsfelder bestimmt die Reihenfolge weiterer zu realisierender Einzelprojekte.

Ausgangspunkt ist immer ein begrenztes Projekt zu einem spezifischen, genau definierten Thema oder Problem - also dort, wo explizit Handlungsbedarf besteht. Auf dieser Ebene wird eine abteilungsübergreifende Projektgruppe aus Beratern, Spezialisten und Anwendern gebildet, die an dem identifizierten Problem ansetzt und dafür Lösungen entwickelt. Diese Gruppe wird von der Unternehmensleitung, dem Personalmanagement und dem Wissensmanagement begleitet und unterstützt.

Auf der Strategieebene definiert eine Expertengruppe des Auftraggebers zusammen mit den Beratern die konkreten Anforderungen an ein Wissensmanagement:

- Welches Problem soll durch Wissensmanagement gelöst werden?
- Was soll nach erfolgter Einführung anders sein?
- Wie wird Wissen zur Zeit im Unternehmen gemanagt?
- Worin bestehen Chancen, worin liegen die Risiken der Einführung?

Aufgrund des fest umrissenen fachlichen Fokus können die zugrunde liegenden Probleme schnell identifiziert und Lösungen ohne größeren Kostenaufwand gefunden und implementiert werden. Notwendig werdende Modifikationen lassen sich ohne großen Aufwand realisieren und auf ihre Brauchbarkeit testen.

Bei den Teilnehmern aus den jeweiligen Fachabteilungen wird durch die schnelle und eingegrenzte Lösung die notwendige Motivationsgrundlage für weitergehendes Wissensmanagement geschaffen, die Mitglieder des Teams erwerben außerdem eine fachlich nicht eingeschränkte Problemlösungs- und Implementierungskompetenz. Den Mitarbeitern aus anderen Abteilungen werden an einem nachvollziehbaren praktischen Fall die möglichen Potenziale von Wissensmanagement verdeutlicht.

Die Vorteile des Keimzellenmodells für ein Unternehmen sind also:

- Motivation durch die anschaulich vorführbare Modell-Lösung
- ein klar definiertes Kostenrisiko
- frühzeitige Amortisation der eingesetztem Mittel
- die Mitarbeiter gewinnen schnell relevantes umsetzbares Wissen

Das Keimzellenmodell erlaubt darüber hinaus eine ständige, an den jeweiligen Bedarfsprofilen ausgerichtete kritische Prüfung des Erreichten, die kontinuierliche Weiterentwicklung der eingesetzten Tools, Werkzeuge und Methoden sowie die frühzeitige Einbindung der internen und externen Nutzer in den Prozess der Implementierung.

6.7.7 Vorgehensweise

Das Vorgehen nach dem Keimzellenmodell lässt sich in folgende Phasen und Schritte unterteilen:

Phase 1 – Strategieebene

1. Analyse der Situation im Unternehmen

In einem ersten Schritt werden die Ziele und die konkreten Anforderungen an ein Wissensmanagementprojekt definiert. In Zusammenarbeit mit Mitarbeitern des Unternehmens wird auf der Strategieebene eine allgemeine Anforderungsanalyse erstellt. Das Ergebnis stellt eine sorgfältige Definition, Dokumentation und Fixierung der Wissensziele und des zukünftigen Kompetenzbedarfs für einen erfolgsrelevanten Kernbereich des Unternehmens dar.

Weiterhin wird der Stand der Einführung des Wissensmanagements im unternehmen auf der normativen und der technischen Ebene eingeschätzt:

- Liegt ein eindeutiges Bekenntnis zum Wissensmanagement vor bzw. existiert eine Unternehmenskultur, die auf den Erwerb, die Verwaltung und innovative Nutzung von Wissen ausgerichtet ist?
- Sind die organisatorischen Rahmenbedingungen adäquat?
- Ist die technische Infrastruktur vorhanden?

2. Wissensstrukturanalyse und Aufstellung der Projektgruppe

Parallel dazu wird eine Wissensstrukturanalyse des Gesamtunternehmens durchgeführt, um geeignete Organisationseinheiten als Kandidaten für eine Keimzelle zu identifizieren, wenn nicht Einheiten ohnehin bereits ihren Bedarf oder Wunsch nach einer Verbesserung ihrer Wissensstruktur angemeldet haben:

Eine geeignete Keimzelle zeichnet sich durch eine Kombination aus aktuellen Wissensproblemen und einen hohen potenziellen Nutzen oder Ertragswert des geplanten Wissensmanagementprojektes für das Gesamtunternehmen aus. Die Auswahl richtet sich unter anderem an der folgenden Fragestellung aus:

Welche Geschäftsprozesse in der potenziellen Keimzelle finden wo, in welcher Form und mit welchen Auswirkungen auf andere Bereiche und Prozesse statt?

Gleichzeitig wird durch das Human Ressources Management das Team für das Umsetzungsprojekt zusammengestellt. Seine Aufgabe wird die Einführung des Wissensmangements in der Keimzelle sein. Die Mitglieder dieses Teams stammen aus verschiedenen Fachabteilungen und zeichnen sich durch unterschiedliche Spezialisierungen aus. Dazu kommen noch die externen Berater und möglicherweise benötigte Spezialisten. Das Umsetzungsprojekt wird laufend von der Strategieebene begleitet, um die Ausrichtung auf das Gesamtunternehmen sicherzustellen und eine weitgehende Standardisierung und Anpassung insbesondere der technischen Hilfsmittel herbeizuführen.

Phase 2 - Die Keimzelle

1. Wissensstrukturanalyse in der Keimzelle

Konzentriert auf das ausgesuchte, spezifische Fachsegment wird untersucht, welche Geschäftsprozesse in welcher Form abgewickelt werden, welches Wissen dabei potenziell generiert wird und welche Kriterien geeignet sind, um die faktischen Wertschöpfungspotenziale zu messen und zu bewerten bzw. um die Relevanz dieses Wissens für das Unternehmen zu ermessen. Hierbei kommt es darauf an, Art, Umfang und Qualität der konkreten Inhalte im Rahmen von Experteninterviews zu erfassen und einer Systematik zuzuordnen. Auf diese Art und Weise lassen sich die wichtigsten Business Cases identifizieren und Problemlösungsstrategien entwickeln.

2. Implementation

Es folgt auf der Anwendungsebene der Implementierungsprozess, also die Verbindung von Anforderungsprofil, Wissensträgern und der technischen Lösung. Auf dieser Ebene stehen folgende Fragestellungen im Vordergrund:

- Welche Instrumente sind geeignet, um Wissen zu generieren, zu vernetzen und zu dokumentieren? (In Abstimmung mit der Strategieebene)
- Welche Informationen und Werkzeuge werden benötigt, um das vorliegende Problem zu lösen?
- Wie werden der Betrieb, die Pflege und die Aktualisierung der Wissensbestände der Organisation gewährleistet?
- Sind die durch das Projekt in der Keimzelle gewonnenen, beispielhaften Erkenntnisse wirklich auf das gesamte Unternehmen übertragbar?
- Decken die Wissensbestände das faktische Anforderungs- und Bedarfsprofil ab?

Nach Abschluss des Umsetzungsprojektes werden die Ergebnisse von der strategischen Ebene evaluiert und die erforderlichen Schlüsse für die Transformation gezogen.

Phase 3 - Transformation bzw. Zellteilung

Die Projektgruppe ist nun in der Lage, die Anforderungsprofile für weiterere Geschäftsbereiche zu entwickeln, sie sukzessive in das bestehende Modell zu integrieren und in anderen Organisationseinheiten weitere Keimzellen zu etablieren.

Hier liegt der Vorteil des Keimzellenmodells insbesondere darin, dass die wachsende Komplexität der Anforderungen sachlich und zeitlich bearbeitbar und überschaubar bleibt. Die einzelnen Schritte sind für alle Beteiligten transparent und erlauben den innovativen Umgang mit neuen Konzeptideen und Anforderungsprofilen. Je nach den zur Verfügung stehenden Ressourcen kann diese Integration auch in mehreren parallel laufenden Umsetzungsprojekten unter Beteiligung der Mitarbeiter aus der Projektgruppe realisiert werden. Durch diese Vorgehensweise kann eine starke Beschleunigung bei der Einführung von Elementen des Wissensmanagements im gesamten Unternehmen erreicht werden. Umgekehrt erlaubt das Modell aber auch eine behutsame, schrittweise Einführung, die die Ressourcen des Unternehmens nicht über Gebühr belastet. Das Keimzellenmodell eignet sich deshalb in besonderem Maße auch für die Einführung von

Wissensmanagement oder Elementen davon in KMU oder stark aufgesplitterten Unternehmen.

Der Erfolg der Keimzellenprojekte übt dabei eine starke Sogwirkung auf andere Organisationseinheiten aus. Die durch die Projektgruppen gebildeten Communities-of-Practice sind ihrerseits wieder Keimzellen für den weiteren, permanenten Wissensaustausch unter den Mitarbeitern und damit für den Aufbau eines Wissensmanagements im gesamten Unternehmen.

6.7.8 Wissenmanagement intern: Die Funktionen der www.community-of-knowledge.de

Seit November 2000 betreibt m2 das Wissensmanagementportal www.c-o-k.de. Dieses Portal besteht aus zwei Plattformen: einem öffentlichen Teil und einem internen, der dem Informationsaustausch der Mitarbeiter von m2 consulting dient. Eine erste Ausbaustufe umfasste die Webseiten der www.c-o-k.de, die zweite Stufe die erweiterten Funktionen des nicht öffentlichen, internen Teils, der seit etwa sechs Monaten im Aufbau ist. Das öffentliche Portal wird von einem Redaktionsteam betreut, das dafür Sorge trägt, dass regelmäßig neue Beiträge veröffentlicht werden und die Site thematisch weiterentwickelt wird. Um den qualitativen Ansprüchen der Benutzer, aber auch den Bedürfnissen der eigenen Mitarbeiter zu genügen, wird besonderer Wert auf gut recherchierte und praxisnahe Informationen, Fallstudien und Berichte zu vielen Aspekten des Wissensmanagements gelegt.

Der öffentliche Teil der www.c-o-k.de hat die folgenden Zielsetzungen:

- die Kompetenz von m2 auf dem Gebiet des Wissensmanagement zu zeigen und zu dokumentieren
- das eigene, unternehmensinterne Wissen zu vermehren und zu bündeln
- dem Wissensaustausch und der Wissensvermehrung der oft vereinzelt in Unternehmen arbeitenden Wissensmanagern zu dienen.

Zielgruppe der Webseite sind die Wissensmanager in Unternehmen, dementsprechend ist die Webseite eher auf die Praxis des Wissensmanagements ausgerichtet als auf die Theorie. Trotzdem (oder vielleicht auch gerade deshalb) erfreut sich die www.c-o-k.de auch in akademischen Kreisen zunehmender Beliebtheit.

Pro Monat werden etwa 30.000 Seiten abgerufen, über 1000 Nutzer abonnieren den monatlichen Newsletter. Für die Verwaltung wurde von m2 ein an die Anforderungen angepasstes Redaktionssystem in PHP entwickelt.

In einer zweiten Phase wurde die c-o-k als eine unternehmensinterne Wissensplattform ausgebaut. Hintergrund war das Wachstum des Unternehmens m2, das auch mit einem Anwachsen der Mitarbeiterzahlen verbunden war, so dass die vorhandenen Informationsströme nicht mehr informell gehandhabt werden konnten. Ohnehin liegt es in der Natur eines Beratungsunternehmens, dass die Mitarbeiter verstreut an vielen Orten arbeiten und sich nur selten persönlich sehen. Ab einer gewissen Unternehmensgröße ist dann aber die Weitergabe und –verarbeitung des extern gesammelten Wissens und der gewonnenen Erfahrungen nicht mehr auf einer persönlichen Ebene möglich. Es war daher naheliegend, den Mitarbeitern eine virtuelle Plattform zur Verfügung zu stellen. Auch die Einarbeitung von neuen Mitarbeitern, bzw. die Einarbeitung von Beratern in neue Fachgebiete sollte so erleichtert werden.

Die Unternehmensplattform umfaßt z. Zt. die folgenden Funktionen:

- Abfrage der unternehmensinternen e-mails
- Yellow Pages (Wer macht was im Unternehmen?)
- Lebensläufe und Profile der Mitarbeiter
- Projektinformationen und –stati
- Vorstellung neuer Mitarbeiter
- Glossar und Thesaurus
- Interessante Artikel oder Hinweise auf Artikel in Printmedien
- FAQ's
- Internet-Filemanager
- Top Stories

Auch hier gibt es, wie auf der www.c-o-k.de, ein Redaktionssystem über das Beiträge in Artikelform veröffentlicht werden können. Die Site selbst wird jedoch redaktionell nur beiläufig betreut. Die Mitarbeiter können und sollen selbst publizieren und editieren, freigeben, sperren und ähnliches. Als Anreiz für die Erstellung solcher Beiträge wird den Kollegen ein entsprechender Freizeitausgleich angeboten.

Die Aktualisierung der Profile auf den Yellow Pages dagegen ist ein Muss und wird vom Betreuer des Systems überprüft - die Mitarbeiter sind verpflichtet, ihre Profile laufend zu aktualisieren, da diese Informationen für den Vertrieb ständig in aktueller Form verfügbar sein müssen.

In einer weiteren Ausbaustufe soll dann auch dieses unternehmensinterne Portal vollständig redaktionell betreut werden, um der Trägheit der Mitarbeiter beim Einstellen wichtiger Informationen wie z.B. Projektberichten oder Profiländerungen, entgegenzuwirken. Neben dem dadurch erfolgenden „Abholen“ von Informationen, wird ein weiterer Vorteil die höhere Qualität und Vergleichbarkeit der Beiträge sein, sowie deren größere Aktualität, die durch die Redaktion sichergestellt wird. Nicht zu unterschätzen ist auch, dass die vorhandenen Informationen besser strukturiert werden und so erst unternehmenseigenes, regelmäßig genutztes Wissen entsteht.

Die bisherigen Erfahrungen zeigen, dass die Unternehmensplattform von den Mitarbeitern gut angenommen wird, wobei die Features, die unmittelbar mit der eigenen Arbeit in Projekten zu tun haben, bevorzugt werden. Auch die e-mail Funktion wird gut genutzt. Träger gestaltet sich das Einstellen von Informationen, insbesondere dann, wenn damit erhebliche Arbeit verbunden ist. Andererseits werden durchaus nicht immer alle Informationen exklusiv für die Mitarbeiterplattform verfasst – vieles stammt z. B. auch aus Projektberichten oder ähnlichen Dokumenten. Gerade deshalb erscheint ein weiterer redaktionell betreuter Ausbau und das Freistellen der dafür benötigten Personalkapazitäten sinnvoll, um allen Mitarbeitern Zugriff auf gut strukturierte und professionell aufbereitete Informationsressourcen des Unternehmens zu ermöglichen.

7. Projektmethodik und Instrumente des Wissensmanagements

7.1 Barrieren und Aktionsportfolio

In diesem Kapitel werden einige wichtige Barrieren vorgestellt, die eine erfolgreiche Einführung des Wissensmanagements behindern können. Die Darstellung folgt der organisationstheoretischen Unterscheidung in Individual-, Gruppen, Organisations- sowie Interorganisationsebene und unterteilt die Art der Barrieren in psychologisch, kulturell, strukturell und technisch (vgl. *Abbildung 63).*

	Individual-ebene	**Gruppen-ebene**	**Organisa-tionsebene**	**Interorga-nisationsebene**
Psychologische Barrieren				
Kulturelle Barrieren				
Strukturelle Barrieren				
Technische Barrieren				

1. In welchem Funktionalbereich befinden wir uns (HRM, Strategie, IT)?
2. Innerhalb welcher Ebene tritt die Barriere auf (Individuum, Gruppe, Organisation, Interorganisationsebene)?
3. Welcher Art ist die Barriere (psychologisch, kulturell, strukturell, technisch)?
4. Welche Maßnahmen können ergriffen werden?

Abbildung 63: Schema für den Aufbau eines Aktionsportfolios

Psychologische Barrieren ergeben sich aus der menschlichen Verhaltensdisposition. Aus theoretischer Sicht werden hier zum Beispiel Determinanten wie Triebe, Werte, Bedürfnisse, Instinkte und Erwartungen thematisiert (vgl. z.B. Staehle 1994:148-245). *Kulturelle Barrieren* beziehen sich auf Faktoren, die aus der subjektiven Aneignung und Erfahrung der Wirklichkeit resultieren und beispielsweise durch die individuelle bzw. organisatorische Sozialisation bestimmt werden. *Strukturelle Barrieren* kennzeichnen die durch organisatorische Hierarchien bedingten Formen menschlicher Arbeit wie zum Beispiel Weisungsbefugnisse, Abteilungsdenken, Zentralisierung, Prozessorganisationen etc. (vgl. zu einer Übersicht mit vielen Beispielen: Schüppel 1996: 122). *Technische Barrieren* schließlich zielen auf Probleme, die sich als Ergänzung zu strukturellen Barrieren verstehen. Hier spielt beispielsweise die Gestaltung der informationstechnischen Unterstützung eine wesentliche Rolle.

In der praktischen Vorgehensweise empfiehlt es sich, die Übersicht als Arbeitsblatt für einzelne Unternehmen und Mitarbeiter zu nutzen und im Sinne eines Gedankenrasters zur Systematisierung eigener Probleme individuell anzupassen.

- *In Schritt 1* kann es hilfreich sein, ein Teilprojekt des Wissensmanagements in einem konkreten Funktionalbereich zu identifizieren und im Hinblick auf seine Erfolgschancen zu beurteilen.
- *In Schritt 2* sollten diejenigen Ebenen identifiziert werden, innerhalb derer die meisten Barrieren zu erwarten sind. Durch eine derartige Verankerung können sehr früh mögliche Maßnahmenbereiche, etwa bezogen auf die individuelle Personalentwicklung, die organisationsweite IT-Infrastruktur oder die Einrichtung von Kommunikationsforen für den Austausch zwischen verschiedenen Gruppierungen im Unternehmen ausgelotet und vorbereitet werden.
- *In Schritt 3* sollte man sich Gedanken über die Art der Barriere (s.o.) machen. Durch diese Überlegungen können u.a. eventuelle benötige Personalressourcen in einem speziellen Bereich (zum Beispiel Psychologen oder Informatiker) schon im Vorfeld der Projektplanung berücksichtigt werden.
- *In Schritt 4* schließlich sollte ein systematischer Überblick über mögliche Maßnahmen zur Beseitigung von Barrieren erarbeitet werden. Die erfolgreiche Beseitigung von Wissensbarrieren kann – je nach Projektziel und –umfang – als eigenständiges Ergebnis oder als Teilergebnis (Beseitigung von Widerständen) im Rahmen einer übergeordneten Projektplanung betrachtet werden.

In der folgenden Tabelle sind die verschiedensten Barrieren angeführt. Es handelt sich bei dieser Zusammenstellung sowohl um in der Literatur identifizierte und beschriebenes als auch im praktischen Beratungszusammenhang direkt ermittelte Barrieren. Beispielhaft werden drei (in der Tabelle fett markierte) Barrieren näher beschrieben und mögliche Maßnahmen zu ihrer Beseitigung aufgezeigt. Dazu werden Projektblätter verwendet, die sich ebenso für eigene Aktivitäten verwenden bzw. anpassen und in ein umfassendes Wissensmanagementprojekt integrieren lassen (zum Projektmanagement für das Wissensmanagement vgl. Kapitel 7.2).

(1) Kollektiver Rollenzwang (Role-constrained learning)

Die Barriere "Role-constrained learning" wurde schon in einem frühen Modell des Organisationalen Lernens von March/Olson (1976) berücksichtigt. Grundaussage ist, dass die *Anwendung* von Wissen immer dann unterbleibt, wenn damit eine Verletzung von an die eigene Rolle geknüpften Erwartungen verbunden wäre. Zwar können Erkenntnisfortschritte auf individueller Ebene stattfinden, auf das tatsächliche Verhalten haben sie jedoch keinerlei Wirkung. Ursache für diese Barriere können Arbeitsüberlastung oder Risikovermeidung, aber auch beschränkende Rollenvorgaben oder Aufgabenbeschreibungen von Vorgesetzten sein. Wenn der einzelne Mitarbeiter nun wiederholt bemüht ist, den Rollenerwartungen gerecht zu werden, stößt er einen sich selbstverstärkenden Kreislauf an, da er gegen seine eigene Handlungsintention agiert, für ihn nicht angenehmen Rollenzwänge weiter verfestigt und somit das von ihm selbst praktizierte Regelset weiter stabilisiert.

Die größte Schwierigkeit bei dieser Barriere liegt darin, dass in Zeiten fundamentalen Wandels kein Erfahrungswissen für rollenübergreifendes Verhalten vorhanden ist und alternative Handlungsoptionen meist nicht einmal gedacht werden. Angesichts turbulenter Entwicklungen in der Umwelt kann dieses Manko allerdings über das wirtschaftliche Überleben eines Unternehmens entscheiden.

Barriere: Rollenbeschränkungen	
Aufgetretende Probleme: ▪ Es scheint, als ob keinerlei Wissen erworben wird, da eine Verbindung zwischen Lernen und Verhalten nicht ersichtlich ist. ▪ Modifikations- und Varietätsfähigkeit des individuellen Kognitionsrahmens kann angesichts mangelnder Umsetzung von erworbenem Wissen verkümmern. ▪ Normbedingte Leistungsrestriktionen innerhalb der Organisation (z.B. Beibehalten eines niedrigen Leistungsniveaus zur Vermeidung höherer Leistungsanforderungen) ▪ Mangelnde Verhaltensoptionen in Situationen fundamentalen Wandels.	
Maßnahme	Workshop /Einzelgespräch: Diskussion von Rollenerwartungen und deren Zweckmäßigkeit; ggf. Neubestimmung und Dokumentation neuer Rollenerwartungen. Zusätzlich ist ein Verhaltenstraining unter Unsicherheit möglich.
Ziele	Umsetzung von erlernten Inhalten und Verfahren in sichtbares Verhalten. Rollen- und Handlungsflexibilität
Zielgruppe	Im Prinzip jeder Mitarbeiter, der keine erwarteten Verhaltensänderungen zeigt und ein stark eingeengtes Rollen- und Verhaltensrepertoire aufweist.
Projektdauer	1-2 Tage
Kosten	Tagessätze für Moderatoren, Infrastruktur
Projektverantwortlich	Coach, Vorgesetzter
Wiederholungshäufigkeit	2-3 mal pro Jahr bzw. nach Bedarf
Ablaufbeschreibung	1. Beispiele für blockierende Rollenanforderungen suchen und diskutieren 2. Analyse der Verhaltensursachen (Angst, Misstrauen etc.) 3. Konsequenzen gegenwärtigen Verhaltens und Sinn der Verhaltensänderung erläutern. 4. Verhaltensänderung mit positiven Konsequenzen in Verbindung bringen. 5. Anwendungsbeispiele trainieren
Evaluation	Flexibilität von Verhaltensstrategien analysieren

Abbildung 64: Projektblatt „Rollenbeschränkungen beseitigen"

	Individualebene	**Gruppenebene**	**Organisationsebene**	**Interorganisationsebene**
Psychologische Barrieren	❶ **Rollenbeschränkungen** ▪ Skilled Incompetence ▪ Zeitknappheit ▪ Unsicherheit ▪ Lernen unter Ambiguität	▪ Sprachliche und interpretatorische Missverständnisse ▪ Interessenkonflikte ▪ Groupthink	▪ Audience Learning ▪ Fähigkeiten werden nicht identifiziert	▪ Angst vor Abhängigkeit und Machtverlust ▪ Not-invented here syndrome ▪ Misstrauen
Kulturelle Barrieren	▪ Realitäts- und Aufklärungs-doktrinen ▪ Lernen durch Lehrer-Schüler-Beziehung kaum bekannt oder akzeptiert ▪ Wissen ist Macht ▪ Angst, sich zu blamieren	▪ Fehlende Kommunikation ▪ Mentalitäten ▪ Fehlendes Bewusstsein für Wissenstransfer ▪ Abteilungsdenken	❷ **Fehlende Wissenskultur** ▪ Abergläubisches Lernen ▪ Lernen unter Ambigität ▪ Interner Wettbewerbsdruck ▪ Unsicherheit des Arbeitsplatzes	▪ Konkurrenz zwischen Tochter / Headquarter / Partner ▪ Kampf um die besten Mitarbeiter ▪ Unterschiedliche Landes-, Branchen- und Unternehmenskulturen

Abbildung 65: Ausgewählte Barrieren im Wissenstransferprozess

Strukturelle Barrieren	▪ Fehlende Kenntnis über Wissen und Wissensquellen ▪ Information Overload ▪ Mitarbeiterspezialisierung	▪ Keine Kommunikationsmöglichkeiten ▪ Ungeeignete Verteiler ▪ Keine Zielgruppenkenntnis ▪ Informationsüberflutung	❸ **Fehlende Transferforen** ▪ Behindernde Hierarchie-Strukturen ▪ Fehlende Anreizsysteme ▪ Kein organisierter Wissensaustausch ▪ Konkurrenz zwischen Organisationseinheiten ▪ Fehlende Aufnahmefähigkeit für Wissen	▪ Fehlender Best Practice Transfer ▪ Fehlende Job-Rotation Programme ▪ Ungeeigneter Transferprozess ▪ Kompetenzportfolio des Partners unbekannt
Technische Barrieren	▪ Fehlende oder ungeeignete persönliche IT-Tools ▪ Information Overload durch fehlende Filter	▪ Fehlende IT-basierte Unterstützung für ort-/zeitunabhängige Gruppenkommunikation	▪ Ungeeignete IT-Struktur ▪ Mangelnde Dokumentation	▪ Ungeeignete kooperative IT-Landschaft

Abbildung 65 (Fortsetzung): Ausgewählte Barrieren im Wissenstransferprozess

(2) Fehlende Wissenskultur

Jegliche Beschäftigung mit Wissen muss durch eine entsprechende Kultur getragen werden. Eine Prüfung der unterschiedlichen Ebenen einer Unternehmenskultur (Schein 1985) kann einen ersten Indikator für die Wissensfreundlichkeit der Kultur liefern. Auf der *ersten Ebene* der Artefakte ist zum Beispiel zu prüfen, ob Architektur, Bürogestaltung, Kunst und Kommunikation so ausgeprägt sind bzw. genutzt werden, dass sie den Transfer von Wissen erleichtern. Allein eine spezielle Anordnung von Büros oder die Gestaltung eines Pausenraumes lässt Rückschlüsse darauf zu, welche Bedeutung der Kommunikation und damit auch dem Wissenstransfer in einem Unternehmen beigemessen wird. Ein sehr typisches Beispiel findet sich in der unterschiedlichen Handhabung der „offenen Tür" etwa bei jungen IT-Unternehmen und im Vergleich dazu bei Behörden. Gleiches trifft auch für den Kleidungsstil zu, der in manchen Unternehmen sehr flexibel, in anderen dagegen sehr rigide gehandhabt wird und damit bestimmte Einschränkungen bei der Vermittlung von Informationen über die eigene Person und das Sozialgefüge zulässt.

Auf der *zweiten Ebene* der Werte und Normen zeigt sich, ob Verhaltensvorschriften, Einstellungen und Führungsgrundsätze ein unternehmerisches Wissensmanagement für wünschenswert halten, ob zum Beispiel Wissen von oben nach unten weitergegeben wird, ob Wissen an sich einen Wert darstellt und man an seiner Steigerung interessiert ist und ob das Entstehen von Wissen gefördert wird. Schon auf dieser Ebene stellt sich natürlich die Frage, inwieweit hier Interventionsmethoden überhaupt nutzbringend angewendet werden können, da viele Werte und Normen eher im Verborgenen entstehen und weiterleben. Angeraten sind hier in jedem Fall Methoden, die einen sensiblen Umgang mit der Kultur ermöglichen.

Auf der *dritten Ebene* der Grundannahmen sollten Menschenbilder und Denkannahmen die Bedeutung von Wissen für das Unternehmen widerspiegeln. Ist hier keine Wissensorientierung vorhanden, wird es schwer bis unmöglich sein, ein erfolgreiches unternehmerisches Wissensmanagement zu initiieren. Die wichtigsten Erfolgsfaktoren, nämlich das Interesse und die Bereitschaft Wissen teilen zu wollen, muss aus einer grundlegenden Überzeugung resultieren, die sich nicht über Anweisungen des Managements erzwingen lässt.

Barriere: Fehlende Wissenskultur	
Aufgetretene Probleme ▪ Wissen wird als Macht angesehen und nicht geteilt, ▪ Fehler werden bestraft und das Experimentieren mit neuem Wissen somit unterbunden, ▪ Informeller Wissensaustausch findet nicht statt (z.B. fehlende Kaffeeecken und gemeinsame Pausen, Zeitdruck), ▪ Referenzrahmen und Aufnahmefähigkeit von Mitarbeitern werden nicht berücksichtigt.	
Massnahme	Kulturveränderungsprojekt starten
Ziele	Kultur etablieren, in der Wissen als wichtigstes Gut wahrgenommen und Wissensteilung als selbstverständlich angesehen wird.
Zielgruppe	Alle Mitarbeiter des Unternehmens, bzw. Start mit einzelnen „Mitarbeiterinseln“
Projektdauer	Langwierig: minimal 2-3 Jahre
Kosten	Offen, speziell für Unternehmen zu diskutieren
Projektverantwortlich	Je nach Projektumfang Mitglied der Geschäftsleitung, Bereichleitung oder Abteilungsleitung
Wiederholungshäufigkeit	Je nach Unternehmensgröße im Abstand von 10-15 Jahren
Ablaufbeschreibung	1. Wissensorientiertes Kulturassessment (z.B. in bezug auf Kulturebenen) 2. Verunsicherung zulassen und fördern 3. Ansätze für eine neue Orientierung anbieten 4. Motivationsanreize anbieten 5. Kulturwandel einleiten 6. Kontext gestalten
Evaluation	Mitarbeiterbefragung (wird Wissensmanagement gelebt, Kenntnis und Nutzung von Wissensquellen) Anzahl genutzter unterschiedlicher Wissensquellen z.B. bei Neuprojekten Anzahl Tage, die bis zum Zugang gewünschter Informationen vergehen (z.B. bei interner Anfrage)

Abbildung 66: Projektblatt "Fehlende Wissenskultur etablieren"

(3) Fehlende Transferforen zum Austausch / Aufbau neuen Wissens

Eine typische Situation im Unternehmen ist dadurch gekennzeichnet, dass in vielen verschiedenen Orten einzelne Projekte und Wissensentwicklungsaktivitäten gestartet werden, ein Gesamtüberblick jedoch fehlt. Dies führt dazu, dass Ideen mehrfach umgesetzt werden, dass kein aktueller Wissensstand des Unternehmens bekannt ist oder auch dass die Entwicklung strategisch relevanten Wissens nicht konzentriert vorangetrieben und einzelne „Genies" möglicherweise sogar übersehen werden.

Die normalen Abteilungsmeetings sind in der Regel zu formalisiert, um den kreativen Fluss von Ideen zu erlauben. Informelle Wissensaktivitäten dagegen werden meist nicht (finanziell) unterstützt. Jenseits hierarchischer Strukturen existieren wenige Möglichkeiten, sich auf regelmäßiger Basis auszutauschen und wenn doch, wird dies zumeist nicht (finanziell) unterstützt. Um jedoch eine Arbeitsatmosphäre für die Entwicklung kreativer Ideen zu schaffen, müssen bestimmte Rahmenbedingungen vorhanden sein. Die relativ neue Organisationsform der Community-of-Practice kann hierfür einen guten Beitrag leisten (vgl. Seite 174ff.), da sie „quer" zu traditionellen Organisationsstrukturen liegt und die kreative Arbeit in einem Team interessierter Experten unterstützt.

Eine ganz wesentliche Funktion der Community besteht in der Möglichkeit, Freiräume zu nutzen und neues Wissen zu entwickeln. Dazu ist es gerade in der Anfangsphase einer Community hilfreich, einen Überblick über mögliche Kreativitätstechniken für die gemeinsame Arbeit zu vermitteln (vgl. zum Beispiel: Backerra/Malorny/Schwarz 2002). Am bekanntesten ist hier die klassische Methode des Brainstormings zu nennen. Auch Analogie-Techniken werden häufig verwendet, mit deren Hilfe man sich auf die Suche nach ähnlichen Dingen oder Abläufen macht und die dort gefundenen Lösungen auf das gegebene Problem zu übertragen versucht.

Barriere: Fehlende Transferforen	
<u>Aufgetretende Probleme:</u> ▪ Wissens wird an mehreren Orten des Unternehmens simultan entwickelt; es findet kein Austausch statt. ▪ Zufall statt Regelmäßigkeit bestimmt das Zusammentreffen von Experten und somit deren aktuellen Wissenstand. ▪ Die Weiterentwicklung von Experten-Know-How (und damit einhergehend die Steigerung der unternehmerischen Wettbewerbsfähigkeit) wird vernachlässigt. ▪ Eigenverantwortung für den Aufbau eigenen Spezialwissens ist gering	
<u>Massnahme</u>	Community-of-Practice als neue Organisationsform für den informellen Austausch von Wissen einrichten. Gezielte Unterstützung durch IT-Infrastrukturen und Techniken der Moderation sowei Kreativitätstraining.

Barriere: Fehlende Transferforen (Fortsetzung)	
Ziele	Erarbeitung und kontinuierliche Erweiterung von für das Unternehmen strategisch wichtigen Wissensfeldern; individuelle Vertiefung des eigenen Spezialwissens.
Zielgruppe	Fachexperten in einem bestimmten Wissensfeld
Projektdauer	Einrichtung einer Community ca. 8 Wochen; Supportleistungen (insbesondere Infrastukturleistungen) und aktive Arbeit in einer Community im Prinzip unendlich.
Kosten	Infrastruktur; externe Referenten / Mitarbeiter; Reisekosten
Projektverantwortlich	Community Leader. In der Regel ein Experte, der eine Moderationsfunktion übernimmt und die Selbstorganisation der Gruppe unterstützt.
Wiederholungshäufigkeit	Treffen einer Community ca. 4-6mal pro Jahr (abhängig von Thema und Größe); Weitere Kontakte über *Distance Learning* und *Distance Communication*.
Ablaufbeschreibung	Phasenmodell für Communities dient als Rahmen für den Aufbau, der durch Einzelaktivitäten seitens der Geschäftsführung / des Personalmanagements unterstützt werden kann. Die Phasen 1-3 beinhalten den Aufbau, die Phasen 4-5 den Abbau einer Community. 1. Sich finden und Gemeinsamkeiten entdecken. Entscheidungsvorbereitung für Wissensentwicklung und Wissenstransfer 2. Verpflichtung der Mitarbeiter und Erarbeitung erster Themenkomplexe. 3. Aktivitäten durchführen. Gezielte Weiterentwicklung von Wissen. Verbesserung des Nutzungsgrades von Wissen. 4. Entscheidung über „Ableben" oder „Revitalisierung" der Community 5. Gedächtnis einer Community aufbauen, um Erfahrungswissen zu speichern. Suche nach neuen Themen und Start einer neuen Community.
Evaluation	Anzahl neuer Produkte und Dienstleistungen; Reduktion doppelter Wissensentwicklung.

Abbildung 67: Projektblatt "Communities-of-Practice etablieren"

Die bisherigen Beispiele für den Aufbau von Projektblättern können als Basis für ein umfassendes Projektmanagement genutzt werden. Manchmal wird es ausreichen, sich punktuell mit einzelnen Barrieren und Maßnahmen zu ihrer Beseitigung zu beschäftigen, oft wird allerdings ein breiter angelegtes Projekt mit einem entsprechenden Management benötigt, dessen erklärtes Ziel die Umsetzung einer Vielzahl von Maßnahmen ist. Dann bietet sich ein strukturiertes Vorgehen an, wie es beispielhaft im nächsten Kapitel erläutert wird.

7.2 Systematik des Managements von Wissensprojekten

Damit Wissensmanagement im Unternehmen nachhaltig betrieben werden kann, sind die Verantwortlichkeiten zu klären. Die Cranfield School of Management hat 1998 im Rahmen einer Untersuchung 260 europäische Firmen aller Größen befragt, wie sie ihr Wissen managen (vgl. Herbst 2001). Es zeigte sich, dass 36,6 Prozent hierfür keine eigene Position hatte, 15,1 Prozent gaben an, dass jeder Mitarbeiter für das Wissensmanagement verantwortlich sei. Auf die Frage, wer am besten für das Wissensmanagement geeignet ist, gibt es sicherlich verschiedene Antworten. Einerseits ist eine spezialisierte Wahrnehmung durch eine eigens hierfür geschaffene Organisationseinheit möglich, andererseits kann Wissensmanagement auch als Aspekt jeglichen verantwortlichen Handelns, also im weitesten Sinne als Führungsaufgabe begriffen werden (vgl. *Abbildung 68)*.

Die Etablierung von Rollen für das Wissensmanagement, wie zum Beispiel eines „Director Intellectual Capitel“, eines „Chief Knowledge Officer“ oder eines „Knowledge Relations Manager“, die dann das Ziel haben, Wissensmanagement im Unternehmen bekannt zu machen, dessen Aufbau- und Ausbau zu steuern und die die Verantwortung für die Etablierung einer „knowledge organization“ übernehmen, ist ein möglicher Ansatz für systematische Wissensaktivitäten.

Eine andere Möglichkeit für den Aufbau eines Wissensmanagements besteht in der Wahl einen *produktorientierten* Ansatzes. Hier wird man sich überwiegend mit der Entwicklung wissensbasierter Produkte beschäftigen, die sowohl extern verkauft als auch intern für das Wissensmanagement eingesetzt werden können. Dieser Ansatz wird von vielen IT-Firmen verfolgt, die Knowledge Tools entwickeln und selbst einsetzen. Ohne einen zugrundeliegenden Denkrahmen für das Wissensmanagement, dürfte dieser Ansatz jedoch nur in geringem Maße dazu beitragen, ein unternehmensweites Wissensmanagement einzurichten.

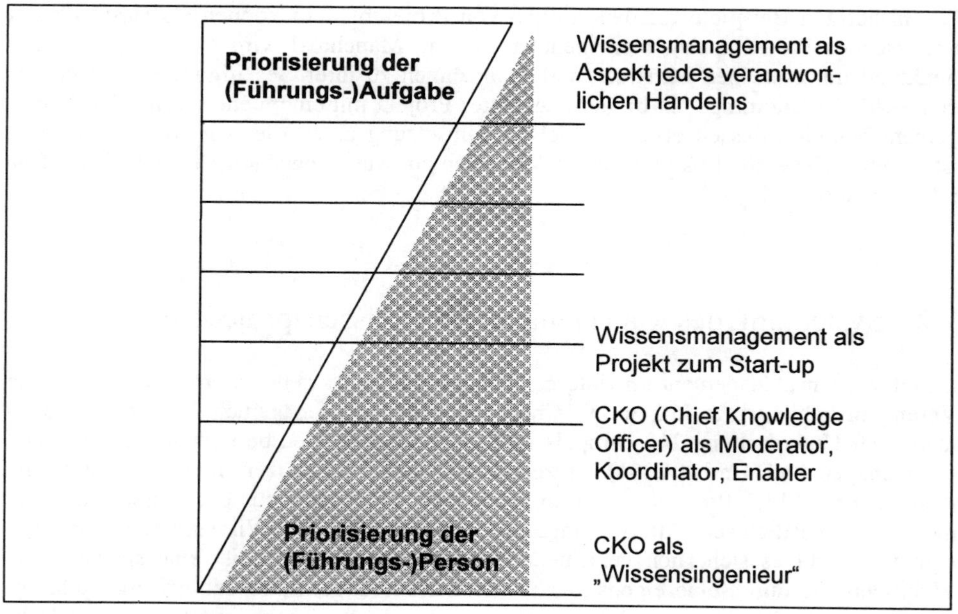

Abbildung 68: Zuständigkeiten für Wissensmanagement
Quelle: Picot (1999)

Eine dritte Möglichkeit besteht darin, einen *projektorientierten* Ansatz zu wählen und je nach Intention und Kapazitäten eines oder mehrere aufeinander abgestimmte Projekte zur schrittweisen Etablierung einer „knowledge-based company". Dieser letzte Ansatz wird im Folgenden isoliert betrachtet, obwohl sich in der Praxis zumeist eine Kombination der drei oben genannten Ansätze finden dürfte.

Das folgende Projektmodell orientiert sich zunächst an den klassischen Beratungsschritten Projektdefinition, Analyse, Design, Umsetzung. Die einzelnen Schritte sind auf die Belange von Wissensmanagementprojekten angepasst worden und sollten im jeweiligen Projekt auf die Besonderheiten des Unternehmens zugeschnitten werden. Möglicherweise können einzelne Prozessstufen übersprungen werden, andere dagegen benötigen einen größeren Zeitaufwand. Eine vollständige Dokumentation des Projektmodells mit Workshops, Methoden, Checklisten, Interviewguidelines etc. ist auf Anfrage zu erhalten. Für die begleitende Durchführung empfehlen sich, je nach Stand der Wissensorientierung, einer oder mehrere der folgenden Workshops:

- Sensibilisierungsworkshop
- Zielfindungs- und Strategieworkshop
- Arbeitsgruppenleitung /-moderation
- Methodentraining
- Toolerarbeitung
- Implementierungsworkshops
- Evaluationsworkshops.

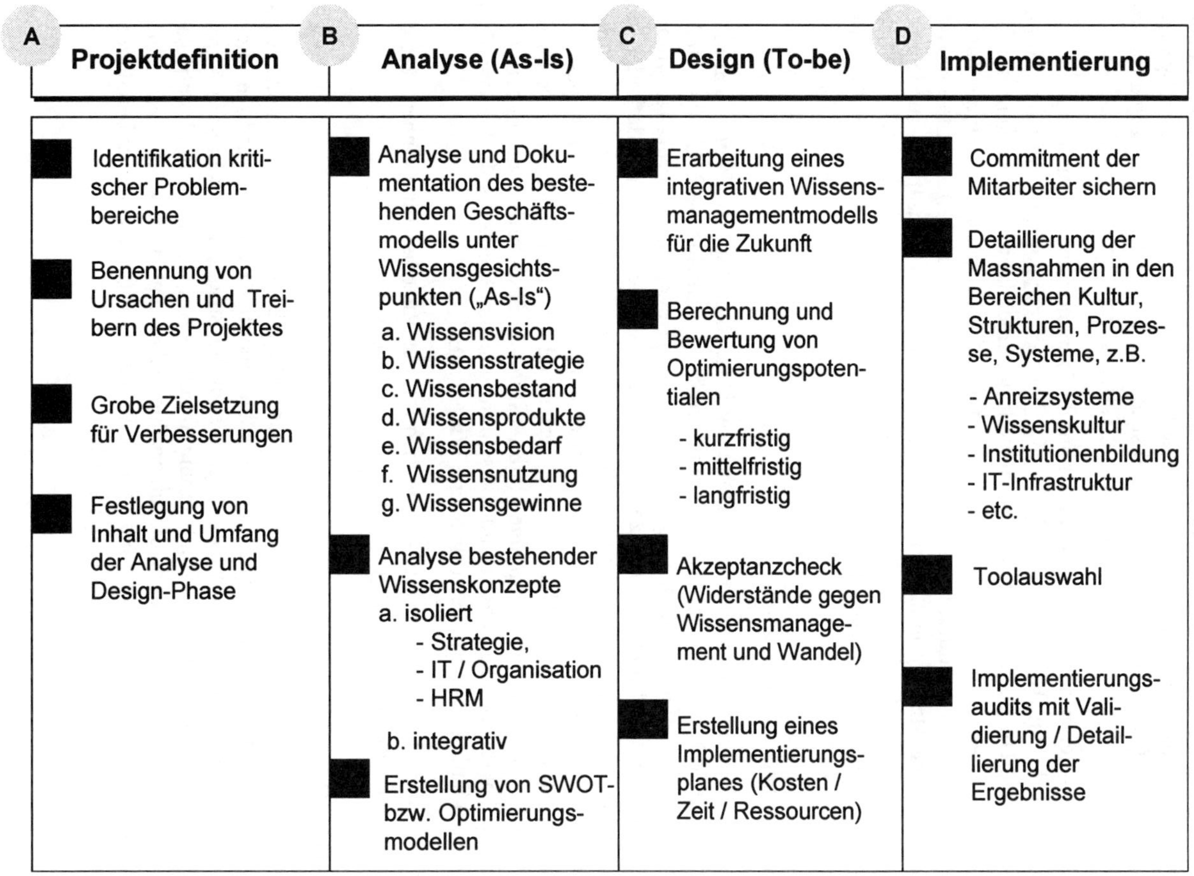

Abbildung 69: Projektdesign für das Wissensmanagement

7.3 Toolübersicht

Mittlerweile existiert eine Fülle an Methoden, Tools und Techniken für das Wissensmanagement. Nicht weniger zahlreich sind bereits Ansätze der Klassifizierung. Romhardt (1998) ordnet Instrumente den Bausteinen des Wissensmanagements zu. Eppler (1999) verwende die Prinzipien Kategorisierung, Visualisierung, Aggregation, Hebung (Elicitation) sowie Führung und beschreibt 30 verschiedene Tools mit Anwendungsbeispielen. Pawlowsky et al. (2001) klassifiziert einige Instrumente ebenfalls entlang organisatorischer Ebenen und ordnet sie systematisch in sein Wissensmanagementmodell ein.

Mittlerweile existieren auch verschiedene Online-Dokumentationen über Wissensmanagementtools (vgl. zum Beispiel: www.2iiem.edu/ herwig/kmlinks.html), die ständig aktualisiert werden. Die nachfolgende Übersicht stellt nur einen kleinen Ausschnitt dar, der keinen Anspruch auf Vollständigkeit erheben kann und sich zudem auf einige ausgewählte Wissensprozesse konzentriert. Dort werden verschiedene Instrumente systematisch nach Ebenen (Individuum, Gruppe, Organisation, Interorganisation) sowie nach dem Wissensprozess, den sie unterstützen, gegliedert. Es finden sich Kurzbeschreibungen sowie vertiefende Literaturhinweise. Die Wissensprozesse können wie folgt beschrieben werden:

Grundprinzipien der Identifikation

Bei der Identifikation von Wissen geht es um zwei wichtige Aspekte. Zum einen muss Wissen identifiziert werden, von dessen Kenntnis man selbst nichts weiß. Dieses „Nicht-Wissen" kann aus unterschiedlichen Gründen aus dem Bewusstsein verdrängt worden sein (vgl. erneut Kapitel fünf). Hier setzen insbesondere solche Tools und Methoden an, die eine Hilfestellung zur Explizierung anbieten können, indem sie den Bewusstmachungsprozess unterstützen. Zum anderen geht es um (im Überfluss) vorhandenes Wissen, das in unstrukturierter im Unternehmen verteilter Form vorliegt. Hier ist zunächst eine Relevanzbeurteilung nötig, um eine klare Aussage darüber treffen zu können, welches Wissen überhaupt identifiziert und transparent gemacht werden soll. Dies wird in den seltensten Fällen das gesamte vorhandene Wissen sein.

Oftmals geht die Identifikation von Wissen auch mit der Visualisierung einher, was die Darstellung in Form von Knowledge Maps (siehe weiter unten) zeigt.

Grundprinzipien der Visualisierung

Visualisierung kann unterschiedliche Ziele zur Grundlage haben. (1) Erkenntnisgewinnung. Durch Visualisierung „erkennt" der Betrachter mögliche Zusammenhänge, die er ohne Visualisierung nicht realisiert hätte (vgl. hierzu die Strukturlegetechnik in Kapitel fünf). In dieser Funktion hat die Visualisierung dieselben Aufgaben wie die Identifikation; (2) Kenntnisvermittlung: Durch die unterschiedlichen Funktionen unserer Gehirnhälften ist eine durch Visualisierung unterstützte Information oft leichter zu behalten als dies durch rein verbale Vermittlung möglich wäre.

Die Visualisierung selbst sollte dabei für den Nutzer einfach und anregend sein und ihm die Informationsaufnahme aufgrund der graphischen Darstellung (Farben, Formen, Anordnung) erleichtern.

Grundprinzipien der Wissensgenerierung

Die Wissensgenerierung ist einer der wichtigsten Prozesse überhaupt und ist an der Schnittstelle zum Innovationsmanagement angesiedelt. Wichtig ist hier einerseits ungenutzte Potentiale (wir nutzen nur einen minimalen Teil unseres Gehirns wirklich aus) zu erforschen und andererseits auch ungewohnte Wege zu beschreiten. Besonders geeignet sind hier Kreativitätstrainings aber auch spezielle Räumlichkeiten (Labs), die eine Erarbeitung neuer Ideen jenseits des stressbehafteten Arbeitsalltages zulassen. Viele Firmen haben mittlerweile schon die Notwendigkeit sogenannter „kreativer Spinner" erkannt und setzten auf deren Potential für die Entwicklung zukünftiger Trends. Auch im Zuge der Entwicklung neuer Organisationsformen ist die Frage der Wissensgenerierung ein Thema, wenn etwa Joint Ventures eingegangen werden, um Wissen zu produzieren, zu dem man alleine keinen Zugang hätte.

Grundprinzipien des Wissenstransfers

Wissensgenerierung ohne Wissenstransfer ist meistens nutzlos. Mittlerweile hat sich eine Vielzahl IT-basierter Instrumente für den Wissenstransfer am Markt durchgesetzt. Diese bieten die verschiedensten Funktionalitäten, angefangen von „real-time exchange", über Notizfunktionen bis hin zum Aufbau eines Wissensbewertungssystems oder persönlicher Wissensablagemöglichkeiten.

Wie jedoch es jedoch schon während des gesamten Buches angedeutet wurde, sind diese Tools nur dann erfolgversprechend, wenn sie auf ein funktionierendes Sozial- und Kommunikations-gefüge treffen. Insofern ist bei jedem Angebot an IT-Tools zu prüfen, ob dadurch tatsächlich die Kommunikation als Basis für den Wissenstransfer erleichtert wird. Beispielhaft sei hier die nicht mehr aus dem Alltag wegzudenkende Kommunikation über E-Mail angeführt. Obwohl dies praktisch und einfach ist, gibt es Inhalte, die man kaum über ein solches Medium transportieren sollte (zum Beispiel Kritik oder gar eine Kündigung). Auch kann der zuweilen lockere sprachliche Umgang zu Missverständnissen führen, die bei fehlender Kenntnis des Gegenüber leicht eine Arbeitsbeziehung beenden können.

Diese Grundüberlegungen treffen für fast alle informationstechnischen Hilfsmittel zu. Daher ist in jedem Fall die „humane Komponente" in den Vordergrund zu stellen.

Für den Aufbau eines unternehmensspezifischen Toolsets wird diese Übersicht weiter zu detaillieren sein. Im Idealfall wird im Rahmen eines Projektes ein Online-Funktionionalität eingerichtet, durch die eine ständige Aktualisierung der im Unternehmen gegenwärtig vorhandenen und zukünftig geplanten Instrumente möglich ist.

Ein Beispiel für ein derartiges Vorgehen ist der Virtual Knowledge Officer (ViKO), der bei der E.ON AG eingesetzt wird. Hier ist es möglich, über eine Auswahlbox beliebige Suchkriterien einzugeben und Anmerkungen und Ergänzungen per E-Mail vorzunehmen (vgl. Weiand/Philipzen 2001).

Tool : XYZ	
Beschreibung des Tools	Kurze Erläuterung zum Einsatzgebiet und zum Nutzen des Tools
Gründe für die Auswahl des Tools	Individuell ausfüllen
Hersteller des Tools	Angabe der Bezugsanschrift; Internetadresse, im Idealfall des Ansprechpartners der Herstellerfirma
Nutzungshinweise	Individuell ausfüllen
Erfahrungshintergrund aus der praktischen Anwendung	Individuell ausfüllen
Ansprechpartner	Ansprechpartner im eigenen Unternehmen, der sich mit dem Tool beschäftigt hat (Änderungshistorie)
Weiterführende Literatur	Recherchieren
Quellen im Internet	Recherchieren
Für die erfolgreiche Umsetzung des Tools besonders relevante Rahmenbedingungen	Individuell ausfüllen
Andere Tools, die mit diesem Tool in Beziehung stehen	Inklusiv Beurteilung

Abbildung 70: Maske für den Aufbau eines Online-Toolsets
Quelle: In Anlehnung an: Weiand/Philipzen (2001)

Diese Toolmaske stellt natürlich nur eine mögliche Form der Strukturierung und des Zugangs dar. Egal für welche Form man sich jedoch entscheidet, es wird immer wichtig sein, die Akzeptanz der Nutzer im Vorfeld zu prüfen. Ansonsten läuft man Gefahr, sich im Unternehmen einen „Methoden- und Toolfriedhof“ zu schaffen, der für niemanden wirklich nützlich ist.

	Individualebene	**Gruppenebene**	**Organisationsebene**	**Interorganisationsebene**
Identifikation	***Explizierungshilfen*** • Analogien • Metaphern • Modelle • Struktur-Lege-Technik • Repertory Grid Kurzbeschreibung: Hilfestellung zur Explizierung oftmals nur unbewussten Wissens. Information: Nonaka/Takeuchi (1995); Fromm (1995); Weber (1991).	***Kommunikationsanalyse*** • Interaktions-Prozess-Analyse • Johari-Fenster • Transaktionsanalyse • Soziometrischer Test Kurzbeschreibung: Analyse des in der Kommunikation verborgenen Wissens (Emotionen, Empfindungen, Beurteilungen) Information: Staehle (1994: 294-305)	***Strukturierte Suche nach im Unternehmen vorhandenem Wissen*** • Experten-verzeichnisse • Gelbe Seiten Kurzbeschreibung: Personen- oder themenorientierte strukturierte Darstellung. Information: Probst et al. (1997: 107)	***Brancheninformationen*** • Fünf-Kräfte-Modell Kurzbeschreibung: Von Porter entwickelt, um die Strategieformulierung durch die Kenntnis von Einflussfaktoren auf die Organisation zu unterstützen. Information: Porter (1980; 1985)

	Individualebene	**Gruppenebene**	**Organisationsebene**	**Interorganisations-ebene**
Identifikation	***Therapeutische Intervention*** Kurzbeschreibung: Aufarbeitung und systematische Reflexion von Erfahrungswissen. Dabei ggf. Lösung von Blockaden, die die das Bewusstmachen von vorhandenem Wissen blockiert haben. Information: Schüppel (1996: 286f.)	***Informationszyklen*** • Quick Market Intelligence (QMI) • Gamma Kurzbeschreibung: Schnelle und regelmäßige Sammlung von Informationen, Interpretation, Entscheidung und Kommunikation (QMI). Computerbasierte Grafik Software zur ganzheitlichen Darstellung von Problembereichen. Systemtheoretische Grundlagen (Gamma). Information: QMI: Dixon (1994) ; Gamma: Ulrich/Probst (1991) ; Dörner (1989).	***Wissen im Workflow*** • ARIS-Toolset • Visio • JetForm Workflow Kurzbeschreibung: Nutzung von Prozessanalysetools zur Identifikation von im Prozess verborgenem Wissen. Information: Petkoff (1998: 336); www.jetform.com	***Wettbewerbsinformationssysteme*** • Competitive Intelligence • Kooperationspartner – und Konkurrenzdatenbanken Kurzbeschreibung: Systematische Beobachtung und strukturierte Dokumentation und Bewertung von externen Informationen, die für das eigene Unternehmen nützlich sein könnten. Information: Society of Competitive Intelligence Professionals, www.scip.org

	Individualebene	**Gruppenebene**	**Organisationsebene**	**Interorganisations-ebene**
Identifikation	***Interview*** • Offene Frage • Geschlossene Fragen Kurzbeschreibung: schriftliche oder mündliche Befragung zu bestimmten Themenkomplexen. Setzt voraus, dass Wissen artikuliert werden kann. Information: König/Zedler (1995)	***Gruppenbasierte Identifikations-verfahren*** • Gruppeninterviews • Gruppendiskussionen • Gruppenspiele Kurzbeschreibung: siehe Einzelinterviews, Aspekte des Gruppenklimas und der Gruppenkultur sind zu berücksichtigen.	***Internettools (Suchmaschinen)*** • Google • Hot Bot • Search Kurzbeschreibung: Methoden, die über den direkten Vergleich mit Konkurrenten eigene Schwächen ermitteln. Information: www.suchmaschinen.de	***Kundeninformations-systeme*** • Projektdatenbanken • Kundenentwicklung Kurzbeschreibung: analog Wettbewerbsinformation ***Benchmarking*** Kurzbeschreibung: Direkter Vergleich mit Konkurrenten, um eigene Schwächen zu ermitteln

	Individualebene	**Gruppenebene**	**Organisationsebene**	**Interorganisations-ebene**
Visualisierung	***MindManager (Knowledge Maps)*** Kurzbeschreibung: Software basiert auf der Mind Mapping Kreativitätstechnik (Tony Buzan). Information: www.marketsoft.de/mind-manager/de/index.htm	***Knowledge Maps*** Kurzbeschreibung: Die für die anderen Ebenen beschriebenen Knowledge Maps sind hier auch anwendbar	***Wissensmatrizen*** Kurzbeschreibung: Werden zur Strukturierung von Informationen anhand von zwei Dimensionen genutzt. Information: Basismodelle der Boston Consulting Group, McKinsey Portfolio	***Unternehmens-übergreifende Knowledge Maps*** • Industry Knowledge Map • Solution Maps (SAP) Kurzbeschreibung: Darstellung vefügbaren und benötigten Wissens.

	Individualebene	Gruppenebene	Organisationsebene	Interorganisationsebene
Visualisierung	***Persönliches Informations Portolio*** Kurzbeschreibung: Visualisierung persönlichen Wissens entlang der Kriterien Komplexität, Umfang und Dokumentationsintensität. Information: Eppler (1998)	***Darstellung von Stadien der Gruppenentwicklung*** Kurzbeschreibung: Gruppen folgen einer bestimmten Entwicklungslogik. In jeder Stufe tritt unterschiedliches Wissen zum Vorschein. Information: Tuckman (1965)	***Wissenskarten*** • *Wissensträgerkarten* • *Wiss*ensbestandskarten • Wissensstrukturkarten • Argumentationskarten Kurzbeschreibung: Wissenskarten strukturieren Wissen entlang bestimmter Dimensionen (Träger, Wissensart, Verfügbarkeit) Information: http://www.cck.uni-kl.de/ wmk/papers/ public/ Knowledge Mapping/ index.html	***Kompetenzportfolio*** Kurzbeschreibung: Identifikation und Darstellung der Partnerkompetenzen Ist/Soll Information: Hamman/Freiling (2000)

	Individualebene	Gruppenebene	Organisationsebene	Interorganisations-ebene
Visualisierung	***Personal Homepage*** Kurzbeschreibung: Mitarbeiter können die sie betreffenden Informationen und Kompetenzen auf ihrer persönlichen Homepage darstellen. Eventuell Generierung aus einem vorhandenen Corporate Directory Information: jede Publikation zur Gestaltung von Homepages	***Diagramme*** *(für alle Ebenen relevant)* • Flow Chart • Process Map • Fishbone-Diagramm • System Diagramm Kurzbeschreibung: Graphische Darstellung von Informationen Information: Meyer (1999)	***Knowledge Charts*** (als spezielle Form einer Wissenskarte) Kurzbeschreibung: Ein Knowledge Chart stellt Metawissen über das im Unternehmen vorhandene Fachwissen und die kollektiven Fähigkeiten dar. Information: Wiedemann, C./Schurrmans, L. (1999)	

	Individualebene	Gruppenebene	Organisationsebene	Interorganisations-ebene
Wissens-generierung	***Lernen*** • Experimentelles Lernen • Lernen durch Beobachtung Kurzbeschreibung: Durch Beobachtung und Experiment kann besonders implizites Wissen erworben werden. Information: Bandura (1986)	***Kreativitätstechniken*** • Brainstorming • Methode 635 Morphologischer Kasten • Synektik Kurzbeschreibung: Methoden, um die kreative Entstehung von neuen Ideen zu fördern. Information: Backerra/Malorny/ Schwarz (2002)	***Organisatorische Kreativitätszentren*** • Produktkliniken • Think Tanks • Lernarenen • Kompetenzzentren • Future Labs Kurzbeschreibung: Aufbau von Experimentiermöglichkeiten jenseits der normalen Arbeits-routine. Förderung von Fehlertoleranz. Information: zu Lernfabriken: Leonard-Barton (1992, 1994)	***Neue Organisationseinheiten*** • Joint Ventures als Learning Labs • Learning Valley Kurzbeschreibung: Ausgliederung aus dem Unternehmen und Zusammentreffen unterschiedlicher Kulturen und/oder Mentalitäten schafft Freiraum für gemeinsame Wissensgenerierung Information: Büchel et al. (1997)

	Individualebene	Gruppenebene	Organisationsebene	Interorganisations-ebene
Wissens-generierung	***Einstellung von Experten*** Kurzbeschreibung: fehlende interne Entwicklungsmöglichkeit bedingt den Zukauf von externem Expertenwissen. Information: generell zur Personaleinstellung Ackermann/Scholz (1991)	***Teambuilding*** *(als Spezialform auch Community-of Practice)* • Junioren-/Seniorenteam • Bereichsteam, etc. Kurzbeschreibung: informelles Netzwerk zum Erfahrungsaustausch und zur späteren organisationsübergreifende Kommunikation	***Job Rotation*** • andere Aufgaben • andere Abteilungen • andere Unternehmensbereiche • andere Länder Kurzbeschreibung: Job Rotation ist der systematische Wechsel von Arbeitsplatz und Arbeitsaufgaben. Information: Henze (1989: 408f.)	***Interorganisationale Job Rotation*** Kurzbeschreibung: siehe organisationales Job Rotation

	Individualebene	**Gruppenebene**	**Organisationsebene**	**Interorganisations-ebene**
Wissenstransfer	***CIO-Informationssystem*** Kurzbeschreibung: spezielle intranetbasierte Ablage und Dokumentation höchster Priorität	***It-basiertes Teamcollaboration*** *(Knowledge Creation & Sharing)* • Microsoft NetMeeting www.microsoft.com • TeamWARE Office – ICL/Fujitsu www.teamware.de • Groupsystems – Ventana www.ventana.com • eRoom - Instinctive Technology www.instinctive.com Kurzbeschreibung: Tools für die Zusammenarbeit in Gruppen Information : siehe oben	***Großgruppenevents*** • Open Space Veranstaltungen • Zukunftskonferenzen • Real Time Strategic Change Conference Kurzbeschreibung: Zusammenkunft großer Menschenmengen mit unterschiedlich strukturierter Agenda Information: Königswieser/Keil (2000)	***Knowlege Broker als Boundary Spanner*** Kurzbeschreibung: Personen, die Schnittstellen zwischen Unternehmen ausfüllen und für den Wissenstransfer sorgen. Information: Prange (1998)

	Individualebene	Gruppenebene	Organisationsebene	Interorganisations-ebene
Wissenstransfer	***Netzagenten*** Kurzbeschreibung: Personalisierte Hilfestellung für die Navigation und den Transfer von Wissen im Netz. Zum Beispiel Robert T-Online. Information: zum Beispiel: t-online.com	***Dialog*** Kurzbeschreibung: Im Dialog werden gemeinsame Wirklichkeitsinterpretationen aufgebaut, die die Grundlage für den Transfer von Wissen darstellen. Information: Senge (1990); Senge et al. (1994); Isaacs (1999)	***Projektdatenbanken*** • Rapid Response Network (McKinsey) • KnowledgeXchange System (Andersen Consulting, jetzt Accenture) • Know-How Börse Kurzbeschreibung: Verwaltung und Transfer von Projektinformationen (inkl. Ansprechpartner) bei Unternehmensberatungen Information: Peters (1992); Baubin/Wirtz (1996)	***Extranets*** Kurzbeschreibung: Zugang für externe (Partner und Kunden) auf speziell eingerichtete Internetseiten: Oftmals gekoppelt mit Bestell- und Servicefunktion Information: zum Beispiel sap.com

	Individualebene	Gruppenebene	Organisationsebene	Interorganisationsebene
Wissenstransfer		***Arbeitsgruppen*** Kurzbeschreibung: traditionelle Form der persönlichen Zusammenkunft. Besonders zu beachten sind Zeit, Raum, Agenda, Form der Kommunikation. Information: Martin (1989)	***Spezielle IT-Tools für den Wissenstransfer*** • Knowledge Management Suite 1.9 (Autonomy) • Metastar 2.1.3(Blue Angel) • Livelink 8.1.3 (Opentext) • Dataware II KM-Suite 2.0.3. (Dataware) Kurzbeschreibung: Wissensmanagement-tools mit unterschiedlichen Funktionalitäten, in der Regel Einbindung von Newsgroups, Wissensverteilung, Einrichtung von Portals Information: Websites	***Portale*** Kurzbeschreibung: Speziell für Kunden eingerichtete Serviceportale (siehe auch Extranet) eventuell verbunden mit der Möglichkeit der Personalisierung. Information: Bach/Österle/Vogler (2000)

8. Ausblick

Wissensmanagement – das wurde bisher deutlich – hat viele verschiedene Facetten und ebenso viele Anwendungsbereiche. Die Meinungen, die sich bisher über die Nützlichkeit des Konzeptes herauskristallisiert haben, sind nicht minder vielfältig. Zuweilen wird ganz grundsätzlich die Existenzberechtigung in Frage gestellt, wie es Fredmund Malik, ein wohl recht bekannter Management-Consultant und Hochschullehrer tut (Malik 2001). Er schreibt: „Vom Wissensmanagement zu reden ist ungefähr so aussagekräftig, wie im Zusammenhang mit der Entstehung oder auch der Aufführung von einer Beethoven-Symphonie von Sound-Management zu reden oder die Kunst Claude Monets als Pinsel-Management zu bezeichnen. Das würde ebenso deprimierend wenig über Beethoven und Monet, über Musik und Malerei sagen, als es beschämend viel über den Benutzer solcher Begriffe sagte."

In dieser Kritik stecken einige sicherlich lohnenswerte Überlegungen. Wissensmanagement hat sich zum sprachlichen Nirwana entwickelt, jeder redet darüber, viele meinen etwas anderes, keiner weiß immer gleich so genau, was die genauen Inhalte sind. Die Anforderung, die sich jedoch ganz konkret formulieren lässt, führt in der Konsequenz nicht zur Vermeidung des Wissensmanagements. Vielmehr lässt sie sich als „sprachliche Präzision", „genaue Definition" und „Beschränkung des Anwendungsbereiches" formulieren. Viele Managementkonzepte haben mit diesen Anforderungen zu kämpfen, viele sind trotzdem erfolgreich. Nicht zuletzt beinhaltet gerade auch eine „moderne" Sprache (die trotzdem den oben genannten Anforderungen entspricht) eine wesentliche Weiterentwicklung von Wissen einer Gesellschaft.

Ein anderer – nicht ganz so offensichtlich formulierter – Kritikpunkt liegt in der fehlenden Managebarkeit von Wissen. Schließlich, so das Argument, könne man lediglich Menschen führen und steuern, nicht aber deren Wissen. Hier scheint mir eine grundlegende Überprüfung dessen, was einen Menschen ausmacht und wie er sich in seiner Umwelt darstellt, wichtig. Sicher lässt sich Wissen nicht an sich steuern, sicher kann auch der Erwerb von Wissen und dessen Transfer nicht per Order durchgesetzt werden. Was aber dem Einfluss des Managements unterliegt, sind die sozialen Rahmenbedingungen unter denen Menschen kommunizieren und in Unternehmen arbeiten. Und was anderes ist Management als genau diese Gestaltung der Rahmenbedingungen – letztlich natürlich auch für ein Wissensmanagement.

Zwei weitere Punkte haben in der letzten Zeit zur Kritik des Wissensmanagements geführt. Zum einen hat sich die Diskussion um eine IT-Orientierung im Wissensmanagement entzündet. Wissensmanagement ist keine Einrichtung von Datenbanken. Dieser Kritik ist so zunächst uneingeschränkt zuzustimmen, aber was ist Wissensmanagement ohne Datenbanken (oder E-Mails, Telefon, Videokonferenzen, etc.). Hier kommt es meines Erachtens auf die Prioritätensetzung an, wie sie auch durchgängig in diesem Buch formuliert wurde. Wenn der Mensch mit seinen Möglicheiten und Eigenarten berücksichtigt wird, kann danach die die Informationstechnologie durchaus eine unterstützende Rolle spielen.

Diese Faktoren im Blick, reduziert sich die Kritik am Wissensmanagement deutlich und es treten die Potentiale in der Vordergrund:

- Wissensmanagement ist interdisziplinär: Damit bietet es in jedem Fall eine erste Gesprächsgrundlage für alle Interessenten. Kommt es zum Gespräch, ergeben sich meist auch Ansätze für die Zusammenarbeit.
- Wissensmanagement befasst sich mit der entscheidenden Ressource der Zukunft: Damit wird es immer wichtig sein, sich mit Wissen zu beschäftigen, egal wie man das letztlich nennt.
- Wissensmanagement ist Veränderung: Damit beinhaltet eine Beschäftigung mit Wissensmanagement auch eine Bereitschaft über Bestehendes nachzudenken, wodurch Stillstand vermieden werden kann.
- Wissensmanagement ist kein Selbstzweck: Daher stehen hinter dem Wissensmanagement immer auch andere Ziele (wie zum Beispiel Überlebensfähigkeit), die sich auch in Zukunft nicht grundlegend verändern werden.

Die genannten Punkte weisen deutlich darauf hin: Wissen(smanagement) ist wichtig und wird es auch immer bleiben!

Literatur

Ackermann, K.-F./Scholz, H. (1991) (Hrsg.): Personalmanagement für die 90er Jahre. Stuttgart.

Anderson, J.R.(1995): Learning and Memory: An Integrated Approach: new York.

Andrews, K. (1971): The Concept of Corporate Strategy. Homewood, Ill.

Antal, A.B., Dierkes, M./Child, J./Nonaka, I. (2001): Organizational Learning and Knowledge: Reflections on the Dynamics of the Field and Challenges for the Future. In: Dierkes, M./Berthoin Antal, A./Child, J./Nonaka, I. (Eds.): Handbook of Organizational Learning & Knowledge Management. Oxford, 921-939.

Argyris, C. (1964): Integrating the Individual and the Organization. New York.

Argyris, C./Schön, D. (1978): Organizational Learning: A Theory of Action Perspectives, Reading, Mass.

Aulinger, A./Fischer, D. (2000): Einige Daten und Informationen zum Wissensmanagement. In: Die Betriebswirtschaft, 60(5), 642-667.

Axelrod, R. (1984): The evolution of cooperation. New York.

Bach, V./Österle, H./Vogler, P. (2000) (Hrsg.): Business Knowledge Management in der Praxis: Prozessorientierte Lösungen zwischen Knowledge Portal und Kompetenzmanagement. Berlin.

Backerra, H./Malorny, Chr./Schwarz, W. (2002): Kreativitätstechniken. Kreative Prozesse anstoßen – Innovation fördern. München.

Badaracco, J.L. (1991): The Knowledge-link: How Firms Cooperate through Strategic Alliances. Boston.

Bain, J. (1956): Barriers to New Competition. Cambridge Mass.

Bandura, A. (1986): Social Foundations of Thought and Action. Englewood Cliffs, N.J.

Barent, V./Seufert, A. (1999): Strategische Wettbewerbsvorteile durch Wissensmanagement. Das @dvantage-Konzept, seine Umsetzung und sein Einsatz in der Praxis. In: IOManagement, 10, 50-57.

Barney, J. (1991): Firm Resources and Sustained Competitive Advantage. In: Journal of Management Studies, 17(1), 99-120.

Baubin, T. /Wirtz, B.W. (1996): Vorsprung durch Wissen – Jahrzehntelange Erfahrung bei Andersen Consulting. In: Schneider, U. (Hrsg.): Wissensmanagement-Die Aktivierung des intellektuellen Kapitals. Frankfurt, 133-146.

Baumard, P. (1996): Organizations in the Fog: An Investigation into the Dynamics of Knowledge. In: Moingeon, B./Edmondson, A: (Hrsg.): Organizational Learning and Competitive Advantage. London, 74-91.

Beer, M./Spector, B./Lawrence, P.R./Mills, D.Q./Walton, R.E. (1985): Human Resource Management. New York.

Becker, F.G. (1990): Anreizsysteme für Führungskräfte. Stuttgart.

Birchall, D.W./Tovstiga, G. (1999): The Strategic Potential of a Firm's Knowledge Portfolio. In: Journal of General Management, 2(1), 1-16.

Birkinshaw, J. (2001): Why is Knowledge Management so difficult? In: Business Strategy Review, 12(1), 11-18.

Birkinshaw, J./Hagström, P. (2000): The Flexible Firm: Capability Management in Network Organizations. Oxford.

Blessing, D./Bach, V. (2000): Wissensmanagement in Beratungsunternehmen. In: Zeitschrift für Organisation, 69 (5), 268-276.

Borowsky, R. (2000): Wissensgemeinschaften – Konzeption und betriebliche Umsetzung eines Knowledge Management-Instruments. In: A.-W. (Hrsg.): Veröffentlichungen des Instituts für Wirtschaftsinformatik der Universität des Saarlandes, Heft 163.

Brown, J.S./Duguid, P. (1991): Organizational Learning and Communities of Practice: Toward a unified View of Working, Learning, and Innovation.In: *Organization Science, 2 (1), 40-57.*

Brown, J.S./Duguid, P. (2001): Knowledge and Organization: A Social Practice Perspective. In: Organization Science, 12(2), 198-213.

Brown,J.S./Duguid, P. (1998): Organizing Knowledge. In: California Management Review, 40 (3), 90-111.

Bullinger, H.-J./Wörner, K./Prieto, J. (1997): Wissensmanagement heute. Daten, Fakten, Trends. Studie des Fraunhofe-Instituts für Arbeitswissenschaft und Organisation.

Büchel. B./Prange, C./Probst, G./Rüling, C.-C. (1997): Joint Venture-Management. Aus Kooperationen lernen. Bern.

Camp, R.C. (1989): Benchmarking – The Search for Industry Best Practices that Lead to Superior Performance. Milwaukee.

Cangelosi, V./Dill, W. (1965): Organizational Learning: Observations Toward a Theory. In: Administrative Science Quarterly, 10(2), 175-203.

Charlier, M./Henke, R./Rother, F. (1994): Organisatorisches Lernen in Produktinnovationsprozessen. Eine empirische Untersuchung. Wiesbaden.

*Cohen, W.*M./Levinthal, D.A. (1990): Absorptive Capacity: A new perspective on learning and innovation. In: Administrative Science Quarterly, 35(1), 128-152.

Cross, R./Baird, L. (2000): Technology is not enough: Improving Performance by building Organizational Memory. In: Sloan Management Review, Spring 2000, 69-78.

Cyert, R.M./March, J.G. (1963): A Behavioral Theory of the Firm. Englewood Cliffs, N.J.

Das, T.K./Teng, B.-S. (1998): Between Trust and control: Developing Confidence in Partner Cooperation in Alliances. In: Academy of Management Review, 23(3), 491-512.

Davenport, T.H. (1998): Some Principles of Knowledge Management. [http://www.bus.utexas.edu./kman/kmprin.htm, 25.6.2000].

Davenport, T.H./Prusak, L. (1998): Wenn Ihr Unternehmen wüsste, was es alles weiss...Das Praxisbuch zum Wissensmanagement. Landsberg/Lech.

Davis, S. /Botkin, J. (1994): The Coming of Knowledge-based Business. In: Harvard Business Review, 72(2), 165-170.

Dierkes, M./Berthoin Antal, A./Child, J./Nonaka, I. (Eds.): Handbook of Organizational Learning & Knowledge Management. Oxford

Dixon, N. (1994): The Organizational Learning Cycle: How We Learn Collectively. London.

Dörner, D. (1989): Die Logik des Misslingens: Strategisches Denken in komplexen Situationen. Reinbek bei Hamburg.

Doz, Y. (1996): The Evolution of Cooperation in Strategic Alliances: Initial Conditions or Learning Processes? In: Strategic Management Journal, 17, 55-83.

*Duncan, R.*B./Weiss, A: (1979): Organizational Learning: Implications for Organizational Design. In: Staw, B.M. (Hrsg.):Research in Organizational Behavior, 1/1979, 75-123.

Easterby-Smith, M./Crossan, M./Nicolini, D. (2000): Organizational Learning: Debates Past, Present and Future. In: Journal of Management Studies, 37(6), 783-796

Easterby-Smith, M./Araujo, L. (1999): Organizational Learning: Current Debates and Opportunities. In: Easterby-Smith, M./Burgoyne, J./Araujo, L. (Eds.): Organizational Learning and the Learning Organization. Developments in Theory and Practice. London.

Edge, G./Klein, J./Hiscocks, P./Plasing, G. (1995): Technologiekompetenz und Skill-basierter Wettbewerb. In: Zahn, E. (Hrsg.): Handbuch Technologiemanagement. Stuttgart, 185-217.

Edvinsson, L. (1997): Developing Intellectual Capital at Skandia: In International Journal of Strategic Management, 3, 366-373.

Eppler, M.J./Seifried,P.M. Röpnack, A. (1999): Improving Knowledge Intensive Prozesses through an Enterprise Medium. ACMSIGCPR 1999 Conference, New Orleans.

Feldhoff, E./Wiskemann, G. (2001): Unterstützung des Wissensmanagement durch die Gestaltung von Entgeltsytemen. In: Personal 5, 251-254.

Festinger, L (1957): A Theory of Cognitive Dissonance. New York.

Fiol, C.M./Lyles, M.A. (1985): Organizational Learning. In: Academy of Management Review, 10(4), 803-813.

Freeman, R.E. (1984): Strategic Management: A Stakeholder Approach. Boston.

Fried, A./Baisch, C. (2000): Mutmaßungen zu einem überraschenden Erfolg – Zum Verhältnis von Wissensmanagement und Organisationalem Lernen. In: Götz, K. (Hrsg): Wissensmanagement –zwischen Wissen und Nichtwissen. München/Mehring, 33-45.

Freiling, J. (2000): Entwicklungslinien und Perspektiven des Strategischen Kompetenzmanagements. In: Hamman, P./Freiling, J. (Hrsg.): Die Ressourcen- und Kompetenzperspektive des Strategischen Managements. Wiesbaden, 13-45.

Fromm, M. (1995): Repertory Grid Methodik- Ein Lehrbuch. Weinheim.

Garud, R./Jain, S./Kumaraswamy, A. (1999): An Integrative Perspective for Managing Knowledge. In: Advances in Management Cognition and Organizational Information Processing, Vol.6, 195-214.

Garvin, D.A. (1993): Building a Learning Organization: In: Harvard Business Review, 71(4), 78-92.

Geissler, J. (1998): Lotus Notes als Werkzeug für das Knowledge Management. Diplomarbeit Universität Regensburg. Lehrstuhl für Wirtschaftsinformatik III.

Gensch, P. (1999): Wissen managen mit innovativer Informationstechnologie. Wiesbaden.

Goleman, D. (1985): Vital Lies, Simple Truths: The Psychology of Self-Deception. New York.

Goody, J.R. (2001): Wissen und die Arten seiner Weitergabe. In: Fried, J./Süßmann, J. (Hrsg.): Revolutionen des Wissens. München.

Goossens, F. (1981): Personalleiter-Handbuch. 7.Auflg., München.

Groeben, N./Scheele, B. (1988): Argumente für eine Psychologie des reflexiven Subjekts. Darmstadt.

Gupta, A.K./Govindarajan, V. (2000): Knowledge Flows Within Multinational Corporations. In: Strategic Management Journal, 21,437-496.

Gynawli, D.R. (1999): Inter-organisational Learning Dynamics: Roles of Networks on Knowledge Creation. In: Proceedings of 3rd International Conference on Organizational Learning. Lancaster, 465-78.

Hall, R. (1993): A Framework Linking Intangible Resources and Capabilities to Sustainable Competitive Advantage. In: Strategic Management Journal, 14, 607-707.

Hamel, G. (1991): Learning in International Alliances. In: Strategic Management Journal, Special Issue, 12, 83-103.

Hamel, G./Prahalad, C.K. (1990): The Core Competence and the Corporation. In: Harvard Business Review, 68, May-June, 79-91.

Hammann, P./Freiling, J. (2000)(Hrsg.): Die Ressourcen- und Kompetenzperspektive des Strategischen Managements. Wiesbaden.

Hanft, A.. (1996): Organisationales Lernen und Macht – Über den Zusammenhang von Wissen, Lernen, Macht und Struktur. In: Schreyögg, G./Conrad, P. (Hrsg.): Managementforschung 6. Berlin, New York, 133-162.

Hedberg, B. (1981): How Organizations Learn and Unlearn. In: Nystrom, P./Starbuck, W. (Hrsg.): Handbook of Organizational Design. New York, 3-27.

Hedberg, B./Wolff, R. (2001): Organizing, Learning, and Strategizing: From Construction to Discovery. In: Dierkes, M./Berthoin Antal, A./Child, J./Nonaka, I. (Eds.): Handbook of Organizational Learning & Knowledge Management. Oxford, 535-556.

Heines, F.O. (1998): Kompetenz-Netzwerke im Anlagenbau. Diss. Universität St. Gallen.

Hellriegel, D./Slocum, J.W. (1976): Organizational Behavior. St. Paul.

Henschel, A. (2001): Communities of Practice. Plattform für individuelles und kollektives Lernen sowie den Wissenstransfer. Diss. St. Gallen.

Henze, J. (1989): Personalwirtschaftslehre, Bd. I: Grundlagen, Personalbedarfsermittlung, - beschaffung, -entwicklung, -einsatz. Bern/Stuttgart.

Herbst, D. (2000): Erfolgsfaktor Wissensmanagement. Berlin.

Hicks, H.G./Gullet, C.R. (1975): Organizations: Theory and Behavior. New York.

Hoffmeister, J. (1955) (Hrsg.): Wörterbuch der philosophischen Grundbegriffe. 2.Aufl., Hamburg.

Hopfenbeck, W./Müller, M./Peisl, T. (2001): Wissensorientiertes Management. Ansätze und Strategien zur Unternehmensführung in der Internetökonomie. Landsberg/Lech.

Huber, G.P. (1991): Organizational Learning: The Contributing Processes and the Literatur. In: Organization Science, 2,88-115.

Inkpen, A.C. (1998): Learning and Knowledge Acquisition through International Strategic Alliances. In: Academy of Management Executive, 12(4), 69-80.

Inkpen, A.C./Crossan, M.M. (1995): Believing is Seeing: Joint Ventures and Organizational Learning: In: Journal of Management Studies. 32, 595-618.

Inkpen, A.C./Dinur, A. (1998): Knowledge Management Processes and International Joint Ventures. In: Organization Science, 9(4), 454-468.

Isaacs, W. (1999): Dialogue and the Art of Thinking Together. Currency.

Johansen, R./Sibbet, D./Benson, S. (1991): Leading Business Teams. Reading.

Kaplan, R.S./Norton, D.P. (1996): Using the Balanced Scorecard as a Strategic Management System. In: Harvard Business Review, January-February, 75-84.

Kelly, G.A. (1955): The Psychology of Personal Constructs. Vols. I+II. New York.

Kilmann, R.H./Covin, T.J. (1989): Corporate Transformation. Revitalizing Organizations for a Competitive World. San Francisco.

Knaese, B./Probst, G.J.B. (2001): Wissensorientiertes Management der Mitarbeiterfluktuation. In: Zeitschrift für Organisation, 1, 35-41.

Knorr-Cetina, K. (1989): Spielarten des Konstruktivismus. In: Soziale Welt, 40, (1/2), 86-96.

Knyphausen-Aufsess, D. zu (1995): Theorie der strategischen Unternehmensführung. State of the Art und neue Perspektiven. Wiesbaden.

König, E./Zedler, P. (1995): Bilanz qualitativer Forschung. Weinheim.

Königer, P./Reitmayer, W. (1999): Management unstrukturierter Informationen. Wie Informationen die Informationsflut beherrschen können. Frankfurt.

Königswieser, R./ M. Keil (2000): Das Feuer Großer Gruppen: Konzepte, Designs, Praxisbeispiele für Großveranstaltungen. Frankfurt.

KPMG (2001): Knowledge-Management ist Top-Thema – aber die Unternehmen stehen noch am Anfang. [http://www.kpmg.de/about/press-office/2001/03/24.html]

Kriwet,C.K. (1997): Inter- und Intraorganizational knowledge transfer. Diss. St.Gallen.

Krogh von, G./Roos, J./Slocum, K. (1994): An Essay on Corporate Epistemology. In: Strategic Management Journal, 15, 53-73.

Krogh von, G./Roos, J. (1995): Organizational Epistemology. New York.

Krogh, von, G./Köhne, M. (1998): Der Wissenstransfer im Unternehmen: Phasen des Wissenstransfers und wichtige Einflussfaktoren. In: Die Unternehmung, 52 (5/6), 235-352.

Kuppinger, M./Woywode, M. (2000): Vom Intranet zum Knowledge Management – Die Veränderung der Informationskultur in Organisationen. München.

Lane,P.J./Lubatkin, M. (1998): Relative Absorptive Capacity and Interorganizational Learning. In: Strategic Management Journal, 19, 461-477.

LaPalombra,J. (2001): The Underestimated Contributions of Political Science to Organizational Learning. In: Dierkes, M./Berthoin Antal, A./Child, J./Nonaka, I. (Eds.): Handbook of Organizational Learning & Knowledge Management. Oxford, 137-161.

Larsson, R./Bengtsson, L./Henriksson, K./Sparks, J. (1998): The Interorganizational Learning Dilemma: Collective Knowledge Development in Strategic Alliances. In: Organization Science, 9(3), 285-305.

Lave, J./Wenger, E. (1991): Situated Learning. Legitimate Peripheral Participation. Cambridge.

Lehner, F. (2000): Organizational Memory. Konzepte und Systeme für das organisationale Lernen und Wissensmanagement. München.Wien.

Lehner, F. (2001): Computergestütztes Wissensmanagement – Fortschritt durch Erkenntnisse über das organisatorische Gedächtnis? In: Schreyögg, G. (Hrsg.): Wissen in Unternehmen. Konzepte, Massnahmen, Methoden. Berlin. 223-247.

Lehmann, P. (2000): Definierte Fachbegriffe als kritischer Erfolgsfaktor. In: CW-focus, 1, 23.04.2000.

Leonhard-Barton, D. (1992): The Factory as a Learning Laboratory. In: Sloan Management Review, Fall, 23-28.

Leonard-Barton, D. (1994): Das lernende Unternehmen II: Die Fabrik als Ort der Forschung. In: Harvard Manager, 1, 87-99.

Levy, A./Merry, U. (1986): Organizational Transformation.New York.

Lichtenberger, B. (2001): Kompetenzmanagement im internationalen Wettbewerb. In: Jahrbuch Personalentwicklung, Neuwied, 133-137.

Lucas, L.M./Ogilvie, D.T. (1999): Inter-unit Knowledge Transfer in Multinational Corporations. In: Proceedings of 3rd International Conference on Organizational Learning. Lancaster, 608-29.

*Lyles, M.*A. (2001): Organizational Learning in International Joint Ventures: The Case of Hungary. In: Dierkes, M./Berthoin Antal, A./Child, J./Nonaka, I. (Eds.): Handbook of Organizational Learning & Knowledge Management. Oxford, 681-698.

Maier, G.W./Prange, C./von Rosenstiel, L. (2001): Psychological Perspectives of Organizational Learning. In: Dierkes, M./Berthoin Antal, A./Child, J./Nonaka, I. (Eds.): Handbook of Organizational Learning & Knowledge Management. Oxford, 14-34.

Malik, F. (2001): Wissensmanagement – auch dieser Kaiser ist nackt. Die Malik-Kolumne. In: Manager-magazin.de [http:/www.manager-magazin.de/koepfe/mzsg/0,2828,169723,00.html]

Marshall, C./Prusak, L./Shpilberg, D. (1996): Financial Risk and the Need for Superior Knowledge Management. In: California Management Review, 38(3), 77-96.

March, J.G./Olson, J.P. (1975): The Uncertainty of the Past: Organizational Learning under Ambiguity. In: European Journal of Political Research, 3, 147-171.

March, J.G./Simon, H.A: (1958): Organizations. New York.

Marr, R./Fliaster, A. (2001): Personalwirtschaftliches Wissens- und Innovationsmanagement. In: Jahrbuch Personalentwicklung, Neuwied,12-17.

Martin, D.M. (1989): Meetings erfolgreich steuern. Frankfurt.

Mayntz, R. (1963): Soziologie der Organisation. Reinbek.

Merkens, H./Geppert, M./Antal, D. (2001): Triggers of Organizational Learning during the Transformation Process in Central European Countries. In: Dierkes, M./Berthoin Antal, A./Child, J./Nonaka, I. (Eds.): Handbook of Organizational Learning & Knowledge Management, 242-263.

Mertens, P./Griese, J. (1993): Integrierte Informationsverarbeitung 2: Planungs- und Kontrollsysteme in der Industrie, 7.Auflg. Wiesbaden.

Mertens, P./Bissantz, N./Hagedorn, J. (1997): Data Mining im Controlling. In: Zeitschrift für Betriebswirtschaft, 67(2), 179-201.

Meyer, J.-A. (1999): Visualisierung von Informationen – Verhaltenswissenschaftliche Grundregeln für das Management. Wiesbaden.

Mildenberger, U. (1999): Kompetenzentwicklung in Unternehmensnetzwerken. In: Lang, R./Baisch, C./Pawlowski, P. (Hrsg.): Organisationales Lernen – Facetten aus Theorie und Praxis. München, Mehring, 75-95.

Mohrmann, A.M. jr., Mohrmann, S.A., Ledford, T.G. jr., Cummings, T.G., Lawler III, E.E (1990): Largescale organizational change. San Francisco.

Müller-Stevens, G./Lechner, C. (2001): Strategisches Management. Wie strategische Initiativen zum Wandel führen. Stuttgart.

Nonaka, I./Takeuchi, H. (1995): The Knowledge-Creating Company. New York. Oxford.

Nonaka, I./Toyama, R./Bypsière, P. (2001): A Theory of Organizational Knowledge Creation: Understanding the Dynamic Process of Creating Knowledge. In: Dierkes,

M./Berthoin Antal, A./Child, J./Nonaka, I. (Eds.): Handbook of Organizational Learning & Knowledge Management. Oxford, 491-517.

North, K./Romhardt, K./Probst, G. (1998): Wissen messen – Ansätze, Erfahrungen, kritische Fragen. In: Zeitschrift für Organisation. H.3, 158-166.

Oechsler, W. (1994): Personal und Arbeit. 5.Auflg. München/Wien.

O'Driscoll, A./Carson, D./Gilmore, A. (2000): Developing marketing competence and managing networks: a strategic perspective. In: Journal of Strategic Marketing, 8, 183-196.

Olivera, F. (2000): Memory Systems in Organizations: An Empirical Investigation of Mechanisms for Knowledge Collection, Storage, and Access. In: Journal of Management Studies, 37(6), 811-832.

Oswick, C./Athony, P./Keenoy, T./Mangham, I.L. (2000): A Dialogic Analysis of Organizational Learning. In: Journal of Management Studies, 37(6),887-901.

Pautzke, G. (1989): Die Evolution der organisatorischen Wissensbasis. München.

Pawlowsky, P. (2001): The Treatment of Organizational Learning in Management Science. In: Dierkes, M./Berthoin Antal, A./Child, J./Nonaka, I. (Eds.): Handbook of Organizational Learning & Knowledge Management. Oxford, 60-88.

Pawlowsky, P./Forslin, P./Reinhardt, R. (2001): Practices and Tools of Organizational Learning. In: Dierkes, M./Berthoin Antal, A./Child, J./Nonaka, I. (Eds.): Handbook of Organizational Learning & Knowledge Management. Oxford,775-793.

Penrose, E. (1957): The Theory of the Growth of the Firm. Oxford.

Petkoff, B. (1998): Wissensmanagement. Von der computerzentrierten zur anwenderorientierten Kommunikationstechnologie. Bonn.

Peters, T. (1992): Liberation Management – Necessary Disor-ganization for th Nanosecond Nineties. London.

Picot, A. (1999): Grundfragen der Führung wissensintensiver Unternehmen. Veranstaltung im Rahmen der Ringvorlesung „Wissensmanagement und Wissensmärkte" der Universität Göttingen, 18. Januar 1999.

Polanyi, M. (1966): The Tacit Dimension. London

Porter, M.E. (1980): Competitive Strategy. New York.

Porter, M.E. (1985): Competitive Advantage. New York.

Powell, W.W/Kogut, K.W./Smith-Doerr, L. (1996): Interorga-nizational Collaboration and the Locus of Innovation: Networks of Learning in Biotechnology. In: Administrative Science Quarterly, 41, 116-145.

Prahalad, C.K/Bettis, R.A. (1986): The Dominant Logic: A New Linkage Between Diversity and Performance. In: Strategic Management Journal 7, 485-501.

Prahalad, C.K./Hamel, G. (1994): Competing for the Future. Boston.

Prahald, C.K./Ramaswamy, V. (2000): Co-opting Customer Competence. In: Harvard Business Review, January-February 2000, 79-87.

Probst, G.J.B./Prange, C. (1996): "Un-learing" as a transition process in buildng strategic networks. Cahier de Recherche. Université de Genève.

Probst, G.J.B./Raub, S.P. (1997):Vom Human Resource Management zum "Knowledge Resource Management"? Möglichkeiten und Grenzen des Personalmanagement bei der Gestaltung organisationalen Wissens. In: Siegwart, H. (Hrsg.): Meilensteine im Management. Human-resource-Management. Stuttgart, 257-269.

Probst, G.J.B./Raub, S.P./Romhardt ,K. (1997): Wissen managen. Wie Unternehmen ihre wertvollste Ressource optimal nutzen. Frankfurt/Main.

Prange, C. (1996): Interorganisationales Lernen – Lernen in, von und zwischen Organisationen. In: Schreyögg, G./Conrad, P. (Hrsg.): Managementforschung 6: Wissensmanagement. Berlin. New York, 163-189.

Prange, C. (1998): Managing Business Networks. Frankfurt.

*Pulic, A. (*1996): Der Informationskoeffizient als Wertschöpfungsmaß wissensintensiver Unternehmungen. In: Schneider, U. (Hrsg.): Wissensmanagement: die Aktivierung des intellektuellen Kapitals. Frankfurt a.M.

Reber, A.S. (1993): Implicit Learning and Tacit Knowledge: An Essay on the Cognititve Unconscious. Oxford Psychology Series No. 19, New York.Oxford.

Rehäuser, J./Krcmar, H. (1996): Wissensmanagement im Unternehmen. In: Schreyögg, G./Conrad, P. (Hrsg.): Managementforschung 6. Berlin. New York, 1-40.

Reinhardt, R./Bornemann, M./Pawlowky, P./Schneider, U. (2001): Intellectual Capital and Knowledge Management: Perspectives on Measuring Knowledge. In: Dierkes, M./Berthoin Antal, A./Child, J./Nonaka, I. (Eds.): Handbook of Organizational Learning & Knowledge Management. Oxford , 794-820.

Reich, T. (2001): Entwicklung eines Enterprise-Information Portals. In: Jahrbuch Personalentwicklung und Weiterbildung. Neuwied, 49-53.

Romhardt, K. (1998): Die Organisation aus der Wissensperspektive. Möglichkeiten und Grenzen der Intervention.

Rosenstiel, L. von (1999): Motivationale Grundlagen von Anreizsystemen. In: Bühler, W./Siegert/T. (Hrsg.): Unternehmenssteuerung und Anreizsysteme. Stuttgart.

Roth, N./Prieto, J./Pilarek, D. (2001): Ein Performance-Measurement-System für wissensintensive Produktentwicklungsprozesse. In: IOManagamant, 1/2 , 34- 40.

Rotz, B. von (1999): Unternehmerischer Nutzen durch Technologieeinsatz. Knowledge Management – von der Vision zur Praxis. In: IO-Management, (10), 64-69.

Ruggles, R. (1998): The state of the notion: knowledge management in practice. In: California Management Review, 40 (3), 80-89.

Scarbrough, H./Swan, J. (2001): Explaining the Diffusion of Knowledge Management: The Role of Fashion. In: British Journal of Management, 12, 3-12.

Schein, E. (1985):Organizational Culture and Leadership: A Dynamic View. San Francisco.

Schmidt, A.P./Rössler, O.E. (2000): Medium des Wissens. Bern.

Schmidt, P. (2000): Knowledge Communities: Mit virtuellen Wissensmärkten das Wissen in Unternehmen effektiv Nutzen. München.

Schneider, U. (1996) (Hrsg.): Wissensmanagement. Die Aktivierung des intellektuellen Kapitals. Frankfurt/Main.

Schön, D. (1983): The Reflective Practitioner. New York.

Scholz, C. (2001): Zukünftige Aktionsfelder des Personalmanagements. In: Jahrbuch Personalentwicklung, Neuwied, 3-7.

Schüppel, J. (1996): Wissensmanagement – Organisatorisches Lernen im Spannungsfeld von Wissens- und Lernbarrieren. Wiesbaden.

Schreyögg, G./Eberl,P. (1998): Organisationales Lernen: Viele Fragen, noch zu wenige Antworten. In: Die Betriebswirtschaft, 58 (4), 516-536.

Schwaninger, M. (2000): Implizites Wissen und Managementlehre: Organisationskybernetische Sicht. Arbeitspapier der Universität St. Gallen, November 2000, Nr. 41.

Segal, L. (1988): Das 18. Kamel oder die Welt als Erfindung. München.

Senge, P.M. (1990): The Fifth Discipline: The Art and Practice of the Learning Organization. New York.

Senge, P.M./Roberts, C./Ross, R.B/Smith, B.J./Kleiner, A. (1994): The Fifth Disciple Fieldbook: Strategies and Tools for Building a Learning Organization. New York.

Shannon, E./Weaver, W. (1949): The Mathematical Theory of Communication. Urbana, Ill.; deutsch: Mathematische Grundlagen der Informationstheorie. München.Wien (1976).

Shrivastava, P. (1983): A Typology of Organizational Learning Systems. In: Journal of Management Studies, 1, 7-28.

Simon, H.A (1987): Making Managerial Decisions: The Role of Intuition and Emotion. In: Academy of Management Executive, 2, 57-64.

Simonin, B.L. (1999): Ambiguity and the Process of Knowledge Transfer in Strategic Alliances. In: Strategic Management Journal, 20, 595-623.

Spender, J.C. (1989): Industry Recipes: The Nature and Source of Managent Judgement. Oxford.

Staehle, W.H. (1994): Management. München.

Stehr, N. (1994): Knowledge Societies. London.

Stein, E. (1995): Organizational Memory: Review of Concepts and Recommendations for Management. In: International Journal of Information Management, Bd. 15(2), 17-32.

Störig, H.-J. (1995): Kleine Weltgeschichte der Philosophie. Stuttgart. Berlin.

Sveiby, K.E. (1997): The New Organizational Wealth. Managing & Measuring Knowledge-based Assets. San Francisco.

Szulanski, G. (1996): Exploring internal Stickiness: Impediments to the Transfer of Best Practice within the Firm. In: Strategic Management Journal, 17, 27-43.

Tempest, S. (1999): Ideas Work: A Study of Learning in Network Contexts:The Case of the UK Television Industry. Ph.D. Thesis, University of Nottingham.

Teufel, T./Röhricht, J./Willems, P. (1999): SAP R/3. Prozessanalyse mit Knowledge Maps. München.

Thomas, K.W. (1979): Organizational Conflict. In: Kerr, S. (Ed.): Organizational Behavior. Columbus, 151-181.

Thomas, J.B./Sussmann, S.W./Henderson, J.C. (2001): Understanding "Strategic Learning": Linking Organizational Learning, Knowledge Management, and Sensemaking. In: Organization Science, 12(3), 331-345. Psychological Bulletin, 384-369.

*Tukman, B.*W. (1965): Development Sequences in Small Groups. In:

Ulrich, H./Probst, G.J.B. (1991): Anleitung zum ganzheitlichen Denken und Handeln: Ein Brevier für Führungskräfte. Bern.

Venzin, M. (1997): Crafting the future. Diss. St.Gallen.

Wagner, M. (2000): Wissensflüsse in multinationalen Unternehmen. Diss. St. Gallen.

Walsh, J.P(1995): Managerial and Organizational Cognition: Notes from a Trip Down Memory Lane. In: Organization Science, 6(3), 280-321.

Walsh, J.P./Ungson, G. (1991): Organizational Memory. In: Academy of Management Review, 16(1), 57-91.

Weber, F. (1991): Subjektive Organisationstheorien. Wiesbaden.

Weber, W./Mayrhofer, W./Nienhüser, W. (1993): Grundbegriffe der Personalwirtschaft. Stuttgart.

Weiand, A./Philipzen, M. (2001): Der virtuelle „KnowledgeOfficer" kombiniert Lernen und Beratung. In: Personalführung, 7/2001, 38-42.

Wenger, E.C. (1999): Communities of Practice: Learning as a Social System. [http://www.hiddengold.com/reference/wenger.htm]

Wenger, E.C./Snyder, W.M. (2000): Communities of Practice: The New Organizational Frontier. In: Harvard Business Review. January-February, 139-145.

Wenger, E.C./McDermott, R./Snyder, W. (2002): Cultivating Communities of Practice. Boston, Massachusetts.

Wernerfeld, B. (1984): A Resource-based View of the Firm. In: Strategic Management Journal, 5, 171-180.

Wiedemann, C./Schuurmans, L. (1999): Die Funktion von „Knowledge Charts“ im Wissensmanagement. In: IOManagement, 10, 42-47.

Wiegand, M. (1995): Prozesse Organisationalen Lernens. Wiesbaden.

Willke, H. (1998): Systemisches Wissensmanagement. Stuttgart.

Autoren

Anne-Christine Asch ist seit 1999 Mitarbeiterin bei m2-Consulting. Sie ist Diplom-Bibliothekarin mit einer Zusatzausbildung im Wissensmanagement. Bei m2 ist sie als Information Manager beschäftigt, ihre Hauptaufgaben liegen in der Redaktionsleitung der www.community-of-knowledge.de und dem unternehmensinternen Contentmanagement.

Dr. Damir Ćavar, ist IT-Architekt und Researcher in der Research & Innovations Gruppe der Dresdner Bank AG in Frankfurt a.M. Er studierte Linguistik und Computerlinguistik an der Universität Frankfurt a.M. und der Universität Potsdam. Nach dem Diplom war er mehrere Jahre als wissenschaftlicher Mitarbeiter an der Universität Potsdam, der Berlin-Brandenburgischen Akademie der Wissenschaften (BBAW) in Berlin, der TU Berlin und der Universität Hamburg in den Bereichen Linguistik, Psycholinguistik, Computerlinguistik und Informatik tätig. Nach seiner Promotion an der Universität Potsdam in der Linguistik im Jahre 1999 war er als Computerlinguist an der TU Berlin im Projekt Verbmobil tätig und an der BBAW im Forschungsprojekt DWDS (Digitales Wörterbuch der Deutschen Sprache). Seit Februar 2001 ist er bei der Dresdner Bank AG in Frankfurt a.M. tätig. Dort betreut er Projekte im Bereich "intelligente und natürlichsprachliche Systeme, sowie Knowledge Management".

Veronika Dünninger, M.A., hat eine Ausbildung zur Übersetzerin absolviert und anschließend an der Freien Universität Berlin Anglistik und Romanistik studiert. Sie ist heute als freie Literaturübersetzerin für Englisch – u.a. eines Buches der weltbekannten Schriftstellerin Alice Walker – tätig und lebt in Berlin.

Horst Dürr, Dipl. (FH), ist freier Berater und Trainer für IT-Anwendungen und Projektmanagement und lebt in Berlin. Nach dem Studium der Feinwerktechnik hat er in der angewandten Forschung im Verbundprojekt Mikrosystemtechnik verschiedene Projekte geleitet. Anschließend war er für ein großes bekanntes amerikanisches Softwareunternehmen tätig und hat ERP-Software in Unternehmen der Prozessindustrie implementiert. Sein spezieller Branchenfokus liegt in der Medizin- und Oberflächentechnik sowie in der Chemieindustrie.

Berit Grasnick ist seit November 2000 Knowledge Management Officer der Infineon Technologies AG (vorher Siemens AG) in München. Sie ist mitverantwortlich für den Auf- und Ausbau der Infineon Knowledge Management Organisation, der Implementierung von KM Aktivitäten (Fachgebiet: Communites of Practice) sowie der unternehmensweiten Moderation des Prozesses der Wissensstrategieentwicklung als Teil der Bereichsstrategien. Vor ihrer Tätigkeit bei Infineon war Frau Grasnick als Management Consultant bei Siemens tätig. Sie führte dort Kundenprojekte mit den Schwerpunkten Change Management/Organisationsentwicklung, Wissensmanagement sowie Post-Merger-Integration durch. Berit Grasnick ist eingetragene Expertin für Wissensmanagement bei der Europäischen Kommission in Brüssel und führt als solche Angebotsevaluationen durch. Berit.grasnick@infineon.com

Richard Kauppert ist Analyst in der IT Market Research Gruppe der Dresdner Bank AG in Frankfurt a.M. Er studierte Wirtschaftsinformatik an der Universität Bamberg. Nach seinem Diplom war er sechs Jahre als Senior Consultant und Projektmanager für die Finanzindustrie tätig. Er wechselte zu Aquin Components als Managing Director und war verantwortlich für Forschung und Produktentwicklung. Seit Februar 2001 ist er für die Dresdner Bank AG tätig.

Karl Nielsen, Dipl.-Soziologe, Dipl.-Psychologe, ist Leiter der Trainingsfirma: *"NLP-& Coaching-Institut Berlin"* (www.NLP-Nielsen.de) und als Lehrcoach, NLP-Lehrtrainer, Organisationsentwickler und KommunikationsTrainer tätig. Seit 1986 bietet er im Netzwerk mit anderen Trainern Firmenangebote zu den Themen KommunikationsTraining an. Ebenso bietet das Institut verschiedene Angebote zur NLP- und Coach-Ausbildung an.

Dirk Sachsinger, Diplom-Betriebswirt (FH) mit Schwerpunkt Europäische Wirtschaft, ist seit 1998 bei der SAP AG in Walldorf beschäftigt. Er berät als Vertriebsberater deutsche Kunden der Fertigungsindustrie bei der Auswahl der unterschiedlichen e-Business Lösungen der SAP AG.

Martina Wichmann, Dipl.-Soz., ist Partnerin bei der SMC und arbeitet seit 1999 für das Unternehmen. Sie ist verantwortlich für Projekte im Bereich Neue Medien. Davor arbeitete sie als Director für die Multimedia Gruppe innerhalb der Zentrale der Deutschen Telekom und als Leiterin Business Development des Digital TV Zentrums der Telekom in München. Vor dieser Tätigkeit im Bereich Kabel war sie Marketing Manager bei der SES Astra in Eschborn.

Index